PUBLICATIONS DE LA FACULTÉ DES LETTRES,
ARTS ET SCIENCES HUMAINES DE NICE

CENTRE DE RECHERCHES LITTÉRAIRES PLURIDISCIPLINAIRES
C.R.L.P.

RACINE ET LA MÉDITERRANÉE SOLEIL ET MER, NEPTUNE ET APOLLON

Dessin Jean Sanchez

Actes du Colloque International de Nice des 19-20 mai 1999
publiés par Hélène Baby et Jean Emelina

1999

UNIVERSITÉ DE NICE - SOPHIA ANTIPOLIS

Cet ouvrage a été publié avec le concours de l'Université de Nice - Sophia Antipolis, du Comité du Doyen Lépine de la Ville de Nice, du Conseil Général des Alpes-Maritimes et du Conseil Régional P.A.C.A.

TABLE DES MATIÈRES

Table ronde pédagogique :

AVANT-PROPOS

On aurait pu craindre que le colloque de Nice : *Racine et la Méditerranée, Soleil et Mer, Neptune et Apollon* passe inaperçu ou suscite peu d'intérêt au milieu des innombrables manifestations, en France et à l'étranger, en l'honneur du tricentenaire de la mort de Racine. Il n'en a rien été.

Prélude aux rencontres d'Uzès et au grand colloque d'Ile-de-France qui ont immédiatement suivi, le colloque de Nice a attiré des chercheurs de renom souvent venus de très loin. Neuf universités françaises et cinq universités étrangères, dont trois des États-Unis, ont présenté des communications. Le lecteur sera à même de juger de leur variété et de leur intérêt. Elles ont suscité des débats animés et stimulants qui, à notre regret, n'ont pu figurer dans ce volume.

Que la Méditerranée ait été au cœur de l'univers racinien, cela allait de soi pour un univers tragique, qui, à de rares exceptions près, comme *La Thébaïde* ou les tragédies bibliques, se situe sur ses bords. « Le soleil, c'est la tragédie », disait Giono, que le Camus de *L'Étranger* ne contredirait pas. Restait à examiner comment et dans quelles directions Racine a exploité ce soleil et cette mer, dont *Phèdre* constitue l'illustration capitale.

Le sujet a ainsi donné lieu à des analyses mythologiques, religieuses ou métaphysiques, historiques ou géographiques, dramaturgiques, poétiques et génétiques.

Signe des temps (faut-il le déplorer ?), la passion racinienne, qui a si longtemps fasciné le public et la critique, semble ne plus représenter l'intérêt essentiel des recherches actuelles, alors qu'elle continue à faire les beaux jours des fictions cinématographiques et télévisées. L'écart qui se creuse (désespérément ?) entre l'érudition universitaire et le grand public cultivé vient peut-être aussi de cela...

C'est précisément sur cet écart très préoccupant que se sont penchés des enseignants de Lettres au cours de la table-ronde du jeudi, qui a fait salle pleine : « Comment enseigner Racine à l'aube du XXIe siècle ? » Les intervenants nous ont fait part, sous la direction de Geneviève Winter, Inspecteur d'Académie, de leurs expériences, du collège à l'université, des difficultés rencontrées et des solutions possibles.

Qu'on ne se méprenne pas : il ne s'agit point, dans les pages consacrées à ce volet du colloque, d'un complément d'intérêt secondaire, mais d'un problème capital. Ou Racine, monument national de moins en moins visité, et qui risque de faire de plus en plus bâiller dans les classes quand on ose encore l'aborder, demeure le jardin secret d'une poignée de spécialistes : ghetto culturel, club privé ou camp retranché coupé de la culture contemporaine, comme on voudra l'appeler ; ou bien on fait tout pour qu'il continue – autant que Shakespeare ou Molière – à être vivant parmi nous. Là est l'enjeu essentiel.

C'est certainement du côté du théâtre, comme l'ont montré certaines expériences pédagogiques (qui ne manqueront pas de scandaliser les tenants d'une culture fossilisée), que la partie se joue.

C'est dans ce sens que s'est située la rencontre au Théâtre de Nice avec Jacques Weber : « Dire les classiques ». Elle a été trop libre, trop peu académique et trop spontanée pour pouvoir également être reproduite ici. Nous savons infiniment gré à Jacques Weber de cette soirée. Exemples à l'appui, il nous a dit, dans un dialogue constant avec un public passionné, de la façon fervente et spontanée qui est la sienne, son expérience scénique, sa manière de dire et de jouer les classiques, tous les problèmes de respiration et de rythme posés par ces textes, et l'intimidante difficulté de la poésie racinienne.

Notre dernière remarque sera la plus agréable : remercier chaleureusement les intervenants, les collègues, le public attentif et fidèle, qui nous ont honorés de leur savoir, de leur intérêt, de leur présence, et tous ceux, notamment l'administration de la Bibliothèque Universitaire Lettres avec sa belle exposition « Racine », qui ont contribué à la qualité et au succès de ce colloque. Le climat de convivialité et de cordialité qui a régné durant ces deux jours n'a pas été un de ses moindres agréments.

Rien n'aurait été possible, enfin, sans l'aide et le concours financier du C.R.L.P. et de sa Présidente, le Professeur Marie-Hélène Cotoni, du Département des Lettres-Modernes, de la Faculté des Lettres et de l'Université de Nice - Sophia Antipolis, de la Mairie de Nice et du Comité Lépine, du Conseil Général et du Conseil Régional. Nous leur devons la réalisation et la réussite de ce colloque dont ces *Actes* sont le témoignage.

Hélène Baby, Jean Emelina

Marie-France Hilgar
(Université du Nevada, Las Vegas)

LE COMTÉ DE NICE AU TEMPS DE RACINE (ET AUPARAVANT)

Nice a conservé son acte de naissance, acte de naissance incomplet car il n'est pas daté. Mais nous savons que la Côte-d'Azur a été occupée par l'homme dès la période magdalénienne. Plus tard, pendant que les Celtes envahissaient l'ouest de notre continent, la région des Alpes-Maritimes était habitée par les Ligures. Au second siècle avant Jésus-Christ deux nations ligures occupaient les bords du Var et avaient réussi à s'installer sur la colline de Cimiez.

Nice est grecque. Des Phocéens ont fondé Marseille vers 600 avant Jésus-Christ. La jeune cité avait besoin de se créer des points d'appui sur le littoral. Ce furent Agde, Antibes, Nice. La mission de Nice était guerrière et maritime. Les Marseillais ont fondé la citadelle de Nice pour se défendre contre les barbares du voisinage qui occupaient les terres et pour garder la mer libre. Ils ont jeté leur dévolu sur le rocher du Château et la plage des Ponchettes qui est à ses pieds : une acropole et un port...

En 154 avant l'ère chrétienne, les Romains prirent pied dans les environs de Nice. Trente-quatre ans plus tard la région était annexée, avec toute la Gaule du sud-est, par la République romaine, et englobée dans la grande province de la Narbonnaise. La forteresse celto-ligure de Cimiez fut choisie par les Romains pour devenir un relais sur la voie romaine pendant que Nice, qui se réduisait à une étroite bande côtière, faisait encore partie du territoire marseillais.

Bientôt Cimiez la Romaine a décliné. Au fur et à mesure que la navigation prospérait, Nice a repris ses avantages sur Cimiez. En outre, Nice a été le berceau du christianisme dans les Alpes-Maritimes. Au quatrième siècle Nice, c'est-à-dire le Château, a une cathédrale et un évêque. Après la chute de l'Empire d'Occident, elle fut disputée par les Wisigoths, les Burgondes, les Ostrogoths, puis conquise en 536 par les fils de Clovis et incorporée dans le royaume franc ; mais le traité de Verdun (843) a rejeté le pays niçois avec le reste de la Provence en dehors du royaume de France. Comme toute la région située sur la rive gauche du Rhône, Nice appartenait désormais à un vaste État composite et artificiel qu'on appela « Le royaume d'Arles ».

Puis le silence se fait et règne pendant plusieurs siècles sur toute la région. Même l'action rénovatrice de Charlemagne n'a pas réussi à le rompre. Il ne paraît pas que l'empereur ait exercé une influence profonde sur Nice. La paralysie qui semble avoir aboli toute vie dans le sud-est de la Gaule est la conséquence de l'invasion musulmane. Maîtres de la Méditerranée, les Sarrasins faisaient des incursions sur les côtes, pillaient, ravageaient, massacraient, auraient même établi une base maritime à la Garde-Freinet, et se réfugiaient dans le Massif des Maures où ils demeurèrent inexpugnables pendant deux siècles. L'expédition qui délivra le pays fut entreprise à la fin du Xe siècle par un homme énergique, Guillaume le Libérateur, comte de Provence. Nice est alors dans le ressort de la Provence et la vie va y renaître.

Au XIIe siècle, Gênes en pleine prospérité aurait bien voulu annexer Nice où se trouvait un parti Génois, formé surtout d'armateurs et de négociants, qui s'opposait au parti loyaliste. Profitant du fait que le nouveau comte de Provence, Raymond Béranger, n'avait que cinq ans quand son père décéda en 1209, les Génois s'établirent à Monaco où ils construisirent en 1215 le château qui est aujourd'hui celui des Princes. Devenu majeur, Raymond Béranger, qui était actif et intelligent, comprit l'urgence de mesures énergiques. Alors que quelques traîtres s'apprêtaient à remettre la ville sous la suzeraineté de Gênes, le complot fut éventé. Le comte de Provence expulsa les meneurs, confisqua leurs biens, et ceux qui étaient demeurés fidèles reçurent des récompenses. Puis, son fils, jugeant que Gênes était une voisine inquiétante, profita de la situation difficile des comtes de Vintimille pour acquérir, en 1258, une partie de leurs États et notamment Tende, la Brigue, Castellane et Sospel, traçant ainsi par une anticipation prophétique la frontière qui sera, six siècles plus tard, celle de la France du sud-est.

L'activité des comtes de Provence, rois de Naples, a été bienfaisante dans toute la région qui s'étend de Marseille à Monaco. Ils ont créé un vaste État prospère, mais cette stabilité connut son terme par la faute d'une femme : la reine Jeanne. Égoïste, prodigue et sans scrupules, on lui connaît quatre époux. Faute de descendants, elle adopta des héritiers et agit dans ses choix successifs avec l'humeur brouillonne qui lui était coutumière, entraînant par son irréflexion le démembrement de l'État lentement bâti par ceux qui l'avaient précédée. Aprés avoir désigné, en 1372, Charles de Duras, mari de sa nièce Marguerite, pour héritier, elle revint sur son choix pour adopter en 1380 un frère de Charles V, le duc d'Anjou Louis Ier. Cette décision déchaîna une guerre civile dont elle-même fut victime deux ans plus tard, quand elle fut étranglée par ordre de l'héritier évincé. Parmi les partisans du duc d'Anjou se trouvait le comte de Savoie, Amédée VI. Ambitieux, intelligent et tenace, son fils Amédée VII sut manœuvrer avec une extrême habileté pour s'attribuer un morceau de cette Provence que se disputaient Anjou et Duras. Ce morceau fut le pays niçois qui se détacha alors de la Provence et la délétion de Nice au comte de Savoie eut lieu en 1388. Elle allait durer quatre siècles. La Savoie et le Piémont avaient ainsi ce qu'ils cherchaient depuis longtemps : un débouché sur la mer, car ainsi que l'écrivait en 1672 un ministre du duc de Savoie,

> Les peuples qui n'ont pas la mer à leur disposition doivent renoncer à l'opulence parce que leurs denrées ne peuvent pénétrer dans les pays où elles sont le moins communes et par conséquent le plus recherchées et le plus faciles à écouler. C'est la raison de la prospérité, de la puissance et de la richesse de Venise, Lisbonne, Gênes, Marseille et Amsterdam, et le même avenir est réservé à notre État s'il sait utiliser l'escale de Nice et le beau port de Villefranche.

Quand la terre de Nice fut séparée politiquement de la Provence, les comtes de Savoie éprouvèrent le besoin de la protéger contre leurs voisins. Ils fortifièrent la ville haute et la transformèrent en citadelle. La population qui y habitait encore dut l'abandonner, la cathédrale devenue chapelle fut en 1531 remplacée par celle de Sainte-Réparate.

Nice devint bientôt le suprême bastion de la défense savoyarde. Quand en 1536 François Ier occupa la Savoie, le duc dépossédé envoya à Nice son épouse Béatrice et son fils Emmanuel-Philibert ainsi que ses joyaux les plus précieux et le Saint Suaire. Deux ans plus tard, une entrevue entre François Ier, Charles Quint et le Pape devait avoir lieu à Nice. Mais les Niçois qui n'avaient confiance en aucun des trois refusèrent de loger Paul III au Château. Charles Quint resta sur ses galères mouillées à Villefranche et François Ier se cantonna à Villeneuve-Loubet.

Puis, en 1543, une flotte turque vint faire le siège de la ville de Nice. L'acte courageux d'une héroïne niçoise défendant une brèche dans l'enceinte du Château encouragea les habitants à prolonger la résistance de la ville. Il convient d'ajouter que quelques historiens locaux ont mis en doute l'existence de Catherine Ségurane.

Évoquons maintenant l'image de Nice au XVIIᵉ siècle. La ville s'est gonflée et a pris de l'importance. Charles-Emmanuel Iᵉʳ a institué en 1612 Nice et Villefranche, et en 1626 Saint-Hospice, ports francs, ce qui permet au commerce de se développer. Le niveau intellectuel s'élève. Un collège de Jésuites est fondé ainsi qu'un établissement d'enseignement supérieur qui en 1649 est transformé en Université. Mais ce que représentait Nice pour un duc de Savoie, c'était une place forte défendue par une bonne garnison et son principal souci était l'entretien des fortifications.

Pendant la longue régence de Christine de France et le règne de son fils Charles-Emmanuel II, l'influence française resta prédominante. Sa veuve, Jeanne de Nemours accepta même que Louis XIV et son ambassadeur soient les véritables maîtres à Turin. Au commencement de son règne, leur fils Victor-Amédée II resta fidèle à la politique de ses parents : « Je dois m'attacher entièrement au roi de France pour conserver mes États. », écrivait-il en 1689. Mais, ardent et ambitieux, il guetta l'heure où, la coalition contre Louis XIV s'étendant, il opéra une volte-face et, un an plus tard, se rapprocha des Impériaux. Pour le punir de son adhésion à la Ligue d'Augsbourg, Louis XIV fit envahir le Piémont et la Savoie par Catinat. Il importait aussi de se rendre maître de la ville de Nice. On enlèverait ainsi aux escadres ennemies un moyen d'accès en Provence et l'on ouvrirait en même temps aux armées royales une porte d'entrée en Italie par le col de Tende.

Catinat, en mars 1691, arriva à Antibes et s'empara successivement de la ville et du château de Villefranche, puis des forts de Mont-Alban et de Saint-Hospice. Puis ce fut le tour de Nice. La population, d'un patriotisme savoyard tiède, signa la reddition de la ville. Mais le Château qui avait la réputation d'être imprenable continua à résister, et sa défense se serait prolongée longtemps si le 30, vers 16 heures, une bombe n'était tombée sur une tour remplie de sept cents barils de poudre. Le lendemain, une autre explosion mit le feu à une autre tour. La population de Nice avait hâte de voir la fin des opérations. Le gouverneur de la citadelle accusa même les Niçois d'avoir tourné le canon contre le Château. Un propos de Catinat donne une apparence de vraisemblance à cette accusation :

> Messieurs de Nice m'ont dit qu'ils souhaitent si passionnément être sujets du Roi que si je voulais permettre que les gens du pays prissent les armes, ils se joindraient à nos troupes contre M. de Savoie.

Parmi les officiers français qui prirent part au siège de Nice se trouvait le petit-fils de Mme de Sévigné. La prise de Nice la remplit de joie et elle l'écrivit à son cousin Coulanges :

> Notre petit marquis était allé à ce siège de Nice comme un aventurier, *vago di fama*. Jamais il ne s'est vu si beau pays ni si délicieux.

Nice était redevenue française mais pour ne le rester que quelques années. L'occupation n'était qu'un moyen employé par Louis XIV pour peser sur la volonté du duc de Savoie. Une voix s'éleva pour proclamer le caractère français de Nice et l'intérêt supérieur que présentait son rattachement définitif à la France. Pressentant que Nice ne serait pour le Roi qu'un pion sur l'échiquier diplomatique, Vauban rappella avec une simplicité émouvante qu'elle appartient à la France et doit lui rester :

> Jamais pays n'a mieux convenu à la France que ce comté. C'est la vraie frontière de Provence, le patrimoine de ses anciens comtes, un coin démembré du Royaume qui demande à y être rejoint par la disposition naturelle du pays et par le désir des peuples qui l'habitent.

A l'époque où Vauban lançait cet avertissement, Victor-Amédée offrait au roi de France de se retirer de la ligue d'Augsbourg, mais exigeait en compensation la restitution de tous ses États et en particulier du comté de Nice. Le traité fut signé à Turin le 29 juin 1686.

La paix ne dura que quelques années. Lorsque éclata la guerre de Succession d'Espagne, Victor-Amédée, beau-père de deux petits-fils de Louis XIV, commença par soutenir le roi de France, puis il offrit ses services à l'Empereur. Son dessein était même d'envahir la Provence à partir de Nice. Mais Vauban attira de nouveau l'attention du gouvernement royal sur l'importance stratégique de Nice et du château de Villefranche, et pour la seconde fois en moins de quinze ans une armée française envahit Nice. Une seconde fois Nice capitula, mais non le Château. Près de deux mois furent nécessaires pour en venir à bout. La ville eut beaucoup à souffrir car, les Français l'occupant, le Château ne cessait de tirer sur elle. Il capitula le 4 janvier 1706 et Louis XIV fit frapper une médaille pour célébrer la victoire. Qu'allait-on faire du Château ? Vauban estimait qu'il fallait le restaurer, qu'il était indispensable à la défense de la Provence. Dès le 24 janvier Louis XIV ordonnait d'abattre non seulement la citadelle et le Château, mais encore les fortifications de la ville. Il n'en subsiste plus que la voûte de la Porte Pairolière.

Avec les sièges de 1691 et de 1706, Nice cessa d'être une cité guerrière pour devenir une ville ouverte. Nous qui bénéficions d'un recul de trois siècles savons à quel destin elle était appelée.

Plan de Nice de 1684

Marine Ricord
(Université de Picardie, Amiens)

« Ô CIEL ! Ô MÈRE INFORTUNÉE ! » OU LE SACRIFICE D'IPHIGÉNIE ENTRE CIEL ET TERRE

Tragédie de bord de mer, figée dans l'attente d'un départ imminent, *Iphigénie* est une pièce méditerranéenne – pour le climat, le temps y est capricieux ; pour l'esprit, les passions y sont violentes. L'immobilité des « eaux dormantes », infranchissables, est l'expression muette et pesante d'un arrêt du ciel, mystérieuse colère des dieux. Pour que la vie reprenne, que les forces élémentaires (la mer, les vents) s'animent, doit avoir lieu au nom des Grecs le sacrifice d'Iphigénie, sacrifice du sang, autre forme de liquidité, prise dans une hérédité funeste. Or, Agamemnon, roi des rois, est aussi père : la tendresse filiale se heurte au devoir d'État et noue ainsi le tragique de l'intrigue qui s'immobilise. L'espace se referme, le ciel se tait, plus rien ne circule : seules les larmes coulent, « tout pleure » (v. 1173). Des voix s'élèvent pourtant contre le silence des dieux et la faiblesse du pouvoir : la parole est l'ultime recours. Mais elle aussi est entravée ; elle tourne en vase clos, échoue ou, au mieux, se perd en représentations que nourrit précisément l'imaginaire méditerranéen.

Aussi tenterons-nous de montrer comment une poétique de l'élémentaire, principe de l'organisation spatiale, révèle l'enjeu tragique de la pièce, une rhétorique des passions. A cette fin, nous effectuerons une lecture respectueuse de la dynamique de la pièce en analysant de quelle manière se construit et se résout le tragique : le motif de la circulation sera la clé de notre parcours. Ainsi, nous établirons une topographie tragique : l'espace se fige, le nœud tragique se resserre ; puis nous examinerons les tentatives d'ouverture désireuses de provoquer la restauration de la circulation : l'imaginaire de l'élémentaire est alors convoqué. Enfin, nous nous intéresserons au dénouement, marqué par l'animation des forces et par un apaisement des tensions dont il faudra sonder le sens.

Une topographie tragique

Toute l'action d'*Iphigénie* a lieu en Grèce, en Aulide, mais elle convoque plus largement la géographie antique du bassin méditerranéen. L'intrigue est tendue vers un but unique : Troie, au-delà de la mer, sur l'autre rive, dont les Grecs doivent entreprendre la conquête pour venger leur honneur. Sans vent, la mer, obstacle irréductible, en interdit l'accès : elle figure la distance tragique et attache tous les désirs. Elle reflète le feu d'Ilion embrasée (v. 382), projection de la détermination guerrière et écho de la flamme de Lesbos ravagée (v. 235) ; elle se charge même des cadavres de la victoire d'Achille pour annoncer aux Troyens leur défaite future (v. 236). La mer, lieu de traversée, transmet l'effroi et favorise la gloire. Lorsqu'elle dort, elle inquiète : elle est le signe de la colère divine. Elle contraint alors au repli terrestre[1] : le port d'Aulis, le camp d'Agamemnon, circonscrivent l'espace tragique[2] dont le cœur est l'autel du sacrifice. Symboliquement, l'autel est associé à la flamme (v. 905 ; v. 1652), étroitement liée à l'incendie de Troie, comme la cause à son effet. Lieu sacré, jamais montré sur scène, il délimite un espace de mort. S'en approcher revient à se soumettre à la loi tragique ; c'est pourquoi ce moment est retardé le plus possible (à la fin de l'acte V scène 3, v. 1666), sa venue étant pourtant inéluctable.

Car l'espace tragique est un piège : il attire, autorise le mouvement centripète pour mieux le figer une fois abouti. Ainsi, Achille arrive de Thessalie (v. 982) ; Clytemnestre, Iphigénie et Ériphile, parties d'Argos, mènent à bien leur voyage, malgré le message d'Agamemnon (vv. 339-344). Tout désir de départ ou de fuite est alors vain. Achille veut « voler à Troie » (v. 278) ; Clytemnestre, devant la soi-disant offense d'Achille, n'a d'autre solution que le retour à Mycènes (v. 625) ; Agamemnon projette la fuite de sa fille et de sa femme (vv. 1470-1471) ; Achille demande à Iphigénie de le suivre sous ses tentes pour échapper au sacrifice (v. 1574) ; mais aucun ne quitte l'Aulide parce que le lien du

---

1. Racine, *Iphigénie*, v. 185 : « Tandis qu'à nos vaisseaux la mer toujours fermée [...] ».
2. *Ibid.*, v. 134-5 : « Si ma fille une fois met le pied dans l'Aulide, / Elle est morte [...] ».

tragique les y enchaîne. En somme, l'espace est bloqué, et cette fermeture se manifeste, s'explique par la paralysie des éléments : « Ces vents depuis trois mois enchaînés sur nos têtes / D'Ilion trop longtemps vous ferment le chemin » (v. 30-1), ce que résume l'illustre vers 9 « Mais tout dort, et l'armée, et les vents, et Neptune », tétramètre au rythme assoupi.

Cette fixité, aux apparences de mort[3], suspend l'action troyenne et plonge tous les personnages dans l'attente ; même le sacrifice est différé jusqu'à la dernière scène. Le temps tragique est, dans *Iphigénie*, le calme plat combiné à l'imminence (vv. 839-842), et ce n'est pas innocent si la pièce a lieu en bord de mer. Le motif de la bordure souligne la proximité de l'action et reflète la dynamique tragique : tantôt « rive fortunée » (v. 845), tantôt « funeste bord » (v. 935), Aulis change de signe, selon que l'horizon maritime est ouvert ou rompu. La communication verticale, entre les hommes et dieux, est elle aussi interrompue : « Les Dieux depuis un temps me sont cruels et sourds » (v. 572), déplore Agamemnon, ignorant les raisons de la colère divine (v. 1221). Il ne reste au roi que l'interprétation subjective des signes : l'arrivée de sa fille est imputée à l'acharnement des dieux qui « ont trompé les soins d'un père infortuné / Qui protégeait en vain ce qu'ils ont condamné » (vv. 1235-1236) ; les mauvais rêves du roi sont des images vengeresses glissées par les dieux dans son esprit inquiet (vv. 83-88). Aussi Agamemnon rumine-t-il son incompréhension, revenant inlassablement à l'événement originel, « ce miracle inouï » (v. 51), véritable scène traumatique :

> Tu te souviens du jour qu'en Aulide assemblés
> Nos vaisseaux par les vents semblaient être appelés.
> Nous partions. Et déjà par mille cris de joie,
> Nous menacions de loin les rivages de Troie.
> Un prodige étonnant fit taire ce transport.
> Le vent qui nous flattait nous laissa dans le port.
> Il fallut s'arrêter, et la rame inutile
> Fatigua vainement une mer immobile. (vv. 43-50).

Le vent, personnifié, animé par la volonté des dieux, est doté d'une intention maligne : il trompe les hommes : la vitalité et l'enthousiasme conquérants[4], soutenus par le souffle des vents, sont

---

3. G. Bachelard, *L'eau et les rêves*, Paris, Corti, p. 96 : « Eau silencieuse, eau sombre, eau dormante, eau insondable, autant de leçons matérielles pour une méditation de la mort ».

4. Dans les vers 43-50, la joie rime avec Troie ; la syllepse sur le terme « transport » l'associe à la liberté de mouvement et les vers bruissent d'allitérations en [v, f, r].

brutalement anéantis. La description se clôt alors sur une immobilisation des forces élémentaires et humaines, décomposée en quatre temps-quatre vers. Elle finit par se figer en une image : le combat de l'homme impuissant (le verbe « fatiguer » l'indique), réifié par la métonymie, contre la mer, une nature victorieuse par son inertie même. La « rame inutile » et la « mer immobile », paronomase à la rime, signent à la fois l'engourdissement des vers et l'arrêt du ciel. C'est alors que la parole de l'oracle vient mettre un nom tragique sur le « prodige étonnant » (v. 47) :

> Pour obtenir les vents que le ciel vous dénie
> Sacrifiez Iphigénie. (vv. 61-62).

La parole tragique ou la circulation entravée

La parole oraculaire, prononcée par Calchas, « l'homme aux pensées profondes » et petit-fils d'Apollon, résonne encore dans la bouche d'Agamemnon, restituée au style direct, intouchable. Son interprétation est bloquée : la parole est comme statufiée puisqu'elle désigne seulement Iphigénie, la fille d'Agamemnon ; en somme, le sens ne circule plus, la polysémie est exclue. L'oracle propose un cruel marché : le vent contre le sang. Or c'est bien une tragédie du sang qui se joue, ce même sang qui unit le père, la mère et la fille ; le nœud tragique, c'est le nœud filial :

> Mais des nœuds plus puissants me retiennent le bras ;
> Ma fille qui s'approche et court à son trépas (...)
> Ma fille... (vv. 111-112 ; v. 115).

L'évocation d'Iphigénie, tout comme la révélation du nom dans l'oracle, empêche le roi de parler ; la voix se perd dans les points de suspension, elle se brise sous l'effet de l'émotion, si semblable à la mort :

> [...] Je sentis dans mon corps tout mon sang se glacer.
> Je demeurai sans voix, et n'en repris l'usage
> Que par mille sanglots qui se firent passage. (vv. 64-66).

Le sang se fige : la métaphore de la glace exprime le refus de laisser sacrifier et couler son propre sang. La révolte d'Agamemnon est instinctive, demeure en deçà de la parole articulée et signifiante, noyée dans les pleurs, dans le « torrent » (v. 72). L'interdiction d'accéder à la mer se traduit poétiquement par une compensation lacrymale (sans aucune valeur de regret) : les larmes serviraient de substituts, de relais marins[5]. Plus exactement, les termes de l'oracle, le sacrifice contre le vent et la mer, provoquent les pleurs (chez tous les personnages : v. 931, v. 1017, v. 1102...), ces manifestations de chagrin que l'on peut considérer comme la voix du sang ; de même que le vent réapparaît sous la forme de soupirs désespérés[6]. Se joue en fait une curieuse partie, celle des larmes contre la mer, liquidité humorale contre liquidité élémentaire.

Étouffée, coupée par les sanglots, la parole a du mal à se faire entendre. Chez Agamemnon, cette difficulté s'explique par son incapacité à trouver sa voix (e) : tiraillé entre son affection paternelle et son désir de gloire, Agamemnon souffre et ne trouve plus ses mots. Il fuit l'échange verbal (vv. 531-532, v. 578...), emprunte d'autres voix (celle de Calchas, celle d'Achille surtout[7]) et dissimule la vérité, la camoufle sous le secret, autre figure de parole empêchée, qui structure la progression tragique : les ruses des billets (vv. 92-93 ; vv. 143-144) ; le secret du sacrifice (vv. 392-393) ; celui de la fuite (v. 1474). Venue des profondeurs, la voix de la nature est sourde : « Du sang qui se révolte est-ce quelque murmure ? » demande Ulysse en entendant les soupirs du roi. La voix de l'amour-propre, de l'ambition a besoin, elle, du discours d'autrui, d'Ulysse en l'occurrence, pour retrouver toute sa force :

> Charmé de mon pouvoir et plein de ma grandeur,
> Ces noms de Roi des Rois et de chef de la Grèce
> Chatouillaient de mon cœur l'orgueilleuse faiblesse.
>   (vv. 80-82).

Cherchant à toucher Agamemnon, Ulysse représente (v. 74) la gloire du roi par une série de tableaux imaginés, la donne à voir :

> Voyez tout l'Hellespont blanchissant sous nos rames,
> Et la perfide Troie abandonnée aux flammes,

---

5. Pour Ériphile, les larmes, signes de l'amour désarmant (v. 500), ont en outre une véritable valeur de compensation : le voyage en mer est paradoxalement le temps heureux de la passion ; les pleurs expriment un regret très fort de la mer : « Mais dans le temps fatal que repassant les flots / Nous suivions malgré nous le vainqueur de Lesbos, / [...] Le dirai-je ? vos yeux, de larmes moins trempés, / À pleurer vos malheurs étaient moins occupés » (vv. 403-408). La passion sombre d'Ériphile est symbolisée, dans le discours de la rencontre amoureuse, par une image de sang, trophée de la victoire d'Achille sur Lesbos, et donc sur la prisonnière elle-même : « Et me voyant presser d'un bras ensanglanté, / Je frémissais, Doris [...] » (vv. 492-493).
6. Racine, *Iphigénie*, v. 281 : Agamemnom : « Hélas ! » / « De ce soupir que faut-il que j'augure ? » ; v. 552 « Vous vous cachez, Seigneur, et semblez soupirer ».
7. Racine, *Iphigénie*, v. 93 : « D'Achille qui l'aimait, j'empruntai le langage ».

> [...] Voyez de vos vaisseaux les poupes couronnées
> Dans cette même Aulide avec vous retournées [...]
>
> (vv. 381-386).

Dans cette hypotypose guerrière, image inversée de la situation tragique, la mer est de nouveau un espace libre : précieux adjuvant de la conquête, devenue écume, elle se plie à la détermination et à la colère des Grecs, et favorise leur retour victorieux. La liberté de mouvement se prolonge par celle de la parole qui la sacre (v. 388) : la renommée est cette communication heureuse, réussie, dont, Malherbe nous l'a appris, « les messages divers / En un moment sont aux oreilles / Des peuples de tout l'univers » (« Ode à la Reine sur les heureux succès de sa Régence »). C'est encore le pouvoir de la parole, mais sous une autre forme, qui enchaîne Agamemnon : la parole est aussi promesse et elle a valeur d'engagement. Agamemnon est le roi des rois parce qu'il s'est fait le porte-parole de Tyndare (vv. 297-300) ; c'est désormais sa propre parole, chargée de tous les autres serments, qui détermine le dénouement des forces élémentaires :

> [...] Et sur cette promesse
> Calchas par tous les Grecs consulté chaque jour,
> Leur a prédit des vents l'infaillible retour.
>
> (vv. 286-288).

Sur Agamemnon affaibli par ses déchirements intérieurs – de fait, la lutte contre les dieux semble parfois être la métaphore du débat de la conscience, v. 1450 –, pèse une voix forte, la « haute voix » de Calchas (v. 376).

Ainsi se mêlent les enjeux politiques et familiaux – on comprend le rôle déterminant d'Agamemnon. C'est même autour de cette figure paternelle et royale que s'organisent les relations entre les personnages de la pièce. L'amour unanime porté à Iphigénie détermine des rivalités. Entre Agamemnon et Achille, entre le père et le gendre, le roi et le héros, tout d'abord : est-ce un hasard si le roi emprunte le langage « d'Achille, qui l'aimait [Iphigénie]» (v. 93) ? En outre, se sentant menacé dans son pouvoir (v. 1414) et dans son autorité paternelle (vv. 1350-1351), il rompt le serment qui lie Achille à sa fille (v. 1460)[8]. L'amour d'Achille sépare aussi Iphigénie et Ériphile, rongée par ses sentiments violents et prête à tout pour briser le bonheur de sa protectrice (vv. 506-508). Enfin, Clytemnestre et Agamemnon s'affrontent dans leur amour parental :

---

8. Nous rejoignons les analyses de Ch. Mauron sur ce point (*L'inconscient dans l'œuvre et la vie de Racine*, Paris, Ophrys, 1957, pp. 133-135).

l'amour maternel est une force exclusive et révoltée (vv. 1251-1253). Comme chaque personnage de la pièce, Clytemnestre cherche à sortir du tragique imposé par l'oracle. Le tragique d'*Iphigénie* est, on le voit, un tragique des passions familiales, troublées et révélées par la nécessité politique : la parole qui le dit et le dénonce s'enrichit alors logiquement de représentations élémentaires, par nature capables de traduire la violence des passions.

La vanité de la dépense énergétique ou l'imaginaire de l'élémentaire

Le tragique provoque des résistances, conduit à l'invention de parades susceptibles de le détourner, de l'enrayer. Agamemnon contre la parole oraculaire par l'écrit mensonger : les deux billets contradictoires et successifs révèlent ses atermoiements. Mais la stratégie d'évitement n'aboutit pas, car le tragique « hait le mouvement qui déplace les lignes » (Baudelaire, *Les Fleurs du Mal*, « La beauté »), il ne tolère pas les détours ; aussi les compense-t-il par l'écart : si Arcas ne peut mener à bien sa mission, c'est parce que la Reine « s'est quelque temps égarée / Dans ces bois qui du camp semblent cacher l'entrée » (vv. 341-342). L'obscurité du bois (v. 343) rappelle celle de l'oracle, les mystérieuses motivations du Ciel. Le secret du sacrifice, autre forme de détour, semble la seule solution ; mais en réalité, il menace le camp ; c'est sa circulation en vase clos qui définit le tragique. Le sens du tragique se définit alors au rythme de la révélation du secret, favorisée par Arcas (Acte III scène 5 : vv. 904-907). La surprise douloureuse, chantée en chœur au vers 913 : « Lui ! / Sa fille ! / Mon père ! / Ô ciel ! quelle nouvelle ! », réapparaît, rejouée, dans les confrontations avec Agamemnon : Clytemnestre utilise l'ironie (Acte IV scène 4, vv. 1168-1170) ; Achille élabore une fiction en feignant une rumeur (Acte IV scène 6, vv. 1323-1334). Il s'agit toujours de revenir, comme l'a fait Agamemnon, à l'horreur initiale de l'oracle, parcours immobile, en circuit fermé. L'oracle ne cesse d'ailleurs d'être frôlé, sa vérité approchée ; ce sont autant de figures d'ironie tragique, que l'on trouve dans le discours d'Agamemnon par exemple (vv. 239-242 : « Car, je n'en doute point, cette jeune beauté / Garde en vain un secret que trahit sa fierté... »). C'est encore le secret, mais cette fois éventé hors du cercle familial par l'intention mauvaise d'Ériphile, qui resserre le cercle tragique (v. 1492 : « [...] À Calchas je vais tout découvrir »). Aussi cette tension trouve-t-elle son équivalent métaphorique dans des images naturelles violentes : sous la pression de l'attente et de l'angoisse, les soldats favorables au sacrifice sont assimilés à des « flots d'ennemis » (v. 1632), représentent l' « orage » et le « torrent » dangereux (v. 1629 et 1496, v. 1628). Contre les menaces de déferlement, les personnages se défendent grâce à des représentations verbales, susceptibles de compenser l'impuissance tragique par l'énergie de l'imaginaire élémentaire.

Iphigénie, pourtant victime, est le personnage qui se résigne le plus tôt au sacrifice et elle cherche par ses discours à apaiser ses parents et Achille. Iphigénie est par nature lumineuse et directe, conservant ainsi dans son caractère et sa vision du monde la mémoire des vers d'Euripide :

> Ô jour porteur de la lumière,
> Ô rayon de Zeus, je m'en vais
> Vers une autre vie, une autre destinée.
> Lumière chérie, je te dis adieu !9.

Rayonnant d'une félicité amoureuse et filiale près d' « éclater » (v. 536), Iphigénie est un être de vue : elle aime voir son père « [d]ans ce nouvel éclat dont je vous vois briller » (v. 540), tout auréolé d'une gloire qui la touche elle aussi : « Quel bonheur de me voir la fille d'un tel père ! » (v. 546). C'est pourquoi elle ne comprend pas la tristesse d'Agamemnon, lui qui devrait aimer l'image de son propre bonheur réfléchi par sa fille tant aimée10. Face aux dérobades de son père, Iphigénie réclame le dialogue (Acte II scène 3) et souhaite la diffusion de sa joie (v. 567).

C'est précisément ce dernier vœu qui irrite la colère d'Ériphile, ce double sombre d'Iphigénie, et trame dans son cœur jaloux une contamination de son malheur :

> [...] Mais quelque triste image
> Que sa gloire à mes yeux montrât sur ce rivage,
> Au sort qui me traînait il fallut consentir,
> Une secrète voix m'ordonna de partir,
> Me dit qu'offrant ici ma présence importune,
> Peut-être j'y pourrais porter mon infortune.
> (vv. 513-518).

Marquée par une identité voilée et obscure, tourmentée par une passion interdite, Ériphile agit dans l'ombre : la « secrète voix » (v. 516) est-elle celle, funeste, de sa naissance condamnée, qui la

---

9. Euripide, *Iphigénie à Aulis*, « Quatrième épisode », [*in*]*Tragiques grecs*, édition M. Delcourt-Curvers, Paris, Gallimard, « Bibliothèque de la Pléiade », 1962, p. 1358.
10. Racine, *Iphigénie*, v. 548 : « Quelle félicité peut manquer à vos yeux ? ».

guide vers l'issue tragique et sauvera Iphigénie ? En tout cas, l'hymen de sa rivale est représenté sur le modèle douloureux de son feu intérieur, image inversée de la flamme victorieuse et vivante d'Achille (v. 846) :

> Je vois marcher contre elle [...] une armée en furie
> Je vois déjà l'hymen, pour mieux me déchirer,
> Mettre en vos mains le feu qui doit la dévorer.
> (vv. 886-888).

La violence des verbes à la rime exprime la torture de la victime, éprouvée physiquement par l'imagination, gravée dans les profondeurs de sa pensée où sc côtoient pêle-mêle « [c]es morts, cette Lesbos, ces cendres, cette flamme » (v. 681 ; voir aussi v. 682 et v. 686).

Alors qu'Ériphile s'enferme peu à peu dans « la nuit du tombeau » (v. 526), Iphigénie retrouve, elle, une grandeur par le sang, en restaurant une dimension verticale perdue, le lien des hommes aux dieux. Le sacrifice permet le rétablissement d'une circulation, celle du sang, preuve de la tendresse filiale : il s'agit d'une part de rendre le sang donné par le père (v. 1184) et de s'en montrer digne (vv. 1247-1248) ; d'autre part, le sang est offert aux dieux, présent accomplissant un retour aux origines (v. 1658). Mais, dans le discours d'Iphigénie, le sang est pris dans un autre réseau de circulation :

> Ce champ si glorieux où vous aspirez tous,
> Si mon sang ne l'arrose, est stérile pour vous [...]
> Tournez votre douleur contre ses ennemis.
> Déjà Priam pâlit ; déjà Troie en alarmes
> Redoute mon bûcher et frémit de vos larmes [...]
> Faites pleurer ma mort aux veuves des Troyens.
> (vv. 1543-1544 ; vv. 1552-1554 ; v. 1556).

Se lit dans ces vers une fécondité fantasmée venue compenser symboliquement l'interdiction du mariage. Cette séparation contrainte est soufferte comme une mort, plus douloureuse que la vraie mort[11] : seule la victoire d'Achille, dont l'énergie prend sa source au sang d'Iphigénie[12] relayé par ses propres larmes, réalise l'union désirée :

---

11. Racine, *Iphigénie*, v. 1506 : « Mon père, en me sauvant, ordonne que j'expire ».
12. *Ibid.*, v. 1540 : la victoire d'Achille est le « fruit de [s]a mort ».

J'espère que du moins un heureux avenir
À vos faits immortels joindra mon souvenir.
                                        (vv. 1559-1560)

La représentation de la victoire repose, par un effet de circularité, sur un retournement héroïque (écho de l'héroïsme d'Iphigénie) des larmes en (al)armes vengeresses et en larmes ennemies. Les paroles symboliques, l'histoire de la gloire, favorisent alors l'ouverture du champ tragique[13]. Curieusement, la mer est passée sous silence : la représentation maternelle serait-elle ici évincée au profit de la fécondité et de l'hymen symboliques de la fille ? En tout cas, une nouvelle métaphore, terrestre cette fois – est-ce la preuve de son indépendance ? –, marque le discours d'Iphigénie : la conquête d'Achille, maritime pourtant, est assimilée aux « moissons » (v. 1541) d'un « champ » fertile (v. 1543) – l'image semble inverser les représentations sexuelles habituelles.

Mais le discours d'Iphigénie ne satisfait pas Achille, partisan farouche de la vie réelle. Son refus se traduit par le rejet des paroles au bénéfice des actes (vv. 1077-1078 ; v. 1535). Car le bouillant Achille, qualifié de « torrent » (v. 107), n'est avare ni de son sang (v. 253), ni de celui de ses ennemis (vv. 1603-1604, vv. 1739-1740). Sans cesse en mouvement, il lutte contre la rigueur de l'oracle ; dieu contre les dieux (vv. 1700-1701), il oppose un contre-oracle :

Votre fille vivra, je puis vous le prédire.
Croyez du moins, croyez que, tant que je respire,
Les Dieux auront en vain ordonné son trépas :
Cet oracle est plus sûr que celui de Calchas.
                                        (vv. 1080-1084).

Ce défi s'explique par la volonté d'Achille de défendre coûte que coûte le serment qui l'attache à sa promise ; Agamemnon l'a en effet rompu (v. 1402) :

J'ai votre fille ensemble et ma gloire à défendre.
Pour aller jusqu'au cœur, que vous voulez percer,
Voilà par quel chemin vos coups doivent passer.
                                        (1422-1424).

Une carte du cœur (sentiment et courage), tel est le nouvel espace découpé par Achille, révolté contre l'oracle, mais également persuadé

---

13. *Ibid.*, vv. 1561-1562 : « Et qu'un jour mon trépas, source de votre gloire, / *Ouvrira* le récit d'une si belle histoire ».

qu'une erreur d'interprétation a été commise : « Vous lisez de trop loin dans les secrets des Dieux », répond-il à Agamemnon dès le début de la pièce (v. 244). L'intuition n'est pas mauvaise : l'oracle, il est vrai, n'est pas lu à la bonne distance.

C'est également ce qui provoque la colère de Clytemnestre, incrédule devant l'injustice et la monstruosité d'un tel acte divin[14] : la fureur définit la voix maternelle (v. 1121), emportée par la douleur et le désir de vengeance contre un père qu'elle juge dénaturé (Acte IV scène 4, vv. 1249-1316 ; Acte V scène 4, vv. 1679-1699). Invectives, imprécations, indignations sont les paroles révoltées d'une folie maternelle ; seules les relations parentales structurent le monde de Clytemnestre, le devoir et l'ambition politiques étant accusés de tous les maux (vv. 1289-1298) :

> Est-ce donc être père ? Ah ! toute ma raison
> Cède à la cruauté de cette trahison. (vv. 1299-1300).

Exclue de l'autel, Clytemnestre essaie vainement d'y accéder ; sa faiblesse et la pression de la foule l'immobilisent : « Mourrai-je tant de fois sans sortir de la vie ? » (v. 1673). Le sacrifice, apparenté à un viol (vv. 1301-1304), donne alors lieu à une vision récurrente dont la violence est, pour Clytemnestre, presque insoutenable (vv. 1694-1696).

Dans son impuissance, la parole, qui se substitue au mouvement, devient cri ; Clytemnestre, transformée en reine des éléments, en appelle à un déchaînement des forces naturelles :

> Quoi ! pour noyer les Grecs et leurs mille vaisseaux,
> *Mer*, tu n'ouvriras pas des abîmes nouveaux ?
> Quoi ! lorsque les chassant du port qui les recèle,
> L'Aulide aura vomi leur flotte criminelle,
> *Les vents*, les mêmes vents, si longtemps accusés,
> Ne te couvriront pas de ses vaisseaux brisés ?
> Et toi, *Soleil*, et toi, qui dans cette contrée,
> Reconnais l'héritier et le vrai fils d'Atrée,
> Toi, qui n'osas du père éclairer le festin,
> Recule, ils t'ont appris ce funeste chemin.
>   (vv. 1683-1692).

Se met en place une scène meurtrière et cruelle : l'animation de la mer, du vent, du soleil, complices de Clytemnestre, est censée accomplir une justice immanente. Aussi la représentation de la colère

---

14. Racine, *Iphigénie*, v. 1266 : « Un oracle dit-il tout ce qu'il semble dire ? » ; voir aussi les vers 1267-1268.

recourt-elle à un imaginaire organique violent : engloutissement et
absorption de la mer, véritable gouffre (ventre ?) meurtrier ;
expulsion (« chassant », « vomi ») par la mère-patrie (l'Aulide)
d'un corps mauvais, la flotte grecque, c'est-à-dire l'entité politique
ou le père contre-nature. C'est, suivant l'hérédité d'Agamemnon, un
avatar du mythe d'Atrée qui est ici rejoué : l'obscurité, la noirceur
du crime et de la colère ne peuvent se traduire que par la disparition
de la lumière, l'éclipse du soleil. Le sacrifice d'Iphigénie est perçu
comme le geste de dévoration d'un père-ogre, organisateur d'un
festin monstrueux. La violence du discours invente une peine à la
mesure du crime : le châtiment est, à sa manière, un dénouement
exemplaire puisqu'il est conçu sur le mode de l'ouverture –
ouverture de la mer, ouverture du port – rompant la clôture tragique.
L'imaginaire maternel, qui puise ses forces dans l'univers marin, se
substitue en fait aux représentations de la victoire remportée sur les
Troyens cherche à compenser les images d'arrachement ou
d'enfantement contraint et meurtrier qui définissent à plusieurs
reprises sa douleur[15] :

> Pourquoi moi-même enfin, me déchirant le flanc,
> Payer sa folle amour du plus pur de mon sang ? [...]
> Qu'ils viennent donc sur moi prouver leur zèle impie
> Et m'arrachent ce peu qui me reste de vie.
> La mort seule, la mort pourra rompre les nœuds
> Dont mes bras nous vont joindre et lier toutes deux.
> Mon corps sera plutôt séparé de mon âme
> Que je souffre jamais... Ah, ma fille !
>   (vv. 1275-1276 ; vv. 1633-1638).

Et curieusement, c'est ce discours de la souffrance à bout de forces
qui permet la transition avec le dénouement (Acte V scènes 5, 6) :
l'ultime appel lancé au ciel : « [...] Ô Ciel ! Ô mère infortunée ! »
(v. 1693) parviendrait-il à toucher les dieux, à faire « gronder la
foudre » et « trembler la terre » (v. 1698), ces trois coups de
théâtre précédant la révélation finale ?

---

15. Euripide avait déjà effectué ce rapprochement, mais en le plaçant dans la dernière
prière d'Iphigénie adressée à son père : « Que cela ne soit pas ! J'en adjure Pélops,
Atrée ton père, ma mère que voilà, qui dans les douleurs m'enfanta. / Quelle douleur la
ressaisit en ce moment ! » (*Iphigénie à Aulis*, « Quatrième épisode », *op. cit.*,
p. 1342).

Le dénouement de la tragédie ou la circulation retrouvée

Les paroles de Clytemnestre semblent posséder un étrange pouvoir : la colère maternelle coïncide avec l'animation réelle des forces élémentaires qui paraît rétablir la communication divine ; l'évocation du sacrifice, le sang qui coule et la couronne christique, est précisément interrompue par le tonnerre, coupure signalée par les points de suspension et également interprétable comme le refus par la mère de l'acte accompli :

> De festons odieux ma fille couronnée
> Tend la gorge aux couteaux, par son père apprêtés !
> Calchas va dans son sang... Barbares ! arrêtez :
> C'est le pur sang du Dieu qui lance le tonnerre.
> (vv. 1694-1697).

Les paroles de Clytemnestre sont en outre soutenues par un « Dieu vengeur » (v. 1699), Dieu véritable ou Achille, « fils de Thétis » (v. 806) ? En tout cas, la fureur d'Achille, écho de la colère de la mère, retarde le moment du sacrifice : le nuage métaphorique des traits guerriers (v. 1741), le sang de la bataille annoncent l'intervention de Calchas, la mort d'Ériphile (celle qui « engendre le désordre ») et l'ébranlement cosmique. La nouvelle explication de l'oracle par Calchas permet enfin le dénouement qui repose avant tout sur la libre circulation du sens : le sombre secret des mots est déplié (vv. 1757-1758), la polysémie desserre le nœud tragique ; Ériphile accomplit « sa noire destinée » et Iphigénie, néanmoins pleine de compassion pour la victime, retrouve sa liberté.

C'est à l'instant où coule le sang que se récrit la représentation d'Iphigénie précédemment analysée (Acte V scène 2). Allons plus loin, la métamorphose s'enrichit des paroles de Clytemnestre ; le fantasme de fécondation, l'obsession maternelle d'enfantement se joignent en une scène heureuse d'union élémentaire, exacte inversion du déchaînement meurtrier, Acte V scène 6 :

> À peine son sang coule et fait rougir la terre,
> Les Dieux font sur l'autel entendre le tonnerre,
> Les vents agitent l'air d'heureux frémissements,
> Et la mer leur répond de ses mugissements.
> La rive au loin gémit, blanchissante d'écume.
> La flamme du bûcher d'elle même s'allume.
> Le ciel brille d'éclairs, s'entrouvre, et parmi nous
> Jette une sainte horreur qui nous rassure tous.
> (vv. 1777-1784).

Animés par le sang, tous les éléments, la terre, l'air, l'eau, entrent en correspondance, selon deux mouvements complémentaires, vertical et horizontal : le lien entre les hommes et le Ciel est enfin rétabli ; même la présence de Diane, discrètement mise à distance par le discours du soldat, est évoquée. Un réseau complexe de circulation énergétique est à l'origine de la « machine imaginaire », « machine naturelle », que J.M. Apostolidès a analysée dans son article : « La belle aux eaux dormantes »[16].

L'hypotypose est le signe d'un apaisement des tensions et d'une renaissance : elle marque une nouvelle cohésion politique, légitimée par le Ciel et inaugure un ordre familial qui inclut désormais Achille :

> Venez : Achille et lui, brûlants de vous revoir,
> Madame, et désormais tous deux d'intelligence,
> Sont prêts à confirmer leur auguste alliance.
>
> (vv. 1792-1794).

Cet ordre, en apparence équilibré, semble accorder une place ambiguë à Agamemnon : c'est certes « [d]es mains d'Agamemnon » (v. 1791), et non plus de celles d'Achille (vv. 1713-1714), que Clytemnestre doit recevoir sa fille. Néanmoins, durant le dernier acte de la pièce, Agamemnon n'apparaît presque plus, laissant Achille combattre seul contre les arrêts du Ciel, et Calchas interpréter l'oracle divin ; c'est, en dernier lieu, « L'armée à haute voix » (v. 1769), prolongeant la haute voix de Calchas, qui rend son verdict. Doit-on voir dans l'absence d'Agamemnon la présence d'un « roi des rois » caché, qui assurerait sa légitimité par une autorité tacite soumise aux dieux ? Ne peut-on voir plutôt dans son visage voilé (v. 1710), outre un chagrin tout naturel, l'aveu d'une faiblesse au profit d'Achille et de Clytemnestre, qui a le dernier mot de la pièce :

> Par quel prix, quel encens, Ô ciel, puis-je jamais
> Récompenser Achille, et payer tes bienfaits ?
>
> (vv. 1795-1796).

Mais la lutte d'Achille a-t-elle réellement eu une efficacité sur le dénouement ? N'est-ce pas une illusion partagée par Clytemnestre ? La fin de la pièce nous invite à reconsidérer l'enjeu de la pièce. Que s'y est-il passé ? Rien, si l'on ne se place que du point de vue de l'oracle, puisqu'il n'a pas changé. Seule son interprétation a évolué,

---

16. J.-M. Apostolidès, « La belle aux eaux dormantes », *Poétique*, n°58, Avril 1984, p. 140.

l'erreur initiale de compréhension déterminant gratuitement, pour rien, le tragique de la pièce. Dès lors, les combats, les douleurs des personnages apparaissent vains ; ou plutôt, l'essentiel réside dans la confrontation des passions mises à nu, éclairées par une lumière tragique pure. Au-delà de la signification politique, les passions de la famille – mère, père, enfant et gendre – l'emportent : ce qui se joue dans *Iphigénie*, c'est une représentation fantasmatique des passions, qui nourrit l'analyse des relations primordiales par une poétique des éléments.

Eve-Marie Rollinat-Levasseur
(Université de Paris VIII)

LA CRÉATION
DE PERSONNAGES MYTHOLOGIQUES
PAR RACINE :
ERIPHILE ET ARICIE

C'est Apollon que nous invoquons à l'orée de cette communication : que celui qui dirige les jeux des muses conduise nos pas dans l'analyse des tragédies de Racine ! Car il s'agit pour nous de découvrir comment et pourquoi le dramaturge français a inséré dans des intrigues fort connues des personnages qu'il a imaginés à l'image des héros des mythes grecs. Nous invoquons aussi le Soleil pour qu'il nous révèle quelques secrets de famille encore dissimulés : ceux d'Eriphile et d'Aricie.

Il convient tout d'abord de rappeler que ces personnages inventés par Racine ont une fonction opposée dans les mythes dans lesquels ils interviennent. Avec Eriphile, Racine transforme complètement le mythe puisque Iphigénie est sauvée par le suicide sacrificiel de sa compagne. Cette modification a un effet paradoxal. Racine semble la rendre ponctuelle en faisant disparaître Eriphile dans le dénouement de sa tragédie. Mais on ne saurait considérer que son action est anodine quand on connaît le funeste destin des Atrides. Rien de tel avec Aricie puisque ce personnage n'empêche aucunement la fin tragique des héros qui meurent dans le mythe : dans l'œuvre de Racine, non seulement Phèdre met fin à ses jours, mais, fait plus étonnant, Hippolyte n'est pas sauvé par la jeune fille (ce que peut sembler souligner l'unique scène où le dramaturge français fait rencontrer Aricie et Thésée : leur dialogue est certes situé après que Thésée a adressé ses effroyables vœux à Neptune, mais il ne reste pas moins troublant qu'Aricie s'interrompe au moment même de révéler la vérité au héros alors même qu'Hippolyte est encore vivant[1]) ; qui plus est, si à la fin de la pièce Théramène la décrit pâmée sur le corps disloqué d'Hippolyte, Aricie reste vivante et Thésée l'adopte. Racine ne se défait donc pas de sa création au terme de la tragédie : le personnage peut s'émanciper au point de devenir l'héroïne éponyme du livret que Pellegrin fit pour l'opéra de Rameau en 1733, *Hippolyte et Aricie*.

Nous verrons comment Racine a puisé dans le fond mythologique pour imaginer ses héroïnes, pourquoi elles sont nécessaires à sa conception de la poétique tragique et comment elles participent pleinement à l'élaboration de la complexité des personnages de ses pièces.

Racine mythographe

Les premiers spectateurs ont pu découvrir les rôles d'Eriphile et Aricie avec les représentations des tragédies de Racine ; certains d'entre eux, avertis par des lectures de salon, attendaient sans doute avec impatience leur apparition sur scène. Pour ce qui est des lecteurs, ils ont pu et peuvent encore prendre connaissance de ces deux personnages par la façon dont Racine les a présentés dans les préfaces de ses œuvres. Au XVIIe siècle, l'édition des pièces étant postérieure de quelques mois aux premières représentations, le discours préfaciel est marqué par la perception que le dramaturge a eue des réactions des spectateurs : la préface d'un texte théâtral est donc à la fois une réponse de l'auteur à la réception des spectacles, une invitation à la lecture ainsi que l'expression du sens que le lecteur doit découvrir. Dans la préface d'*Iphigénie*, puis dans celle de *Phèdre*, Racine a justifié la création d'Eriphile et d'Aricie comme s'il répondait aux doctes qui lui auraient reproché – ou pourraient le faire – d'avoir gauchi les mythes qu'il a mis en scène. Il s'est donc défendu en prouvant avec force d' « autorités » – terme qu'il a justement employé dans la *Préface* de *Phèdre* – qu'il a été fidèle à la tradition mythologique. Racine a tout d'abord cherché à faire lui-même autorité du fait de sa connaissance sans égale des Anciens : il n'a cité rien moins que Stésichore, Pausanias, Homère, Euphorion, Virgile, Quintilien et Parthenius pour Eriphile[2] ; pour Aricie, il est resté plus vague en ne renvoyant qu'à Virgile – mais la référence est

---

1. Cf. V, 3, vv. 1445-1446.
2. Le long développement que Racine fait sur *Alceste* à la fin de la *Préface* d'*Iphigénie* contribue à parfaire cette image de fin connaisseur de l'antiquité et permet rétroactivement de garantir la véracité des sources du personnage d'Eriphile.

de poids ! – et « quelques auteurs ». Il a ainsi cherché à imposer l'idée que ses héroïnes préexistaient à son œuvre. La stratégie de son discours a été de les rendre vraisemblables sous prétexte qu'elles étaient attestées par la tradition : de fait, la multiplication des références fabrique, en la noyant, une image mythique de ces deux personnages. Racine s'est ainsi dégagé de toute responsabilité en se présentant comme un auteur qui nous permet d'accéder à un élément mythique quelque peu négligé. Ce faisant, tel les anciens mythographes, Racine a ramassé les fils épars des mythes et brodé à son tour des épisodes dignes de la mythologie.

Mais ces discours préfaciels sont tout à fait ambigus puisqu'au moment même où Racine prétend n'avoir créé ni Eriphile ni Aricie, il ne cesse de souligner, comme malgré lui, à moins que ce ne soit malicieusement, combien il les a inventées. Ainsi un paragraphe de la *Préface* de *Phèdre* commence-t-il par la phrase : « Cette Aricie n'est point un personnage de mon invention ». L'effet de cette dénégation est d'attirer nécessairement notre attention sur ce personnage d'Aricie et de nous la faire considérer comme éventuelle « invention ». Dans la *Préface* d'*Iphigénie*, Racine s'attarde sur le bonheur qu'il a eu d'avoir trouvé « l'heureux Personnage d'Eriphile » : s'il a d'abord invoqué les autorités qui la lui ont inspirée, il justifie essentiellement l'apparition de ce personnage par rapport à la situation d'énonciation dans laquelle il se trouve en tant que dramaturge. En effet, les références mythologiques disparaissent devant la mise en valeur de l'attente des spectateurs : l'auteur affirme s'être conformé à la créance du public (Eriphile est plus vraisemblable qu'une biche que Diane aurait substituée à Iphigénie) et avoir créé le « plaisir » de l'assistance (« en sauvant à la fin une Princesse vertueuse » et cela « par une autre voie que par un miracle »). Il se donne donc l'image d'un poète qui n'a fait que répondre à la volonté du public et qui institue quasiment les spectateurs comme coauteurs de ses créations. Cependant on ne saurait dire que la source d'inspiration racinienne se limite à l'horizon d'attente de l'œuvre. Il est en effet remarquable que Racine finisse par insister dans cette *Préface* d'*Iphigénie* sur le plaisir qu'il a eu lui-même de « pouvoir représenter [Eriphile] telle qu'il [lui] a plu », soit telle qu'il l'a voulue. En dernier ressort, le poète renvoie donc à lui-même et parvient dans son discours préfaciel à mettre en valeur les personnages qu'il a créés. Force est donc de constater qu'il n'est guère question du prince des poètes, Apollon, dans ces préfaces.

Petite mythologie racinienne

Racine a choisi pour Eriphile et Aricie des noms qui sonnent grec. Cela lui permet d'intégrer parfaitement ces héroïnes à l'atmosphère des mythes qu'il traite. De plus, l'analogie entre ces noms fictifs et les autres noms de la mythologie grecque fonde en vérité les personnages qu'il crée. En fait, ni Eriphile ni Aricie ne sont tout à fait inventées.

En ce qui concerne Eriphile[3] tout d'abord, il semble que Racine ait remarqué ce nom qu'il a pu lire chez Homère, Pindare, Ovide, Virgile et chez Aristote. Tous ces textes désignent des personnages autres que notre héroïne et donnent la même orthographe à son nom : Eriphyle ; Racine transcrit le « y » par un « i » et maintient uniformément ce « i » après le « ph ». Le dramaturge a visiblement refusé le sens de « tribu désunie » – car il s'agit peut-être d'une tribu trop unie – pour préférer celui de « qui aime la discorde » qui saute aux yeux de tout helléniste : c'est justement ce que paraît incarner la rivale d'Iphigénie. De plus, ce nom entre en résonance avec son sujet puisque nous retrouvons Eris, la discorde, divinité qui a suscité la dispute entre les trois déesses, cause initiale de l'enlèvement d'Hélène par Pâris : aussi avec Eriphile se profilent déjà Hélène et la guerre de Troie. Il convient d'ajouter à cela que Racine a situé le prétendu épisode de la rencontre entre Eriphile et Achille à Lesbos, double de Troie (cf. vv. 231-242) et île par excellence de l'amour – on ne peut que souligner le goût du dramaturge pour l'ironie tragique. Or si la postérité a gardé mémoire de l'épisode de l'enlèvement d'Hélène par Thésée et d'un fruit possible de leur amour, d'un séjour d'Achille à Lesbos, des multiples et terribles prédictions de Calchas ainsi que du triste destin d'Iphigénie, il n'y a pas d'Eriphile qui leur soit associée. Le dramaturge a donc créé de toutes pièces son personnage mais en lui attribuant des épisodes plus ou moins connus de la mythologie et en lui forgeant un destin indissociable de la guerre de Troie. Il y trouve matière à évocation poétique et masque ainsi l'artifice de la création de son personnage : mieux, l'héroïne gagne elle-même une épaisseur par le jeu référentiel. Pour Racine, l'onomastique est donc signifiante et lui permet de construire des liens entre différents épisodes de la mythologie, de créer à son tour des personnages dignes des héros mythiques. Il est intéressant de remarquer à ce propos que l'auteur n'en est pas à un paradoxe près. Dans ses

---

3. Notons que ce nom apparaît dans *Timocrate* de Thomas Corneille (1656) et *Les Amants magnifiques* de Molière (1670).

annotations de la *Poétique* d'Aristote, il a pris soin de retraduire, non sans y ajouter quelques amplifications stylistiques, le passage où il est question d'une Eriphyle : « On ne peut changer *et démentir* les fables qui sont receües. On ne peut point faire, par exemple que Clytemnestre ne soit point tuée par Oreste, qu'Eriphile ne soit point tuée par Alcmaeon. Il faut donc que le poëte ou invente luy-même un sujet nouveau ou qu'il songe à bien traitter ceux qui sont déjà inventez[4]. » La dernière phrase de ce paragraphe est davantage une glose personnelle qu'un véritable contresens sur le texte d'Aristote ; elle ne manque pas de sel quand on voit que Racine a créé précisément une Eriphile pour faire en sorte qu'Iphigénie ne soit pas tuée. La doctrine du dramaturge serait plutôt : on peut changer et démentir les fables qui sont reçues sauf à mal le dissimuler.

Pour ce qui est d'Aricie, la situation est un peu différente : le nom existe dans plusieurs textes de l'Antiquité où il est lié à la légende d'Hippolyte. Blaise de Vigenère, dans les commentaires qu'il fait des *Tableaux* de Philostrate[5], a rappelé toutes les allusions que les auteurs anciens font du destin posthume d'Hippolyte ; en bon mythographe, il les a rassemblées et organisées en un récit cohérent d'un point de vue temporel. Selon lui, après sa mort, Hippolyte ressuscité vit « en la forêt Aricinie », ainsi nommée d'après le nom d'une demoiselle, Aricia, de laquelle le jeune homme « s'étant enamouré, l'[a emmenée] en Italie où il l'épousa » : la formulation de Vigenère suggère quasiment un roman d'amour ! En fait dans les textes anciens que la postérité a conservés, il n'est pas vraiment question d'amour entre Hippolyte et Aricie, ni même d'un mariage : Virgile dans *L'Enéide* fait seulement mention d'une Aricie, mère de Virbius, fils d'Hippolyte[6]. Racine le sait parfaitement quoiqu'il prétende dans sa *Préface* à *Phèdre* que « Virgile dit qu'Hippolyte l'épousa et en eut un fils après qu'Esculape l'eut ressuscité » avant de reprendre le commentaire de Vigenère – qu'il se garde bien de nommer, mais qui lui sert de garant. En bon latiniste, il sait bien aussi qu'Ovide et Horace[7] n'ont parlé d'Aricie qu'en tant que nom d'un lieu. Il n'y a donc pas d'Aricie, sœur des Pallantides qu'Hippolyte aurait aimée pendant que Phèdre éprouvait une passion incestueuse pour lui.

---

4. Même dans cette traduction d'Aristote, Racine a transcrit Eriphyle avec un « i ».
5. Cf. « Hippolyte » dans *Les Images ou tableaux de platte-peinture* de Philostrate, traduction et commentaire de Blaise de Vigenère (1578), édition de Françoise Graziani, Champion, 1995, t. 2, pp. 523-524.
6. Cf. VII, 761-763.
7. Cf. *Les Métamorphoses* XV, 497 et *Les Fastes* III, 262-65. Voir aussi Horace, *Satires* I, V, 1-2

Nous pouvons enfin remarquer que les personnages insérés par Racine dans ces intrigues mythologiques nous conduisent toujours à Artémis. C'est en effet Diane qui réclame le sacrifice d'Eriphile, fille d'Hélène. Quant au bois ou à la vallée d'Aricie auxquels font allusion les Anciens, il s'agit justement d'un lieu consacré à Diane. C'est sans doute ce qui a motivé dans l'antiquité le rapprochement entre le nom d'Aricie et le mythe d'Hippolyte. Mais c'est aussi probablement ce qui a attiré l'attention de Racine sur ce nom. Enfin, il est remarquable que Strabon[8] indique qu'Aricie se trouve près du lac de Némi, dans les Monts Albains, et du temple de *Diana Aricina* : or, on célébrait précisément dans ce temple « le culte d'Artémis Taurique dont Oreste avait, en même temps qu'Iphigénie, devenue la prêtresse de la déesse, enlevé le xoanon »[9]. Diane peut apparaître comme un lien entre Aricie et Iphigénie, Aricie et Eriphile. S'il y a donc une mythologie personnelle à Racine, il faut peut-être la chercher du côté de la présence en filigrane de la sœur d'Apollon, la déesse de la chasse, la vierge fière et farouche, divinité lunaire : une déesse souvent proche de la barbarie. Il est difficile d'en déduire une réflexion sur l'œuvre ou l'auteur sans risquer d'extrapoler : il faut avant tout voir ici la marque de l'érudition de Racine et sa façon de travailler ou de jouer avec la littérature ancienne.

Pour une concentration de l'atmosphère mythologique

Dans les deux cas, Racine a eu soin d'inscrire les personnages qu'il crée dans le contexte mythologique des intrigues qu'il traite. Si

---

8. Cf. Strabon, *Géographie* V, 3, 12 (éd. Belles Lettres, Budé, t. 3, texte établi et traduit par François Lasserre, 1967), C 239-240 : « Après le Mont Albain vient Aricia, sur la Via Appia, à 160 stades de Rome. L'endroit est encaissé , mais n'en présente pas moins une acropole naturellement fortifiée. (...) D'autre part, sur la gauche de la route quand on monte d'Aricia vers les collines, le sanctuaire d'Artémis connu sous le nom de Némus. On rapporte que l'Artémis d'Aricia et son temple sont la copie du sanctuaire de l'Artémis Tauropole et, de fait, les éléments barbares et scythes prédominent dans les rites de son culte. Est proclamé prêtre du sanctuaire, en effet, l'esclave fugitif qui parvient à tuer de sa main l'homme consacré avant lui à cet office. Aussi ce prêtre est-il en tout temps armé d'un glaive et se montre-t-il attentif aux attaques éventuelles et prêt à se défendre ». Selon F. Lasserre, en outre, « Une légende conservée par Servius, *In Aen. VI, 136*, apparente plus précisément la déesse de Némi à la Tauropole de Tauride en racontant que son culte aurait été institué par Oreste lui-même, quand il fuyait la Tauride après avoir tué le Thoas : le rite du meurtre en aurait conservé le souvenir, d'où chez Strabon, la mention de rites scythiques ».
9. Sur le temple de *Diana Aricina*, voir la note 985 de Joseph Chamonard dans l'édition GF des *Métamorphoses* d'Ovide (nous la citons partiellement). NB : le xoanon, ξοανον, est une image taillée dans le bois ou dans la pierre en particulier d'une divinité.

Eriphile vient à Aulis, c'est pour que Calchas lui révèle ce que l'oracle attaché à sa naissance signifie – et chacun sait combien les prédictions de Calchas sont funestes, en particulier pour tout ce qui concerne la guerre de Troie. Si Aricie est prisonnière au début de *Phèdre*, c'est parce que Thésée a dû s'imposer contre les Pallantides pour régner à Athènes. Les personnages imaginés par Racine servent donc paradoxalement à renforcer l'atmosphère mythologique des deux pièces. Avec ces héroïnes, ce n'est plus seulement l'épisode d'Iphigénie ni l'amour incestueux de Phèdre pour Hippolyte qui sont suscités mais toute la guerre de Troie et le destin de Thésée. Les évocations mythologiques des pièces gagnent ainsi en motivation.

C'est là où Racine se distingue des dramaturges du XVIIe siècle qui ont abordé les mêmes mythes. De fait, lorsqu'ils ont imaginé une compagne à Hippolyte, nul n'a songé à l'intégrer dans un arrière-plan mythologique plus vaste : dans l'*Hippolyte* (1675) de Bidar, le jeune homme aime Cyane, simple princesse de Naxe amenée par Phèdre à la cour10 ; pour Pradon, Aricie est une princesse de la contrée d'Attique11. Leurs personnages semblent réduits à un rôle galant : leur création est d'autant plus artificielle qu'elle est située dans un contexte mythologique avec lequel ils sont en rupture. Tel n'est pas le cas de Racine : il dissimule qu'Eriphile et Aricie sont là pour ajouter de l'amour et de la passion à des intrigues qui n'en contiennent pas assez pour le goût de ses contemporains en insinuant que les personnages de ses pièces – et pas seulement ceux qu'il invente – ont un passé. Dès lors ses créations sont vraisemblables et nécessaires. Il n'y a donc pas seulement contamination mythologique dans le fait qu'Eriphile soit fille d'Hélène et Aricie fille de Pallas, il y a aussi concentration de l'atmosphère mythologique.

Des histoires de famille

Qu'apportent les personnages que Racine invente aux intrigues qu'il traite ? Comme ils sont étroitement liés aux héros des tragédies, ils ajoutent au tragique : c'est ce que semble indiquer un

10. Cf. *Le Mythe de Phèdre. Les Hippolyte Français du XVIIe siècle : textes des éditions originales de La Pinelière, de Gilbert et de Bidar*, édition critique d'Allen G. Wood, Champion, 1996.
11. Cf. *Phèdre et Hippolyte* (1677) de Jacques Pradon, accessible dans l'édition d'O. Classe, Exeter University Publications, 1987. Dans sa Préface, Jacques Pradon explique avoir « tiré [son] épisode d'Aricie des Tableaux de Philostrate », mais il est évident qu'il a sans doute été davantage inspiré par des fuites de salons sur la pièce que préparait Racine en même temps que lui : en tout cas, il n'a pas vu chez Philostrate matière à évocation mythologique.

concept formulé par Aristote au livre XIV de *La Poétique*. Selon le
théoricien grec, les actes de violences surgis au sein des alliances
suscitent l'effroi et la pitié tragique[12]. Voici comment Racine a
traduit le passage en question : « ces événements [il s'agit de
l'action tragique] se passent entre des personnes liées ensemble par
les nœuds du sang et de l'amitié, comme, par exemple, lorsqu'un
frère ou tue ou est prêt de tuer son frère, un fils son père, une mère
son fils, ou un fils sa mère ; ce sont de ces événements que le poëte
doit chercher »[13]. Le dramaturge a donc glosé le terme φιλιαι, qui
signifie lien d'affection, par l'idée de lien par le sang ou l'amitié. Il
est vraisemblable que Racine a été influencé par Vettori : ce dernier a
lui-même traduit φιλιαι par *necessitudines*, liens étroits (soit de
parenté, d'amitié, de clientèle soit une autre relation
d'interdépendance), et a présenté ces événements comme des conflits
de personnes liées par le sang ou des relations de bienveillance,
« *inter personas aut sanguine aut benevolentia magna inter se
conjunctas* ». Il n'en reste pas moins que le dramaturge connaît
suffisamment le grec pour savoir que φιλιαι ne désigne pas des
liens de parenté. Sa traduction paraît donc indiquer qu'il a senti que
c'est au sein des liens de parenté que se trouve la spécificité tragique.
C'est sans doute pourquoi Georges May a pu souligner combien
l' « unité de sang » est caractéristique de l'œuvre de Racine[14].
Certes, les personnages que Racine crée n'interviennent pas dans
l'action pour occuper le premier plan tragique et susciter l'effroi ou la
pitié en tuant eux-mêmes père, mère ou enfants. Mais les liens
familiaux qui les attachent aux autres personnages de l'intrigue
contribuent à resserrer le noyau de l'action tragique. Avec la mort
d'Eriphile, il y a un peu d'Iphigénie qui disparaît aussi. Les deux
jeunes filles ne sont pas seulement de vagues doubles l'une de
l'autre, elles sont issues de la même famille au destin tragique : elles
sont doublement consanguines, ce qui justifie a posteriori l'amitié et

---

12. Cf. chap. XIV : dans leur commentaire, R. Dupont-Roc et J. Lallot remarquent
ce type de frayeur et de pitié tragiques naissent « non du spectacle, mais des faits eux-
mêmes dans leurs inévitables et terrifiantes conséquences », cf. leur édition de *La
Poétique*, Seuil, 1980.
13. Cf. l'édition de *La Poétique* d'Aristote dans l'édition de Vettori conservée à la
Bibliothèque Nationale de France avec les notes de Racine. On peut aussi consulter
Racine : Principes de la tragédie en marge d'Aristote, texte établi et commenté par
Eugène Vinaver, Nizet, 1978, p. 6, 22 et 65. Il convient de garder en mémoire que les
textes sur lesquels nous nous fondons sont des textes recopiés par Louis Racine et se
trouvent en marge d'une édition tardive (1673) : nous ne saurions donc dater
exactement ces annotations. Aussi le rapprochement de ces notes avec les pièces de
Racine ne nous permet-il pas d'élaborer une poétique racinienne : elles nous
autorisent seulement à insister sur certains aspects de son œuvre.
14. Cf. Georges May, « L'unité de sang chez Racine », *RHLF*, 1972, n°2, pp. 209-
223.

la compassion d'Iphigénie pour sa compagne. Dans *Phèdre*, c'est parce qu'Aricie est sœur des Pallantides qu'elle est interdite à Hippolyte par Thésée : l'histoire de la famille de Thésée ôte donc à Hippolyte toute possibilité d'une issue heureuse à ses aspirations. Ces personnages imaginés par Racine permettent donc de renforcer la promiscuité familiale : avec Eriphile et Aricie, l'action de chacune des pièces s'enferme encore davantage sur un huis clos, lieu tragique par excellence.

Il convient enfin de rappeler combien Racine a été attentif à tisser des liens et une cohérence entre ses différentes œuvres : la création de ces personnages mythologiques y participe d'une certaine façon puisque nous retrouvons des liens avec des héros de ses tragédies : ainsi l'ascendance d'Eriphile l'apparente-t-elle avec une autre fille d'Hélène, Hermione, qui dans *Andromaque* laisse éclater toute la fureur de sa jalousie ; fille de Thésée, elle annonce le funeste destin d'un de ses autres fils, Hippolyte. Pour Racine, comme pour Aristote, seules quelques familles sont dignes d'être mises en scène.

Contamination, intertextualité et efficacité dramatique

Racine a imaginé pour ces deux héroïnes un destin digne de ceux des héros de la mythologie : l'épisode d'Eriphile est conçu comme la reconnaissance tragique de l'identité du personnage et celui d'Aricie comme la reconnaissance politique au sein d'une dynastie mythique. Ces épisodes, en particulier celui d'Eriphile, sont marqués par le procédé classique de la contamination : leur structure n'est pas sans rappeler d'autres mythes traités par le théâtre. L'effet que Racine semble avoir recherché est avant tout celui de l'efficacité dramatique et cela à travers un jeu savant d'allusions littéraires.

Selon Aristote, le procédé de la reconnaissance est un moteur éminemment tragique car elle allie l'absence de répulsion et l'effet de surprise : de ce fait s'élabore une combinaison d'éléments propre à éveiller la pitié et la compassion du spectateur. Il se trouve qu'avant *Iphigénie*, Racine n'a encore jamais exploité le principe même de reconnaissance. Mais dans cette tragédie où il reprend l'intrigue traitée par Euripide, il ajoute un épisode dont l'action repose sur la reconnaissance de l'identité de son héroïne par l'éclaircissement de l'oracle qui touche à sa naissance, ce qui lui est fatal. Eriphile semble être l'occasion pour Racine de montrer ce qu'il aurait pu faire s'il avait composé entièrement une *Iphigénie en Tauride* (l'héroïne, découvrant l'identité de celui qu'elle s'apprête à sacrifier, son frère Oreste, le sauve en dernière fin)[15] ou un *Œdipe Roi*, pièce où la reconnaissance de l'identité du héros résulte de l'éclaircissement d'oracles obscurs qu'Apollon a rendus : dans *Iphigénie* aussi, la reconnaissance de l'identité d'Eriphile est précisément liée à des prophéties énigmatiques. Il convient ici d'observer que la référence à la tragédie de Sophocle nous conduit à celle de Sénèque et surtout à la tragédie que Corneille a composée sur ce sujet en 1659. Or, dans son *Œdipe*, le dramaturge français a, lui aussi, inventé un personnage mythologique, Dircé, qu'il a « fait fille de Laïus », et qu'il a inséré dans le célèbre mythe : cette héroïne est l'objet d'un épisode galant – la jeune fille aime Thésée qui l'aime en retour – mais elle n'influe en rien sur le déroulement fatal de l'intrigue et la reconnaissance en Œdipe du meurtrier de Laïus. Si nous pouvons retrouver le destin d'Eriphile dans celui d'Œdipe, nous pouvons aussi rapprocher Dircé d'Aricie. Avec les deux personnages mythologiques qu'il a créés, Racine a donc introduit dans son œuvre un jeu complexe d'intertextualité. Il a ajouté à l'imitation des Anciens la rivalité avec son illustre contemporain. Il a sans doute cherché à montrer qu'il comprenait mieux que Corneille l'esprit du théâtre grec : Corneille avait retranché des Oracles à l'histoire d'Œdipe et avait indiqué dans ses commentaires ses réticences à l'égard du tragique sophocléen[16] ; Racine, lui, n'a pas expliqué sa poétique mais a ajouté des oracles à l'histoire du sacrifice d'Iphigénie. A travers tous ces palimpsestes, nous remarquons en premier lieu l'aisance avec laquelle Racine puise dans la matière mythologique ainsi que la manifestation de son extraordinaire connaissance du théâtre et de sa maîtrise des ressorts dramatiques.

D'autre part, en concevant des héroïnes mythologiques avec un sort digne des héros légendaires, Racine donne une efficacité dramatique aux épisodes de ses pièces : les personnages secondaires se rapprochent des héros par la similitude de leurs destins ce qui contribue à les associer encore plus étroitement à l'action principale et à redoubler la pitié qu'ils suscitent chez les spectateurs. On peut

---

15. Rappelons qu'il reste le plan d'un premier acte d'une *Iphigénie en Tauride* qu'il a composée probablement en 1673, soit avant l'*Iphigénie* que nous connaissons. Cf. l'édition des *Œuvres Complètes* de Racine établie par G. Forestier, pp. 765-67 et p. 1569.

16. Cf. Dans son *Discours de la tragédie*, Corneille a souligné sa gêne vis-à-vis des intrigues élaborées selon le principe de reconnaissance puisque la pitié ne peut naître qu'au moment du coup de théâtre et de la révélation de l'identité du héros. C'est pourquoi dans *Œdipe*, comme il l'explique dans l'*Examen* de la pièce, Corneille a ajouté l'épisode de Dircé et de Thésée à l'histoire d'Œdipe et qu'il a retranchée à la pièce de Sophocle des oracles qui lui semblaient alourdir la tragédie.

dire que le procédé de contamination des mythes donne une concentration plus grande à l'action tragique. Qu'Eriphile ait à découvrir quelle est son ascendance et que cela la conduise à la mort fait qu'elle accède au statut d'héroïne tragique, tout en restant un personnage secondaire. D'une façon analogue, qu'Aricie puisse reconquérir le pouvoir des Pallantides, ne serait-ce que par le biais de l'adoption de Thésée, qu'elle soit celle qui réconcilie les deux branches légitimement héritières d'une famille dévastée, donne à l'épisode un sens politique et au personnage un rôle d'une dimension mythique. C'est là le coup de force de Racine : d'un côté, il fait en sorte que l'action principale et l'épisode de ses pièces soient conçus selon les ressorts les plus tragiques de la mythologie ; de l'autre, c'est ce même procédé qui lui permet d'adapter les épisodes mythologiques qu'il choisit à la sensibilité de son siècle : il traite l'épisode du sacrifice d'Iphigénie sans que la jeune fille soit immolée et lui substitue le suicide de sa rivale ; il montre la passion dévastatrice de Phèdre pour Hippolyte en rendant ses spectateurs sensibles aux malheurs du jeune homme par la présence de l'intrigue galante avec Aricie. C'est en créant des personnages à l'image des héros de la mythologie grecque que Racine rend la mythologie accessible à ses contemporains : aussi peut-il avoir l'image du dramaturge à la fois le plus helléniste et le plus moderne de son temps.

Identité tragique

Enfin, nous allons revenir sur le personnage d'Eriphile car le fait que Racine ait imaginé pour cette héroïne une intrigue qui repose sur le principe de reconnaissance nous semble être révélateur d'une caractéristique essentielle des héros de ses tragédies : celle de l'impossible identité de l'être. Il convient tout d'abord de rappeler que Racine a conçu Eriphile et l'intrigue d'*Iphigénie* à partir d'éléments qu'il a trouvés chez Sophocle : par leur disposition dans la tragédie, les deux prédictions de Calchas ne sont pas sans rappeler les trois oracles prononcés par Apollon et qui structurent *Œdipe Roi*. Dans l'*Iphigénie* de Racine, les spectateurs apprennent d'emblée par Agamemnon la prophétie telle que l'a formulée Calchas ; son sens paraît clair à tous, personnages et spectateurs, puisque c'est le nom d'Iphigénie qui est cité. De ce fait, personne ne cherche à analyser l'oracle ni à établir un rapprochement entre Hélène et Iphigénie, toutes deux pourtant nommées en fin de vers, ce qui favorise une lecture verticale. Le deuxième oracle est celui qu'Eriphile veut faire éclaircir à Calchas. « Un oracle effrayant m'attache à mon erreur, /

Et quand je veux chercher le sang qui m'a fait naître, / Me dit que sans périr je ne me puis connaître »[17] : la formule de cette prophétie insiste sur le fait que la connaissance de soi est mortelle. Or, tout comme dans *Œdipe Roi* où les trois prophéties d'Apollon n'en sont qu'une (il faut punir le meurtrier de Laïos, le fils qu'il a eu de Jocaste, Œdipe, donc, dont le destin était de tuer son père véritable), la structure de la tragédie de Racine repose sur le fait que les deux oracles n'en forment qu'un : la fille d'Hélène qu'il s'agit de sacrifier est Eriphile qui, apprenant quelle est son ascendance, doit périr. Mais si nous rapprochons la tragédie de Sophocle de celle de Racine, nous devons remarquer une perspective quelque peu différente. En effet, chez Sophocle, l'oracle initial est déjà réalisé : Œdipe a déjà tué son père et épousé sa mère ; il ne fait qu'apprendre à ses dépens qu'il est le coupable que tous recherchent ; le dramaturge grec insiste donc sur le caractère inéluctable du destin humain. Dans l'œuvre de Racine, l'oracle se réalise presque devant nos yeux : Eriphile, parce qu'elle cherche à savoir qui elle est, devient Iphigénie, la fille d'Hélène qu'il faut sacrifier ; Racine s'intéresse à la quête que fait le héros de son identité et montre qu'on est toujours autre que ce qu'on croit être. Mais dans les deux tragédies, l'éclaircissement des oracles a permis aux poètes de mettre en pleine lumière ce qu'est l'être humain : l'homme est celui qui ne sait pas qui il est. Bien plus, la connaissance de son identité le réduit à néant : symboliquement pour Œdipe, par la mort pour Eriphile. Mais en ce qui concerne l'héroïne racinienne, il reste à savoir ce qui la fait mourir : est-ce de savoir de qui elle est la fille ou d'apprendre qui elle est ? Fondamentalement l'introduction d'Eriphile mais aussi d'Aricie dans les intrigues anciennes permet donc de poser la question de l'identité de l'être. Elle semble tout d'abord se résoudre en fonction d'un modèle familial : à la fin des pièces, Eriphile est reconnue pour ce qu'elle est, fille d'Hélène et de Ménélas, tout comme Aricie, digne sœur des Pallantides. Mais le suicide de l'une, la réussite de l'autre, du moins sur le plan politique, indiquent clairement qu'un héros n'est pas seulement soumis à un destin familial et qu'il doit se réaliser pour incarner véritablement son identité.

Infinis jeux de miroirs

Enfin si Racine crée des personnages mythologiques, c'est sans doute parce qu'ils sont nécessaires à l'élaboration de la structure de

---

17. Cf. *Iphigénie* vv. 428-430. La réplique de Doris (vv. 431-437) qui propose une interprétation réaliste de l'oracle ne peut que souligner la portée tragique de cette question.

ses tragédies et de la construction de l'identité de ses héros. Leur effet est double : d'un côté, ils permettent d'organiser la caractérisation des personnages les uns par rapport aux autres ; de l'autre, leur présence introduit dans les tragédies une zone d'ambiguïté propice à l'élaboration de la complexité de chaque rôle. En effet, ces personnages secondaires apparaissent tout d'abord comme un contrepoids face aux personnages principaux. Même si ces héroïnes sont évoquées dès le début des pièces et jusqu'aux derniers mots, elles n'apparaissent que tardivement (au second acte) et leur présence est rare sur scène (dans deux actes seulement, le second et le quatrième pour Eriphile, le cinquième pour Aricie) : on trouve là une structure récurrente dans l'œuvre de Racine d'ordre quasi musical, comme un échange entre un chant et un contre-chant. Le jeu d'oppositions ou de parallélismes qui se tressent entre les personnages de ces tragédies a souvent été souligné par les critiques : Eriphile semble être la face noire d'Iphigénie, Aricie un double d'Hippolyte (le jeune homme et la jeune fille incarnent l'innocence de la vertu) et un double antithétique de Phèdre (Aricie permet de faire ressortir toute la fureur de l'héroïne)... Ainsi la force de ce type de structure est-elle de guider le lecteur dans sa première lecture des textes et de lui permettre d'identifier plus facilement les caractéristiques de chaque personnage[18].

Mais loin de conduire à l'élaboration de personnages stéréotypés, ces jeux de miroirs permettent au dramaturge de construire des réfractions qui créent une image complexe des héros. Les personnages se renvoient les uns aux autres de façon infinie. Dès lors, le lecteur ne peut en trouver qu'une image éclatée, éparpillée, qu'on ne peut fixer sans réduire la portée de l'œuvre. Ainsi Eriphile et Iphigénie ou Phèdre et Aricie s'opposent-elles mais avec des décalages : ces personnages agissent ou parlent de façon inversée mais jamais de façon constante sur les mêmes motifs. Lorsque la jalousie d'Iphigénie éclate, elle se rapproche de la fureur jalouse d'Eriphile ; pour autant son amour pour Achille ne se manifeste jamais avec l'intensité que connaît sa rivale ; l'image des amoureuses se trouble et s'enrichit par ces points de frottements. Si Phèdre déclare sa flamme à Hippolyte en rappelant l'image de son père, il est intéressant de remarquer qu'Aricie ne cesse de parler de Thésée quand elle parle de l'amour qu'elle dit éprouver pour Hippolyte : si initialement, l'opposition entre les deux héroïnes

---

18. Le spectateur a accès aux textes à travers la lecture qu'en propose le metteur en scène. Pour que la richesse des tragédies de Racine soit rendue perceptible, l'idéal serait que la mise en scène rende compte de ce jeu de miroir entre les personnages, qu'il soit un guide pour qui découvre la pièce et qu'il indique la complexité des héros.

semble nette, un certain nombre de points de fuite comme celui-ci complique leur rôle. Pour saisir ces personnages le lecteur est conduit à multiplier ces rapprochements : mais leur image se dérobe toujours devant une zone d'incertitude créée par le texte. De fait, toutes ces héroïnes, Eriphile, Aricie mais aussi Iphigénie, sont touchées par un entre-deux qu'on ne peut strictement délimiter : comme Phèdre, elles ne sont « ni tout à fait coupables, ni tout à fait innocentes ». C'est là que se trouve la créativité de Racine : il invente des personnages vraisemblables parce qu'ils ont une épaisseur qu'il est impossible de mettre entièrement à nu. De ce fait, contrairement à Eriphile qui doit périr si elle se connaît, les personnages de Racine sont assurés d'une survie auprès des lecteurs et des spectateurs assurés de ne jamais les connaître absolument.

C'est ici que Racine semble s'abandonner à Apollon, Apollon Loxias, l'Oblique : sa parole poétique comme la parole oraculaire est à la fois claire et oblique. Pour le lecteur de Racine, il s'agit dès lors de déchiffrer le sens de la parole poétique en envisageant ses différentes possibilités de significations.

Alain Niderst
(Université de Rouen)

LE « SOLEIL RAYONNANT SUR LA MER » : DE CLAUDE LORRAIN À RACINE

Paul Valéry se félicitait d'être né à Sète, « un des lieux, dit-il, où j'aurais aimé de naître ». Car, ajoute-t-il, « il n'est pas de spectaclc pour moi qui vaille ce que l'on voit d'une terrasse ou d'un balcon bien placé au-dessus d'un port »[1], et d'évoquer ensuite Joseph Vernet pour aboutir, comme il se doit, à Claude Lorrain, « qui dans le style le plus noble exalte l'ordrc et la splendeur idéale des grands ports de la Méditerranée : Gênes, Marseille ou Naples transfigurées, l'architecture du décor, les profils de la terre, la perspective des eaux, se composant, comme la scène d'un théâtre où ne viendrait agir, chanter, mourir parfois, qu'un seul personnage : LA LUMIÈRE ! »[2].

Un Claude Lorrain du dix-neuvième siècle, indifférent aux sujets historiques ou fabuleux qu'il prétend traiter, passionné, comme Turner ou Monet, par les seuls jeux du soleil et de l'ombre. Ainsi aurait-il édifié, à côté de ses paysages, qui firent de lui, selon le mot de Constable, « le plus parfait paysagiste qui soit au monde »[3], une suite de scintillantes marines, où, parmi des architectures de rêve, que hantent de maigres personnages presque pareils à des pantins, se déploie sa virtuosité, déjà admirée par Boyer d'Argens, à « exprimer les heures du jour »[4].

Un Claude Lorrain du dix-neuvième siècle, qui affleure parfois

---

1. *Inspirations méditerranéennes*, conférence de novembre 1933, dans *Œuvres complètes*, Paris, Gallimard (« La Pléiade »), t. I, p. 1084.
2. *Ibid.*, t. I, p. 1085.
3. *Tout l'œuvre peint de Claude Lorrain* par Marcel Röthlisberger et Doretta Cecchi, Paris, Flammarion, 1977, p. 11.
4. *Ibid., loc. cit.*

dans les articles et les poèmes de Baudelaire :

> Et rien, ni votre amour, ni le boudoir, ni l'âtre,
> Ne me vaut le soleil rayonnant sur la mer[5].

Un Claude Lorrain que récusa Antony Blunt. Il admit que le peintre ne se passionne pas pour les thèmes qu'il prétend traiter, mais, ajoute-t-il, « ce serait une erreur complète de sauter de cet argument à la conclusion que Claude Lorrain n'était pas attentif au sujet, mais peignait seulement la lumière ou recherchait dans son art quelque qualité abstraite »[6].

Racine a-t-il admiré les Claude Lorrain que Mazarin et Louis XIV avaient fait venir d'Italie ? A-t-il fréquenté les peintres ? A-t-il profité des conférences de l'Académie de peinture ?

Il s'est trouvé, on le sait, avec *Andromaque*, et il s'est trouvé en dépassant à la fois la rhétorique cornélienne et sénéquienne de *La Thébaïde* (avec les analyses politiques et le commentaire que les héros semblent toujours proposer de leur situation et de leurs desseins) et la phraséologie galante de l'*Alexandre*. Il inventait alors un nouveau théâtre, où les acteurs, tombés du ciel, se parlaient l'un à l'autre, s'affrontaient, essayaient de se manœuvrer, au lieu de se tourner vers le spectateur et de lui expliquer leur destin. En même temps il emplissait ses tirades de tableaux.

Ce n'est pas l'intelligence de Tacite, ni sa science des manœuvres de cour, qu'il admirera le plus. Il préfèrera voir en lui « le plus grand peintre de l'antiquité »[7].

Racine s'est trouvé en devenant l'interprète du corps humain (nos passions et nos illusions) et le peintre du monde. Comme le sera Baudelaire, auquel il ressemble si souvent.

Par quels chemins est-il parvenu à ce renouvellement ? En même temps qu'il inventait une nouvelle dramaturgie et une autre conception des personnages, a-t-il découvert la peinture et compris tout ce qu'elle pouvait lui apporter ?

Son imagination s'oriente soit vers de grandes scènes nocturnes illuminées de flambeaux, telles l'entrée de Pyrrhus à Troie, l'enlèvement de Junie, l'apothéose de Vespasien, soit vers des marines beaucoup plus brèves et plus dépouillées. D'une part on peut penser à la grande peinture historique de Poussin ou de Guerchin, d'autre part à Claude Lorrain. Il demeure possible que

---

5. *Œuvres complètes*, Yves Le Dantec, Paris, Gallimard (« La Pléiade »), 1955, p. 131 :
« J'aime de vos longs yeux la lumière verdâtre ».
6. *Tout l'œuvre peint de Claude Lorrain*, loc. cit.
7. *Préface* de *Britannicus*.

Racine n'ait guère connu la peinture de son siècle et ait conçu ses tableaux à partir de descriptions de Tacite (par exemple le *Noctem sideribus...* de la mort d'Agrippine), de Virgile, d'Ovide ou d'Homère. En tout cas, le réel n'eut aucune influence sur le poète. Il est bien téméraire de chercher dans l'apothéose de Vespasien un reflet des fêtes de Versailles, et Racine n'eut jamais, même quand il séjourna à Uzès, la curiosité de voir la mer. Ce n'était pourtant pas une curiosité bien rare au dix-septième siècle : Madeleine de Scudéry avait décrit Marseille, où elle avait vécu, et le P. Bouhours faisait promener Ariste et Eugène sur les rivages de la mer du Nord et les faisait longuement converser de la mer...

Racine n'a au fond d'autre connaissance que les livres. Ses personnages, il les cherche dans les bucoliques et les épopées antiques. Ses amantes passionnées sont des filles de Sapho, de la Didon de Virgile, des plaintives figures des *Héroïdes* d'Ovide...

Quelles sont ses marines ? Quelques évocations homériques ou virgiliennes d'une flotte opulente ou triomphale :

> Nos vaisseaux tout chargés des dépouilles de Troie[8]

> Tous ces mille vaisseaux, qui chargés de vingt rois...[9]

> Voyez de vos vaisseaux les poupes couronnées
> Dans cette même Aulide avec vous retournées[10].

Si Claude Lorrain a peint une *Marine avec les Troyennes incendiant les Navires,* Hermione évoque les Grecs

> Qui cent fois effrayés de l'absence d'Achille,
> Dans leurs vaisseaux brûlants ont cherché leur asile[11].

et Iphigénie

> Ses morts, cette Lesbos, ces cendres, cette flamme[12].

S'il a souvent représenté les vaisseaux avançant lentement parmi les palais d'un port, c'est

---

8. *Andromaque*, II, 1.
9. *Iphigénie*, I, 1.
10. *Iphigénie*, I, 5.
11. *Andromaque*, III, 3.
12. *Iphigénie*, II, 5.

... par des vaisseaux arrivés dans le port[13]

qu'Hippolyte apprend la fausse mort de Thésée. La mer peut entourer, encourager, la solitude à peine humaine d'Hippolyte, qu'on voit

... orgueilleux et sauvage,
(...) faire voler un char sur le rivage[14],

ou les illusions de Mithridate,

Errant de mer en mer et moins roi que pirate[15].

En fait, la mer est la nature conciliante. Les vaisseaux qui entrent dans les ports ou en reviennent, chargés de butin, incarnent un triomphe sans rudesse, un doux triomphe de l'humanité, capable de subjuguer cet élément qui s'y prête et de l'amener sans contrainte à obéir. C'est ce que signifie la fameuse tirade de Pharnace :

Mes vaisseaux dans le port vous attendent,
Et du pied des autels vous y pouvez monter,
Souveraine des mers qui vous doivent porter[16].

Il s'agit de fuir le « climat sauvage » de la Crimée et le « triste esclavage » qui a été réservé à Monime près de Mithridate. A une nature séparée de l'humanité, à une humanité devenue tyrannique, s'opposent ces heureuses noces de ce qu'il y a de plus noble dans l'humanité et de plus beau dans la nature. Rien de moins janséniste que cette aspiration à un monde magnifique, où se marient les beautés de la civilisation, incarnées par les palais du port, et les scintillements des flots sous le soleil. Dieu est

Celui qui met un frein à la fureur des flots[17],

celui qui permet aux peuples de porter leurs guerriers et leur butin sur les « gouffres amers »[18]...

On peut revenir à Baudelaire :

---

13. *Phèdre*, I, 4.
14. *Ibid.,* I, 1.
15. *Mithridate*, II, 4.
16. *Ibid.*, I, 3.
17. *Athalie*, I, 1.
18. Baudelaire, *L'albatros.*

Le port est un séjour charmant pour une âme fatiguée
des luttes de la vie ; L'ampleur du ciel, l'architecture
mobile des nuages, les colorations changeantes de la
mer, le scintillement des phares, sont un prisme
merveilleusement propre à amuser les yeux sans
jamais les lasser. Les formes élancées des navires au
gréement compliqué, auxquels la houle imprime des
oscillations harmonieuses, servent à entretenir dans
l'âme le goût du rythme et de la beauté. Et puis
surtout il y a une sorte de plaisir mystérieux et
aristocratique pour celui qui n'a plus ni curiosité ni
ambition, à contempler ces mouvements de ceux qui
partent et de ceux qui reviennent, de ceux qui ont
encore la force de vouloir, le désir de voyager et de
s'enrichir[19],

et à Paul Valéry :

Il n'est de site délectable – d'Alpe ni de forêt, de lieu
monumental, de jardins enchantés – qui vaille à mon
regard ce que l'on voit d'une terrasse bien exposée au-
dessus d'un port ; l'œil possède la mer, la ville, leur
contraste, et tout ce qu'enferme, admet, émet, à toute
heure du jour, l'anneau brisé des jetées et des môles
(...) De l'horizon jusqu'à la ligne nette du rivage
construit, et depuis les monts transparents de la côte
éloignée jusqu'aux candides tours des sémaphores et
des phares, l'œil embrasse à la fois l'humain et
l'inhumain. N'est-ce point ici la frontière même où
se rencontrent l'état éternellement sauvage, la nature
physique brute, la présence toujours primitive et la
réalité toute vierge, avec l'œuvre des mains de
l'homme, avec la terre modifiée, les symétries
imposées, les solides rangés et dressés, l'énergie
déplacée et contrariée, et tout l'appareil d'un effort
dont la loi évidente est finalité, économie,
appropriation, prévision, espérance ?[20]

C'est au fond la même conception qu'expriment Pylade :

Nos vaisseaux sont tout prêts et le vent nous appelle ;
Je sais de ce palais tous les détours obscurs ;
Vous savez que la mer en vient battre les murs[21]

---

19. *Œuvres complètes*, p. 344 : *Le port*.
20. *Œuvres complètes*, t. I, p. 1340.
21. *Andromaque*, III, 1.

Antiochus :

> Des vaisseaux dans Ostie armés en diligence,
> Prêts à quitter le port de moments en moments,
> N'attendent pour partir que vos commandements[22]

Acomat :

> Déjà sur un vaisseau dans le port préparé,
> Chargeant de mon débris les reliques plus chères...[23]

Ulysse :

> Voyez tout l'Hellespont blanchissant sous nos rames...[24]

On peut fuir les palais qu'obscurcissent les folies humaines. On peut sur les vaisseaux emporter ce qu'on aime le plus. Le drame d'*Iphigénie*, c'est le divorce que la nature a contractée avec les hommes. Il faut qu'ils se lavent d'une souillure pour qu'elle sorte de son inertie sauvage et accepte avec eux de nouvelles noces.

Ainsi donc ignorant la Méditerranée et l'Océan, ne connaissant la mer que par la poésie antique et sans doute la poésie moderne, Racine a parsemé ses tragédies de ces fuyantes images de mers dociles et presque amicales et de ports où débarquent d'opulents vaisseaux et d'où l'on peut fuir les bassesses de la passion et de la tyrannie... Comme le monde serait beau, fondamentalement antitragique, si tous les dilemmes pouvaient se résoudre dans ces fêtes de l'eau, du soleil et de l'art !

Nous ne sommes pas très loin de ce que Blunt disait de Claude Lorrain. Si sa peinture n'a, pour ainsi dire, pas de thèmes, ou plutôt des thèmes superficiels, indifférents, elle a un contenu : l'expression poétique, dit le critique, de la campagne romaine, avec « ses éclairages changeants et ses multiples implications culturelles »[25]. Certes, il songe aux paysages du Lorrain, et non à ses marines, et si l'on voulait appliquer son système à Racine, on pourrait se remémorer la brève description de *Phèdre* :

> Aux portes de Trézène et parmi ces tombeaux,
> Des princes de ma race antiques sépultures,

---

22. *Bérénice*, I, 1.
23. *Bajazet*, III, 1.
24. *Iphigénie*, V, 6.
25. *Tout l'œuvre peint de Claude Lorrain*, p. 12.

> Est un temple sacré formidable aux parjures...[26],

où se retrouvent en effet la campagne et la culture grecques. Mais pour revenir aux marines, il suffit de modifier quelques mots de ce que nous disait Blunt. Chercher dans les tableaux de Lorrain l'expression poétique non de la campagne romaine, mais de la Méditerranée, « avec ses éclairages changeants et ses multiples implications culturelles ». *Mare nostrum.* Mer entourée de ces ports illustres que citait Valéry – Gênes, Marseille, Naples, et bien d'autres, qui au fond se ressemblent et peuvent tous prétendre à la luxueuse beauté que leur prête le peintre.

Racine admire l'immobilité de l'étang de Port-Royal, qui constitue un lieu édenique :

> Déjà je vois sous ce rivage
> La terre jointe avec les cieux
> Faire un chaos delicieux
> Et de l'onde et de leur image.
> Je vois le grand astre du jour
> Rouler dans ce flottant séjour
> Le chariot de la lumière,
> Et sans offenser de ses feux
> La fraîcheur coutumière,
> Dorer son cristal lumineux[27].

Chaos délicieux où le soleil et l'eau sont réunis pour le bonheur des hommes, qui jouissent d'une « fraîcheur délicieuse ».

Je ne sais si Blunt eut absolument raison d'opposer la gravité avec laquelle Poussin approfondit et développa ses thèmes, faisant de chacune de ses toiles une méditation historique et philosophique, et l'indifférence qu'il prête à Lorrain pour les sujets que la tradition lui impose. Mais je sais que dans la poésie racinienne les jeux de la lumière ne sont pas purement décoratifs. On aura du mal à croire que le dénouement d'*Iphigénie* se situe le soir. Ne se croirait-on pas au matin :

> Les vents agitent l'air d'heureux frémissements ;
> Et la mer leur répond par ses mugissements.
> La rive au loin gémit, blanchissante d'écume,
> La flamme du bûcher d'elle-même s'allume... ?[28]

---

26. *Phèdre*, V, 1.
27. *Œuvres complètes*, p. 1012, *Le Paysage de Port-Royal, De l'Etang*, Ode 4.
28. *Iphigénie*, V, 6.

Matin absurde, puisque nous sommes à la fin de la tragédie. Mais matin significatif, qui annonce la victoire grecque et la nouvelle civilisation que cette victoire fera naître... En tout cas, c'est la même heure, et elle porte le même sens dans *Mithridate* :

Demain sans différer je prétends que l'aurore
Découvre mes vaisseaux déjà loin du Bosphore[29],

et dans *Athalie* :

Et du temple déjà l'aube blanchit le faîte[30].

Débuts d'un nouveau jour, débuts d'un nouveau monde, et qui n'est qu'une illusion pour le roi du Pont et la vérité même pour Abner et Joad...

Frère de Baudelaire et de Valéry, Racine, sur un ton bien plus discret, en laissant davantage à penser, davantage à rêver, s'est fait le chantre d'un monde idéal, qui ignore le péché et ne connaît qu'

... Ordre et beauté,
Luxe, calme et volupté[31].

Illusion peut-être ? Et pourtant, à la fin des drames, Andromaque et Astyanax, Monime et Xipharès, Iphigénie et Achille, semblent sortir des palais ténébreux et aller vers le jour...

Si Paul Valéry jugeait très obscur le fameux vers de Vigny :

J'aime la majesté des souffrances humaines,

on ne peut guère, à mon avis, imaginer de vers plus obscurs que ceux de Rimbaud :

Elle est retrouvée.
Quoi ? l'Eternité.
C'est la mer allée
Avec le soleil[32].

Appréhension du divin dans cette poudre d'or, qui se mêle à l'écume. Eternité fascinante, extraordinairement fragile, se levant

---

29. *Mithridate*, III, 1.
30. *Athalie*, I, 1.
31. Baudelaire, *L'invitation au voyage*.
32. Rimbaud, *Œuvres complètes*, Antoine Adam, Paris, Gallimard (« La Pléiade »), 1972, p. 79.

comme un mirage parmi les misères humaines. Rimbaud n'évoque pas les ports, ni les vaisseaux qui brûlent, ni les vaisseaux chargés de butin et de rois. Il se borne à cette splendeur, qui paraît presque solide, presque minérale à la surface des eaux, et qui s'éparpille, se spiritualise, pourrions-nous dire, en montant vers le soleil. L'éternité, c'est l'union du corps et de l'esprit. Ce qui ramène à une éternité païenne. Acomat se sauvera sur ses vaisseaux, loin du palais plein de cadavres; Iphigénie et les Grecs, une fois éliminés Eriphile et le tragique, voient trembler les vagues au soleil. On peut à la rigueur considérer beaucoup de tragédies raciniennes comme la représentation d'un combat d'ordinaire inégal entre l'*Ailleurs* liquide et doré et l'*Ici* sombre, tortueux, empoisonné. L'*Ici* ne gagne pas toujours, mais les belles marines n'ont guère le temps de se déployer, juste le pouvoir de nous inspirer ce que Valéry (pour revenir à Valéry) appelait:

... Les élancements de votre éternité...[33]

---

33. *La Jeune Parque.*

Claude Lorrain : *Port de mer au soleil couchant*

John Campbell
(Université de Glasgow)

RACINE, SHAKESPEARE ET LA MER

Chacun de nous est très conscient, surtout devant cette abondance de publications qui ont salué le tricentenaire, à quel point la bibliographie de Racine est un océan. Et Shakespeare donc ! C'est dans ce contexte intimidant que nous allons tenter de prendre quelques modestes gouttes dans cette mer toujours recommencée.

Cela étant dit, bien qu'il existe quelques études sur Racine et la mer, les bibliothèques ne regorgent pas d'articles consacrés à la place de la mer chez Shakespeare[1]. Cela peut paraître paradoxal, étant donné l'importance de l'œuvre en question et des traditions maritimes du pays : Michelet n'a-t-il pas dit que « la mer est anglaise d'inclination, elle n'aime pas la France »[2]. La raison de cette relative absence d'études est sans doute que, chez Shakespeare surtout, les références marines sont éparpillées un peu partout à

---

1. Notamment, en ce qui concerne Racine : J. Emelina, « La mer dans la tragédie classique », dans *Comédie et Tragédie* (Nice : Publications de la Faculté des Lettres, Arts et Sciences Humaines, 1998), pp. 213-28 ; M. Pittaluga, *Racine et la mer* » (Gênes : Faculté des Lettres, 1971) ; J. Rouch, « Le thème de la mer dans Racine », *Comité des travaux historiques et scientifiques. Bulletin de la section géographique*, 63 (1949-50), pp. 29-47 ; R. Sayce, « Racine and the sea », dans *The Classical Tradition in French Literature*, éd. H. Barnwell (London : Grant and Cutler, 1977), pp. 91-102 ; J. Scherer, *Racine : Bajazet* (Paris, Centre de Documentation Universitaire, 1957), pp. 260-64. Le peu d'importance accordé au thème de la mer chez Shakespeare se reflète dans les quelques lignes qui y sont consacrées dans l'étude magistrale de l'image shakespearienne qui fait toujours autorité, C. Spurgeon, *Shakespeare's Imagery* (Cambridge : Cambridge University Press, 1935), 337-38. Voir pourtant H. Grierson, « Shakespeare and the sea », *Contemporary Review*, 97 (1910), 57-66, et E. Pettet, « Dangerous Sea and Unvalued Jewels : some notes on Shakespeare's consciousness of the sea », *English*, 10 (1954-55), pp. 215-20.
2. J. Michelet, *Tableau de la France* (Paris : Les Belles Lettres, 1934), p. 11.

travers de nombreuses pièces, le plus souvent sous forme d'images
fugitives. De surcroît, dans aucune pièce des deux auteurs le
lexique de la mer ne semble jouer le même rôle dominant que
semble avoir, par exemple, celui du jour et de la nuit dans *Phèdre*
ou dans *Macbeth*[3]. Des images de la mer, des références à la mer
sont bien sûr présentes, ne sont même pas rares, mais il serait
hasardeux d'affirmer qu'elles deviennent ce qu'on pourrait appeler
un fil conducteur.

C'est la discrétion même de ces références qui fournit le cadre
de cette communication. Celle-ci aura pour but, non pas de
souligner l'importance de la mer chez Racine et Shakespeare, mais
plutôt d'utiliser ce liquide comme révélateur, dans le sens
photographique du terme, c'est-à-dire pour rendre visible l'image
latente des oppositions et des complicités entre ces deux univers
dramatiques.

Il va de soi que les oppositions sont plus connues que les
complicités. Les études comparatives, dont le *Racine et
Shakespeare* de Stendhal reste l'exemple le plus célèbre, ont eu
tendance à emprunter la voie des Romantiques, qui réagissaient aux
préjugés anti-shakespeariens de Voltaire et de ses admirateurs[4].
(Nous savons d'ailleurs que « romantique » apparaît en français en
1776, dans la Préface de la première traduction des *Œuvres*
complètes de Shakespeare par Le Tourneur)[5]. Shakespeare devient
alors « l'emblème romantique par excellence, une façon de
congédier Racine »[6]. Si nous nous contentions de cette perspective
du procès fait à la langue classique, nous pourrions facilement ne
voir en Racine qu'une série de manques, tandis que l'univers

---

3. Pour cette étude les œuvres de référence sont les suivantes : Racine, *Théâtre complet*,
éd. J. Rohou, « La Pochothèque » (Paris : Poche, 1998) ; *The Works of William
Shakespeare* (Oxford : Blackwell, 1934) ; *Index du vocabulaire du théâtre classique :
Racine*, 10 vols, éd. P. Guiraud et R. Hartle (Paris : Klincksieck, 1955-64) ; *Oxford
Shakespeare Concordances*, éd. T. Howard-Hill (Oxford : Oxford University Press, 1969-
72) ; C. Onions, *A Shakespeare Glossary*, new edition, éd. R. Eagleson (Oxford :
Clarendon, 1986). Les traductions proposées sont celles de l'édition Pléiade,
éd. H. Fluchère, 2 volumes (Paris : Gallimard, 1959), qui reprennent généralement celles
de François-Victor Hugo, Shakespeare, *Œuvres complètes*, 18 vols, (Paris, 1859-66). A
noter pourtant que dans l'édition Pléiade la traduction d'*Hamlet* est d'André Gide, et que
celles du *Roi Lear* et de *La Tempête* proviennent de la collaboration de Pierre Leyris et
d'Elizabeth Holland.
4. Voir J. Jusserand, *Shakespeare en France sous l'ancien régime* (Paris : A. Colin,
1898), H. Fenger, *Voltaire et le Théâtre anglais* (Copenhague : Glydendal, 1949), et
M. Monaco, *Shakespeare on the French Stage in the 18th Century* (Paris : Didier, 1974).
5. P. Le Tourneur, *Préface du Shakespeare traduit de l'anglais*, Paris, 1776, éd. J. Gury
(Genève, Droz, 1990).
6. B. Leuillot, dans son Introduction à Victor Hugo, *William Shakespeare* (Paris :
Flammarion, 1973), p. 5.

foisonnant de Shakespeare fait penser à cette formule énergique de
Bacon qui semble si typique de la pensée élisabéthaine : « Je veux
prendre toute la connaissance pour mon domaine »[7]. A regarder les
textes français et anglais de cet œil post-romantique, nous ne
pouvons qu'être étonnés par ce qui semble être absent chez
Racine : détail, couleur, pittoresque. Le cas Racine peut paraître
encore plus exceptionnel dans notre société contemporaine du tout-
visuel, où nous sommes assaillis par des images, formes et couleurs
discordantes et sans cesse renouvelées. D'un autre côté, nous
pourrions aussi choisir de contempler la même mer racinienne et
shakespearienne avec le regard de Voltaire. Dans ce cas-là nous
serons amenés à louer la dignité, la simplicité et la grâce du poète
français, face aux accumulations lexicales, aux métaphores outrées,
aux obscurités même, de l'anglais, et à nous demander comment on
peut jamais intégrer Shakespeare à un programme scolaire. André
Gide, pourtant traducteur de Shakespeare, a néanmoins déclaré
qu'avec cet auteur l'enfant « n'apprendra ni à bien raisonner ni à
correctement écrire »[8]. Certes, Racine et Shakespeare ne décrivent
pas la même mer, nous le verrons. Mais la toute première
différence tient à notre perspective générale, à notre goût, à ce que
nous attendons de la littérature.

Qu'est-ce qui frappe alors à première vue quand nous opposons
le lexique neptunien de Racine et de Shakespeare ? Au début, rien
qui puisse nous surprendre. Retenue et refus du détail concret, du
mot bas ou simplement quotidien chez l'auteur classique.
Surabondance lexicale et variété de registres chez le fils du théâtre
élisabéthain. Ecoutons, par exemple, dans la première scène de *La
Tempête*, les ordres donnés par le maître d'équipage : « Amenez le
mât de hune [...] A la cape avec la grande voile [...] La peste soit de
ce vacarme ! » (« Down with the topmast. [...] Bring her to try with
the main course. [...]. A plague upon thy howling ! », *The Tempest*,
I, 1)[9]. Nous voyons tout de suite où toute comparaison purement
lexicale nous emmènerait. Comme le fait remarquer Cahen, par
exemple, « en aucune autre tragédie de Racine la poésie maritime
n'a été portée au même degré d'intensité que dans *Iphigénie* », mais
malgré cela « ce thème maritime n'a fourni à Racine que les mots
poupe (355), *rame* (49), et *voile* (842). « Peut-on imaginer »,
s'écrie-t-il, « plus complète et plus systématique pauvreté de

---

7. « I will take all knowledge for my province », cité par H. Fluchère, *Shakespeare,
dramaturge élisabéthain* (Marseille : Cahiers du Sud, 1948), p. 55.
8. A. Gide, « Avant-propos » à l'édition Pléiade, vol I, p. xiii.
9. Rappelons que la division en actes et en scènes des pièces de Shakespeare apparaît
seulement après sa mort, et cela dans la première édition de ses œuvres complètes, le
Folio de 1623.

vocabulaire ? »[10]. Dans cette optique, l'on peut, comme le souligne
Jean Emelina, « légitimement regretter la poésie marine riche et
vaste des tragiques grecs ou de Garnier »[11]. Cela explique pourquoi
ceux qui essaient de traduire Racine en anglais éprouvent si
souvent le besoin d'en rajouter. Ainsi le grand poète américain
Robert Lowell, dans sa traduction des premiers vers de *Phèdre*,
évoque le rugissement de la mer et « l'écume blanche comme un
crâne de la mer Egée » (« Six months have passed / since Father
heard the ocean howl and cast / his galley on the Aegean's skull-
white froth »)[12].

Pour que l'école romantique n'ait pas le triomphe trop facile,
rappelons les vertus de la pauvreté. Pour s'en convaincre, il n'y
aurait qu'à prendre une pièce de Shakespeare où la mer est loin, à
savoir, la dernière pièce de la trilogie *Henri VI*, consacrée à la
guerre entre les maisons de York et de Lancaster, lutte terrienne s'il
en est. Ici la reine Marguerite (V, 4), qui désire encourager ses
partisans avant la bataille, compare leur situation périlleuse avec un
navire en difficulté pendant une tempête : cordes cassées, ancre
arrachée, et la moitié des marins engloutis. Elle se lance dans une
comparaison minutieuse entre le caractère de certaines personnes et
des parties du bateau ou des éléments du paysage marin
(gouvernail, agrès, haubans, sables mouvants). Cette quarantaine de
vers satisfait sans doute ceux qui raffolent de détails concrets[13]. Il
faut pourtant admettre que c'est laborieux, fastidieux, anti-
dramatique et, osons le dire, même un peu banal, à vous faire
regretter cette lumineuse « pauvreté » racinienne qui nous donne le
fameux « Mais tout dort, et l'armée, et les flots, et Neptune »
(*Iphigénie*, 9). Il n'est pas étonnant que les disciples de Voltaire
aient pu suggérer que ces longues comparaisons shakespeariennes
ralentissaient inutilement l'action dramatique et convenaient mieux
à l'épopée qu'à la tragédie[14]. Même Claudel, qui n'était nullement

---

10. J-C. Cahen, *Le vocabulaire de Racine* (Paris : Droz, 1946), p. 135.
11. J. Emelina, p. 216.
12. Racine, *Phaedra*, traduction de Robert Lowell (London : Faber, 1963).
13. Pour une étude détaillée de ces vers, voir Fluchère, *Shakespeare, dramaturge élisabéthain*, pp. 217-18.
14. Voir par exemple C. Dupin, *Lettre à Mylandy Morgan sur Racine et Shakespeare* (Paris, 1818). p. 41 : « Au théâtre les personnages doivent être entièrement livrés à l'action. Ils ne doivent jamais ne rien dire, ni rien faire, pour les spectateurs. » Pour une critique écossaise de la « pauvreté » racinienne au dix-huitième siècle, et la réponse cinglante de Voltaire, voir le *Dictionnaire philosophique*, dans Voltaire, *Œuvres complètes* (Paris : Garnier, 1878), XVII, 407. Signalons l'admiration vouée à ce vers d'*Iphigénie* par Lytton Strachey, *Landmarks in French Literature* (London : Williams and Norgate, 1912), p. 103 : « If he [Racine] wishes to suggest the emptiness, the darkness, and the ominous hush of a night by the sea-shore, he does so not by strange similies or the accumulation of complicated details, but in a few ordinary, almost insignificant words. »

hostile à Shakespeare, lui reprochait d'avoir tout sacrifié au « pittoresque naïf »[15].

Afin de rééquilibrer cette comparaison lexicale un peu sommaire, nous pourrions la regarder sous un autre angle, en comparant *Andromaque* et *Othello*. Nous savons que pour la mise en scène de la pièce de Racine, à l'Hôtel de Bourgogne, la toile de fond représentait non seulement l'indispensable palais, mais la mer et des vaisseaux, comme pour rappeler constamment au public cette mer qui lie Buthrot et Troie[16]. Chez Shakespeare c'est un autre théâtre, matériellement tout d'abord. Pas de toile de fond, pas de rideau : le plateau est nu. La seule toile de fond est donc lexicale, et elle est tissée d'images. Dans *Andromaque*, malgré quelques références aux vaisseaux, il n'y a aucune description de la mer elle-même : les vagues déchaînées qui séparent Oreste et Pylade deviennent une idée abstraite plutôt qu'une image : « la fureur des eaux » qui « écarta nos vaisseaux » (*Andromaque*, 11-12). Dans *Othello*, par contre, la mer intervient dans une succession d'images hautes en couleur. Ici la tempête sur la mer semble susciter, dans une gradation très naturelle, l'hyperbole et le grandiose :

> Pour peu qu'on se tienne sur la plage écumante, les flots irrités semblent lapider les nuages ; la lame, secouant au vent sa haute et monstrueuse crinière, semble lancer l'eau sur l'ourse flamboyante et inonder les satellites du pôle immuable. (For do but stand upon the foaming shore ; / The chidden billow seems to pelt the clouds, / The wind-shaked surge, with high and monstrous main / Seems to cast water on the burning bear / And quench the guards of th'ever fixed pole, *Othello*, II, 1)

Victor Hugo lui-même, malgré toutes les richesses lexicales et stylistiques dont il disposait, a néanmoins déclaré que « Shakespeare est un des poètes qui se défendent le plus contre le traducteur »[17].

---

15. Lettre à J.-L. Barrault du 25 août, citée dans P. Brunel, *Claudel et Shakespeare* (Paris : Colin, 1971), p. 221.

16. Voir Sayce, p. 93, et D. Maskell, *Racine : A Theatrical Reading* (Clarendon : Oxford, 1935), p. 21.

17. « Préface pour la nouvelle traduction de Shakespeare par François-Victor Hugo », dans Victor Hugo, *William Shakespeare*, p. 343. Voir aussi M. Horn-Malval, *Les traductions françaises de Shakespeare* (Paris : Editions du CNRS, 1963), et M. Gilman, *Othello in French* (Paris : Champion, 1925), dont la bibliographie cite une œuvre anonyme, et potentiellement intéressante pour les besoins de cette étude, mais que nous n'avons pu consulter : *Shakespeare traduit par un Marin*, 2 vols (Toulon, 1886-87).

Ces différences entre Racine et Shakespeare sont celles qui sautent aux yeux au premier contact des deux œuvres. Il en est d'autres. La première, et elle est de taille, est l'idée que chaque auteur semble se faire de la mer. Au point où l'on pourrait parler de deux mers différentes, aussi différentes que le sont la Méditerrannée et l'Atlantique : que Shakespeare ait situé beaucoup de ses pièces sur la Méditerrannée n'y change rien.

Scherer a suggéré que la mer a une fonction « meurtrière » chez Racine[18]. Et il est vrai, comme il nous le rappelle, que dans *Phèdre* le dieu qui tue est un dieu marin, qu'Œnone se noie « dans la profonde mer » (1466), et que dans *Iphigénie* nous entrevoyons le pillage de Lesbos dans l'image un peu osée des flots « qui en ont poussé les débris et les morts » jusqu'à Troie (236). Malgré cela, la mer chez Racine n'est pas présentée comme dangereuse *en elle-même*. Tout autre est celle de Shakespeare. Du début à la fin de son œuvre, la mer inspire une terreur primaire. A une époque où explorateurs et commerçants se lancent à l'assaut des Amériques dans des vaisseaux minuscules, la mer représente cette partie de la Nature qui semble devoir rester indomptable. C'est un univers hostile, par définition traître, qui au mieux est incertain, et au pire est littéralement meurtrier. C'est la « sea of troubles » contre laquelle Hamlet se demande, dans son monologue existentiel si célèbre, s'il doit s'armer pour la combattre (*Hamlet*, III, 1)[19]. Combat bien inégal, au regard de quelques-unes des épithètes que Shakespeare accole à la mer. Elle est décrite comme « houleuse, démontée, déchaînée, féroce, coléreuse, rageuse, rugissante, dangereuse, impitoyable » (« swelling, rough, rude, wild, vexed, raging, roaring, dangerous, ruthless »). Quelques-uns de ses périls sont énumérés dans *Othello* (II, 1) « Les tempêtes [...], les hautes lames, les vents hurleurs, les rocs hérissés, les bancs de sable, ces traîtres embusqués pour bloquer la quille inoffensive » (« Tempests [...], high seas, and howling winds, / The gutter'd rocks, and congregated sands, – Traitors ensteep'd to clog the guiltless keel »). Iago, fourbe parmi les fourbes, peut donc logiquement être décrit comme étant « plus féroce que l'angoisse, la faim ou la mer » (« More fell than anguish, hunger or the sea », *Othello*, V, 2). Cette mer shakespearienne est également dépeinte, comme plus tard le

---

18. Scherer, p. 262.
19. Le sens de ce fameux « take arms against a sea of troubles », dont parle Hamlet, est controversé. Par « sea » Shakespeare voulait-il dire « beaucoup de », ou faisait-il référence aux combats avec la mer entrepris par les Celtes pour prouver leur valeur? Voir *Hamlet*, éd. E. Dowden, « The Arden Shakespeare » (London : Methuen, 1928), III, 1, l. 59 (note). André Gide contourne la difficulté, dans une traduction plutôt libre, avec « mettre frein à une marée de douleurs ».

sera la mine chez Zola, comme un monstre toujours prêt à dévorer ceux qui oseraient s'y aventurer : « affamé comme la mer » (« as hungry as the sea », *Twelfth Night*, II, 4) ; « la mer insatiable » (« the never-surfeited sea », *The Tempest*, III, 3). Cette mer incontrôlable est comparée, dans une image qui rappelle Pascal (sinon Montaigne, que Shakespeare exploite dans *La Tempête*), à cet océan psychique sur lequel nous sommes contraints de flotter, incapables de savoir où nous allons : « Mais cruels sont les jours où nous sommes traîtres à notre insu, où nous entendons parler de ce que nous craignons sans savoir ce qu'il nous faut craindre, où nous sommes ballottés çà et là, sur une mer farouche et violente (« But cruel are the times, when we are traitors, / And do not know ourselves ; when we hold rumour / From what we fear, yet know not what we fear, / But float upon a wild and violent sea / Each way and move », *Macbeth*, IV, 2)[20].

Une autre différence conceptuelle entre nos deux auteurs, c'est que la mer chez Racine est le plus souvent perçue comme une étendue, une surface, quelque chose qui marque la distance et la séparation. Elle semble correspondre à ce qu'on a appelé « une sorte d'exigence spatiale » qui brise le carcan des unités et ouvre sur de larges perspectives historiques, mythologiques et littéraires[21]. Car cette mer évoque un univers gréco-romain tout littéraire, et jamais de façon plus somptueuse que dans la bouche d'Hippolyte :

> J'ai couru les deux mers que sépare Corinthe.
> J'ai demandé Thésée aux peuples de ces bords
> Où l'on voit l'Achéron se perdre chez les morts.
> J'ai visité l'Elide, et laissant le Ténare,
> Passé jusqu'à la mer, qui vit tomber Icare.
>
> (*Phèdre*, 10-14)

Shakespeare par contre semble fasciné par ce que la mer cache dans ses profondeurs. Dans *Richard III*, par exemple, Clarence, qui sera bientôt assassiné, rêve qu'il s'est noyé :

> O Dieu ! Quel douleur c'était de se noyer ! Quel affreux bruit d'eau dans mes oreilles ! Quels spectacles hideux de mort devant mes yeux ! Il me semblait voir mille effrayantes épaves ; des milliers d'hommes que rongeaient les poissons : des lingots

---

20. Sur la vision shakespearienne d'une mer dangereuse et traîtresse, voir Pettet, pp. 216-16.
21. P. Butler, *Classicisme et baroque dans l'œuvre de Racine* (Paris : Nizet, 1959), p. 133.

d'or, de grandes ancres, des monceaux de perles, des pierres inestimables, des joyaux sans prix, épars au fond de la mer. Il y en avait dans des têtes de morts, et, dans les trous qu'avaient occupés des yeux, étaient fourrées des pierreries étincelantes qui de leurs regards dérisoires couvaient le fond boueux de l'abîme et narguaient les ossements dispersés près d'elle. (« O Lord ! methought what pain it was to drown ! What dreadful noise of water in mine ears ! / What sights of ugly death within mine eyes ! / Methought I saw a thousand fearful wrecks ; / A thousand men that fishes gnaw'd upon ; / Wedges of gold, great anchors, heaps of pearl, / Inestimable stones, unvalu'd jewels, / All scatter'd in the bottom of the sea ; / Some lay in dead men's skulls ; and in those holes / Where eyes did once inhabit there were crept / – As 'twere in scorn of eyes – reflecting gems, / That woo'd the slimy bottom of the deep, / And mock'd the dead bones that lay scatter'd by ».

(*Richard III*, I, 4)

Il va de soi que Racine ne cherche pas à plonger dans ces profondeurs cauchemardesques.

Bien qu'on devine sans peine le champ qui serait ainsi ouvert à une psychocritique comparative, les différences entre Racine et Shakespeare que nous avons déjà pu constater, à l'aide de la loupe grossissante de la mer, reflètent en gros des comparaisons stylistiques faites depuis longtemps entre ces deux auteurs. Pour cette raison même, il est tentant d'essayer d'aller un peu plus loin. Car ces divergences appellent deux précisions importantes qui ne sont pas toujours faites : la première est d'ordre linguistique, et la seconde d'ordre thématique et dramaturgique.

Considérons d'abord la question de la langue, ou plutôt des deux langues, car c'est leur coexistence apparente qui fait obstacle à toute tentative de comparaison. Nous avons rappelé qu'il est facile d'utiliser Shakespeare, comme le faisaient les Romantiques, essentiellement comme un engin de guerre contre un Racine transformé en citadelle hautaine d'un classicisme maudit. Mais ne croyons pas pour cela que si Racine avait eu le bonheur de naître en 1800 ou 1900, il aurait pu écrire dans une langue dotée de toutes les ressources linguistiques dont disposait le poète élisabéthain. On peut certes admettre que l'image tempétueuse de la mer projetée par les Romantiques se rapproche beaucoup plus de Shakespeare que de Racine. Il est vrai également que chez Racine les allusions à la mer font partie d'une poésie tragique qui est élevée à un niveau d'abstraction exceptionnel par des procédés, fort bien répertoriés par Spitzer, tel que l'usage de l'article indéfini ou du démonstratif[22]. Tout cela est indéniable. Mais cette spécificité du Grand Siècle n'explique pas tout. Car il ne suffirait pas d'ajouter quelques vêtements bigarrés à la garde-robe du Neptune racinien – des mots de tous les registres, de tous les jours et de toutes les couleurs – pour en faire un Neptune shakespearien. Il est effectivement impossible de faire porter les mêmes vêtements à l'anglais et au français. Ces deux langues sont comme deux corps qui proviennent d'espèces différentes, et qui ont une morphologie et une manière d'agir différentes. Ceci est d'autant plus vrai dans ce contexte assez spécial qu'est la langue littéraire, où chaque auteur cherche à exploiter à fond le potentiel de sa langue : ce faisant il en réaffirme nécessairement la spécificité lexicale, syntaxique et sémantique. Tout commentaire sur des différences stylistiques entre Racine et Shakespeare se doit de prendre en compte ces divergences linguistiques de base : je ne suis pas certain que les Romantiques l'aient beaucoup fait.

L'une de ces différences structurelles nous concerne particulièrement. C'est (pour citer Vinay et Darbelnet) que « la phrase anglaise s'organise autour d'un mot-image et la phrase française autour d'un mot-signe », que « les mots français se situent généralement à un niveau d'abstraction supérieur à celui des mots anglais correspondants », et que « dans la description du réel l'anglais suit l'ordre des images. »[23]. [On s'en rend compte tous les jours en essayant de traduire des phrases comme « the ship limped south to Lisbon », « mettant le cap au sud, le navire regagna Lisbonne tant bien que mal » – le français utilise le verbe pour aller droit à l'idée essentielle, le navire qui regagne Lisbonne, tandis que l'anglais nous donne une succession d'images, et confie l'idée du mouvement à une modeste préposition, « to »]. Tout cela explique pourquoi Taine a pu dire que « Traduire en français une phrase anglaise, c'est copier au crayon gris une figure en couleur »[24].

La façon dont la mer est décrite se ressent nécessairement de cette donnée linguistique. Il n'est donc pas surprenant que chez Racine le mot-signe tende à avoir le dessus sur le mot-image, et cela en dehors de toute polémique sur l'appauvrissement lexical du grand siècle. Prenons par exemple la mer la plus « colorée » de tout son théâtre, celle du récit de Théramène. A y regarder de près, nous constatons que notre attention est portée sur ce que *fait* la mer :

---

22. L. Spitzer, *Essays on Seventeenth-Century French Literature*, traduction de D. Bellos (Cambridge : Cambridge University Press, 1983).

23. J.-P. Vinay et J. Darbelnet, *Stylistique comparée du français et de l'anglais* (Paris : Didier, 1975), pp. 58, 59, 105.

24. Cité dans Vinay et Darbelnet, p. 58.

« L'onde approche, se brise, et vomit à nos yeux, / Parmi des flots d'écume... » (1515-16). Même la traduction anglaise la plus sobre (par exemple la plus récente, celle du regretté Ted Hughes), a tendance à privilégier l'image (« The foam cascading from a colossal body... »)[25]. C'est comme si l'anglais, pour être expressif, avait un besoin vital d'images. Un langage abstrait, à dominante éthique, est donc vite remplacé par des images, qui en anglais sont facilement des images marines. « Un moment a vaincu mon audace imprudente. / Cette âme si superbe est enfin dépendante » (*Phèdre*, 537-38), est traduit ainsi par Hughes : « A single surge has swept me far from myself. / A single wave, and it has overwhelmed me. » Prenons le cas contraire, chez Shakespeare, là par exemple où Macbeth, cherchant un océan assez vaste pour laver une main souillée par l'assassinat, donne cette image extraordinaire : « this my hand will rather / The mutitudinous seas incarnadine » (*Macbeth*, II, 2). Ici Fluchère rejette le mot trop gentillet de François-Victor Hugo, « empourprera », mais ne peut alors qu'exprimer l'idée avant la couleur : « cette main plutôt ensanglantera l'immensité des mers »[26]. Et comment commencer à traduire en français cette belle symphonie d'images et de sons que l'on retrouve dans *Le Roi Lear* : « The murmuring surge / That on the unnumbered idle pebbles chafes » (IV, 6) ? Comment traduire autrement qu'en voulant produire d'abord du sens (« La houle murmurante qui frotte contre la multitude inerte des galets »), au risque toujours de passer à côté de quelque chose d'essentiel ?

Au fond, donc, chez Racine et Shakespeare, si ce n'est pas la même mer, c'est parce que ce n'est pas la même langue, d'où les obstacles insurmontables dressés devant les traducteurs, d'un côté comme de l'autre. « Comment », s'écrie André Gide, parlant du langage de Shakespeare dans la Préface de sa traduction d'*Hamlet*, « comment transposer cette réalité extra-naturelle dans une langue intransigeante, aux strictes exigences grammaticales et syntaxiques, une langue aussi claire, précise et prosaïque (pour ne pas dire anti-poétique) que la nôtre ? »[27]

Ceci nous amène à la deuxième précision qu'il faut ajouter à nos idées reçues sur l'incompatibilité entre Racine et Shakespeare : c'est-à-dire, à ce qui les réunit, malgré tout, et cela au-delà de l'anecdote selon laquelle aucun des deux auteurs n'aurait jamais vu la mer[28]. Car on pourrait également dire de la mer shakespearienne

---

25. J. Racine, *Phèdre*, traduction de Ted Hughes (London : Faber, 1998).
26. Fluchère, *Shakespeare, dramaturge élisabéthain*, p. 294.
27. Shakespeare, *Hamlet*, traduction d'André Gide (New York : Pantheon, 1945), « Préface ».
28. L'hypothèse de Sayce, p. 91 et de Spurgeon, p. 48.

ce que Jean Emelina a dit de la racinienne : « l'image et le mythe sont plus forts que le réel. »[29]. Comme ne cesse de le souligner Fluchère, Shakespeare n'est pas plus que Racine un auteur réaliste : dans les deux cas il s'agit d'une mer imaginaire[30]. Ainsi Mithridate parle de traverser la mer Noire en deux jours au lieu de douze, tandis que le naufrage dans *Le Conte d'hiver* a lieu sur la côte déserte de... la Bohème. Peu importe, finalement, puisque dans les deux cas, comme partout chez les deux auteurs, ce qui compte c'est la réalité dramatique et poétique – réalité passionnelle et non géographique pour Phèdre, quand elle explique sa décision de fuir Hippolyte en quittant Athènes pour Trézène : « J'ai voulu par des mers en être séparée » (602). Dans *Iphigénie* ou *Andromaque*, comme dans *Othello* ou *La Tempête*, tout ce qui touche à la mer, comme d'ailleurs à tout autre phénomène naturel, sert avant tout à faire avancer le mouvement dramatique, en renforçant l'expression d'une idée ou d'une émotion[31]. Ce qui importe, c'est la pièce. Comme le dit Hamlet, « The play's the thing » (*Hamlet*, II, 2).

C'est donc avant tout dans cette perspective-là qu'il convient de placer ce thème de la mer. Comme nous l'avons constaté, le vocabulaire marin en tant que tel n'occupe une grande place ni chez Racine ni chez Shakespeare. Cela n'empêche pas la mer d'y être présente, et d'y jouer un rôle dramatique certain. Quelquefois il ne s'agit que d'une simple référence, mais qui va au cœur de l'action. Tantôt c'est l'idée de la séparation, dans *Bérénice* (« Dans un mois, dans un an, comment souffrirons-nous, / Seigneur, que tant de mers me séparent de vous ? », 1113-14), tantôt celle de la désorientation, dans *Mithridate* (« Errant de mers en mers, et moins roi que pirate », 563). Même travail chez Shakespeare, par exemple dans la jalousie meurtrière qui sort de l'âme d'Othello : « De même que la mer Pontique, dont le courant glacial et le cours forcé ne subissent jamais le refoulement des marées, se dirige sans cesse vers la Propontide et l'Hellespont, de même mes pensées de sang, dans leur marche violente, ne regarderont jamais en arrière » (« Like to the Pontic Sea / Whose icy current and compulsive course / Ne'er feels retiring ebb, but keeps due on / To the Propontic and the Hellespont, / Even so my bloody thoughts, with violent pace, /

---

29. J. Emelina, « La géographie tragique : espace et monde extérieur », dans *Comédie et Tragédie*, pp. 161-85 (p. 164).

30. Voir Fluchère, *Shakespeare, dramaturge élisabéthain*, p. 193 : « Donc le langage, comme la construction, comme les personnages, ne sera en aucune façon "réaliste". Il sera loin, veux-je dire, de celui de la vie courante. »

31. Voir M. Prior, *The Language of Tragedy* (New York : Columbia University Press, 1947), p. 69 : « Images derived from voyaging constitute a minor sequence, but one which is tied in closely to the action and carried through to the end. »

Shall ne'er look back », *Othello,* III, 3). Ainsi Othello est-il emporté
par ce courant meurtrier, jusqu'à l'acte ignoble, après quoi, quand il
évoque sa propre mort, la même image le poursuit : « Voici le
terme de mon voyage, en voici le but, voilà le point de repère de
ma voile épuisée » (« Here's my journey's end, here is my butt /
And very sea-mark of my utmost sail » (V, 2). Et dans *Le Roi Lear,*
l'image de la mer déchaînée devient un beau symbole de ce
soulèvement de toute la nature qui constitue le fond de cette
tragédie : « La mer, par une tempête semblable à celle que sa tête
nue souffrit dans le noir enfer de cette nuit, se fût soulevée jusqu'à
éteindre les feux étoilés » (« The sea, with such a storm as his bare
head / In hell-black night endur'd, would have buoyed up / And
quenched the stelled fires », *King Lear,* III, 7).

Quelquefois la mer joue un rôle plus substantiel encore. Dans
Bajazet, par exemple, elle remplit une fonction tragique et ironique,
comme possibilité d'évasion et espace de liberté illusoires. Dans
Iphigénie aussi la mer est plus qu'un simple élément de décor, étant
liée au fond de l'intrigue et au cœur du tragique. Car c'est la
nécessité et l'impossibilité de traverser la mer qui forment un nœud
qui est dénoué au moment où les vents s'agitent : « Et la mer leur
répond par ses mugissements. / La rive au loin gémit blanchissante
d'écume » (1776-77). Mer cruelle, mer ironique, puisque
« l'Hellespont blanchissant sous nos rames » (381) mène à
l'hécatombe parmi ces assoiffés de gloire, et au martyre de tout un
peuple. C'est dans cette même perspective dramatique qu'il
conviendrait de considérer le rôle de la mer dans *La Tempête* de
Shakespeare. Ici elle jette tous les protagonistes sur une île
enchantée, et accompagne ce travail de réconciliation qui est celui
des dernières pièces de Shakespeare. Au début, il n'est question
que de « peines marines » (« *sea-sorrow* »). Prospéro raconte
comment son frère et ses amis l'avaient emmené littéralement en
bateau, et l'avaient abandonné au milieu de la mer dans « une
vieille carcasse pourrie, sans agrès, cordages, voile ni mât, que les
rats mêmes avaient quittée d'instinct » (« A rotten carcass of a boat,
not rigg'd. / Nor tackle, sail nor mast ; the very rats / Instinctively
had quit it », I, 2). Mais quand à son tour il provoque le naufrage de
ceux qui avaient voulu le faire noyer, c'est pour entamer un
processus où l'être humain, naufragé par des passions
tempétueuses, est transformé de façon magique par la mer, par le
moyen d'un *sea-change,* comme le chante Ariel : « Rien chez lui de
périssable / Que le flot marin ne change / En tel ou tel faste
étrange » (« Nothing of him that doth fade, / But doth suffer a sea-
change / Into something rich and strange », *The Tempest,* I, 2). Ce
sea-change (expression que Shakespeare fait ici entrer dans la

langue, et qui veut dire en anglais courant un grand changement de mentalité), signifie dans *La Tempête* une prise de conscience du mal. Celle-ci est comparée par Prospéro à une marée montante, qui éloigne l'être humain des vieilles rancunes et le porte vers la raison : « Le flot de leur entendement commence à s'enfler, la marée montante couvrira bientôt les ordures et la boue des rivages de leur raison » (« Their understanding / Begins to swell, and the approaching tide / Will shortly fill the reasonable shores / That now lie foul and muddy », V, 1). Contrairement à *Iphigénie*, la pièce de Shakespeare commence par une tempête sur la mer et finit par « une mer calme, des brises favorables » (« calm seas, auspicious gales », V, 1). La mer à elle seule donc symbolise le changement radical opéré chez Shakespeare, depuis les images de mers violentes des pièces historiques et des tragédies, jusqu'aux dernières pièces, où le naufrage amène retrouvailles et renaissance. Ainsi c'est pendant la fête du roi Neptune que Périclès retrouve sa fille Marina, celle qui est née en mer, et lui qui avait perdu tout espoir craint « que cet océan de joie intense qui m'inonde ne déborde les rives de ma mortalité et ne me noie dans les délices (« Lest this great sea of joys rushing upon me / O'erbear the shores of my mortality / And drown me in their sweetness » (*Pericles*, V, 1). Comme le dit Jean Paris des personnages de ces dernières pièces de Shakespeare, « Près de la mer ils retrouvent le souvenir de l'éternel. »[32].

Tout cela peut sembler très différent de la dernière tragédie profane de Racine, où la mer est cette « montagne humide » (1154) d'où sort le monstre qui infecte l'air de Trézène. Toutefois, à regarder la façon dont la mer est utilisée dans *Phèdre*, nous ne pouvons que constater la primauté qui est donnée au dramatique, au fonctionnel, vu tout ce qui relie le monstre qui sort de la mer au monstre qu'a laissé vivre Thésée, monstre tapi dans les tréfonds de notre inconscient. Dire donc que Racine ne s'occupe que de la surface de la mer ne serait peut-être qu'une demi-vérité.

La mer, donc, sert de révélateur. Mais elle révèle plus que toutes ces différences entre Racine et Shakespeare qui, au fil des siècles, ont fait couler tant d'encre. Il est évident que le détail est plus coloré chez Shakespeare, et que les deux auteurs répondent à des exigences culturelles très différentes. Il est peut-être moins évident, mais néanmoins vrai, qu'une partie de cette différence reflète des structures linguistiques profondes qui influent nécessairement sur l'expression poétique. En même temps nous avons pu nous rendre compte de ce qui réunit Racine et

---

32. J. Paris, *Shakespeare par lui-même* (Paris : Seuil, 1954), p. 116.

Shakespeare : ce sont d'abord et surtout des auteurs dramatiques. Ce lien est peut-être plus fort que toutes les différences : « the play's the thing ». La mer participe au poétique, nous l'avons vu, mais ce poétique est au service du dramatique. Il ne s'agit pas de raconter la mer, d'embellir les vers par des références marines, mais plutôt d'émouvoir et d'explorer la nature humaine, par le moyen d'une action dramatique à laquelle tout doit être subordonné. Tant pour Racine que pour Shakespeare la mer est telle une petite rivière qui se jette tout entière dans le cours de la tragédie.

Christine Noille-Clauzade
(Université de Nantes)

SIMPLICITÉ, VIOLENCE ET BEAUTÉ : POÉTIQUE COMPARÉE DE LA *MIMESIS* DANS *BÉRÉNICE* ET *BAJAZET*

Racine écrit en Préface de *Bérénice* au sujet de « quelques personnes » qui exercent leur talent de critique :

> Qu'ils se reposent sur nous de la fatigue d'éclaircir
> les difficultés de la poétique d'Aristote, qu'ils se
> réservent le plaisir de pleurer et d'être attendris.[1]

Moi-même amateur du théâtre racinien bien plus que critique, et encore moins spécialiste, c'est pourtant au prisme de la poétique et de la rhétorique que je vais relire *Bérénice* et *Bajazet* pour y percevoir Racine « à l'œuvre »[2] – et en mouvement.

Comment réunir ces deux pièces ? Le long parallèle que la préciosité s'est plu à tisser entre la mer et l'amour nous offre une voie symbolique. Acomat, dans *Bajazet*, n'avance-t-il pas, imprudent :

> Enfin, nos amants sont d'accord,
> Madame. Un calme heureux nous remet dans le port.
> [III, 2, vv. 843-844]

---

1. Racine, Préface de *Bérénice*, dans *Théâtre complet I*, Folio classique, Gallimard, 1982, p. 375. C'est dans cette édition que sera citée la pièce de *Bérénice* ; pour *Bajazet*, il s'agira du t. II (*ibid.*, 1983).
2. Pour une théorisation du lien entre poétique et genèse, voir G. Forestier, *Essai de génétique théâtrale. Corneille à l'oeuvre*, Klincksieck, 1996.

Ce à quoi La Rochefoucauld répondrait, dans un texte il est vrai non publié et même barré :

> Ceux qui ont voulu nous représenter l'amour et ses caprices l'ont comparé en tant de sortes à la mer qu'il est malaisé de rien ajouter à ce qu'ils en ont dit. Ils nous ont fait voir que l'un et l'autre ont une inconstance et une infidélité égales, que leurs biens et leurs maux sont sans nombre, que les navigations les plus heureuses sont exposées à mille dangers, que les tempêtes et les écueils sont toujours à craindre et que souvent même *on fait naufrage dans le port*.[3]

Un naufrage dans le port : telles sont bien les deux pièces que nous avons retenues comme objet de notre étude. *Bérénice* et *Bajazet* sont à l'évidence des pièces méditerranéennes, de la Méditerranée antique et byzantine, pour reprendre le magnifique exorde du *Sur Racine*[4], avec la mer pour horizon et l'éclat du soleil comme risque.

« Un tissu de madrigaux et d'élégies... » [Villars]

Nous abandonnerons cependant ici ce fil thématique pour recentrer notre enquête sur la *mimesis* comparée des passions et de l'action dans *Bérénice* et *Bajazet*. Il n'est cependant pas difficile de défendre, même sur ce plan, l'idée d'un modèle méridional car la *mimesis* des passions, avec la pièce de *Bérénice*, devient prédominante, qu'elle donne lieu à une poétique élégiaque de l'abandon et de la mélancolie[5] ou à une poétique « didonienne » de la fureur. Elle cantonne par là même toute poétique épique – ou cornélienne – de l'action héroïque dans les marges du texte (dans le passé des personnages, dans la bouche des confidents, enfin dans la dernière scène de l'œuvre), d'où une tension qui déséquilibre l'intrigue et tend à la faire imploser entre des poétiques incompatibles[6]. Au bout du compte, un statut en crise, qui hésite entre poème dramatique et « tissu de madrigaux et d'élégies » (la formule est de Villars) : l'insuffisance dramatique donne alors non

---

3. La Rochefoucauld, *Réflexions diverses*, VI, *De l'amour et de la mer*, dans *Maximes*, éd. J. Truchet, Classiques Garnier, 1967, p. 197.
4. Voir R. Barthes, *Sur Racine*, Eds. du Seuil, 1966, p. 15.
5. Voir G. Forestier, *op. cit.*, pp. 54-55.
6. Voir l'analyse de M. Charles dans son *Introduction à l'étude des textes*, Eds. du Seuil, 1995, pp. 283-292, et notre propre relecture dans notre essai sur *La Rhétorique et l'étude des textes*, Ellipses, 1998, pp. 88-89.

seulement lieu à l'importante redéfinition de la tragédie à laquelle se consacre Racine en Préface de sa pièce (où la simplicité d'action devient la condition d'un travail poétique approfondi sur la représentation des passions), mais au fil même du texte, la *mimesis* d'une action trop simple, réduite à la minceur d'un *argumentum*, d'un enchaînement rhétorique qui ne parvient pas à construire la séparation en *sujet*, oblige à des amplifications digressives autour d'Antiochus (et nous songeons à l'Acte I, scènes 1-4, à tout l'Acte III et à l'Acte V, scènes 1-4).

D'une pièce à l'autre, la poétique racinienne se modifie, concentrant dans l'œuvre nouvelle une expérimentation rendue nécessaire par les expériences précédentes. De *Bérénice* à *Bajazet* cependant, la continuité poétique est loin d'être évidente : même si *Bajazet* généralise la poétique didonienne des passions (au détriment de l'élégie d'abandon), le texte renoue surtout avec le sang et les morts (congédiés dans la Préface de *Bérénice*), avec l'horreur sublime dont Segrais vantait à la fin de Floridon les bénéfices en termes de sympathie et de rachat moral[7]. Or, plutôt que de spéculer sur une rupture ou une contradiction, il est sans doute aussi possible – mais dans quelles conditions, là est la question – d'envisager *Bajazet* comme le moment où la poétique racinienne a travaillé – après les reproches essuyés aux représentations de *Bérénice* – à la *mimesis* d'action, de même que *Bérénice* fut le moment où Racine a poussé jusqu'à ses limites la *mimesis* des passions.

Et de fait, deux possibilités sont exploitées dans *Bajazet* concernant la *mimesis* d'action : d'une part, un encadrement « formel » de la *mimesis* pathétique par la représentation d'une action politique, qui reprend le modèle épique ; d'autre part, un aménagement plus audacieux de la *mimesis* pathétique elle-même, de façon à promouvoir une action *passionnelle, par* les passions (amour, jalousie, pardon, vengeance), inspirée du modèle romanesque (*cf.* la nouvelle de Segrais, structurée par les épisodes de méfiance et de confiance). Mais d'un côté comme de l'autre, le résultat semble peu convaincant : irruption passablement artificielle de la politique dans le trio amoureux, effets de piétinement et de répétitions des scènes de jalousie entre Atalide et Bajazet, et des scènes de déclaration avortée entre Bajazet et Roxane.

Ce n'est pas au niveau poétique qu'est réglée la tension entre la *mimesis* d'action et la *mimesis* des passions et qu'est jugulé le risque d'une absence d'intrigue, d'une poésie non dramatique.

---

7. Voir sur ce point Ch. Noille-Clauzade, « Les objets de la *mimesis* : enquête poétique sur la mort de Bajazet, dans l'histoire, la nouvelle et la tragédie », dans *Les Formes de la nouvelle*, éd. universitaires d'Ottignies (à paraître).

« La langue du cœur... » [Bouhours]

Et de fait, une deuxième ligne d'analyse est possible, qui replace le problème à un niveau stylistique, reversant la *mimesis* poétique du côté d'une *mimesis* rhétorique, d'une imitation dans l'*elocutio*.

Faut-il d'abord reprendre l'hypothèse d'un style « méditerranéen » lié à l'éloquence passionnée ? Certes, les *Lettres portugaises* (1668) et plus généralement les romans espagnols – relayés assurément par la carthaginoise Didon – sont au temps de Racine des modèles pour une écriture de l'amour. Les Orientaux à leur tour constituent, dans la rhétorique de Bernard Lamy (1ère éd. 1675), une « nation » s'identifiant à un style comparable, caractérisé par l'emportement et la chaleur, par l'excès des figures et l'ellipse[8].

Mais mesurer l'éloquence racinienne des passions à l'aune du style méridional (espagnol ou oriental) est une erreur d'appréciation manifeste. Si l'on suit par exemple les remarques de Bouhours apparues dès *Les Entretiens d'Ariste et Eugène* sur *La langue française* (1671) – et confirmées dans *La Manière de bien juger dans les ouvrages de l'esprit* (seconde éd., 1688) –, cette éloquence flamboyante relève soit de l'*ingenium* de l'esprit, soit de la faculté d'*imaginer*, c'est-à-dire tantôt d'une ingéniosité (celle du conceptisme ou du maniérisme, systématiquement dévalorisée par Bouhours), et tantôt d'une imagination dont la fécondité s'avère excessive, sauf en contexte poétique[9] – et l'on reconnaît au passage les termes du grand débat qui s'est élevé concernant le récit de Théramène.

Quoi qu'il en soit, la véritable éloquence passionnelle est sous l'égide d'une autre instance morale : elle ne peut venir que du *cœur*, et c'est alors la France qui a le privilège de posséder – contre les nations méridionales – la langue du cœur :

> Je dirai que notre langue est la langue du cœur et que les autres sont plus propres à exprimer ce qui se passe dans l'imagination.[10]

Car,

---

8. Voir de multiples références dans B. Lamy, *La Rhétorique ou L'Art de parler*, éd. Ch. Noille-Clauzade, Honoré Champion, 1998, au L. I, ch. XII et XVII, au L. III, ch. IV, et surtout au L. IV, ch. VI.
9. Bouhours rejoint sur ce point B. Lamy, *op. cit.*, L. IV, ch. XVI, intitulé « Quel doit être le style des poètes ».
10. Bouhours, *Les Entretiens d'Ariste et d'Eugène* (1671), Paris, Bossard, 1920, p. 58.

> La langue française a un talent particulier pour
> exprimer les plus tendres sentiments du cœur.[11]

Est ici mise en avant la *délicatesse* inhérente à un caractère
(stylistique et national) français, délicatesse qui est conjointement
dans la connaissance des sentiments et dans leur expression,
comme le revendiquait déjà l'Avis du libraire au lecteur en tête des
Lettres portugaises. C'est cette délicatesse qui sera unanimement
reconnue dans *Bérénice* (et diversement appréciée : songeons aux
réserves de Saint-Evremont sur l'hyperbolisation de la tendresse en
désespoir). C'est cette même délicatesse que Racine étend, dans sa
Préface de 1676, aux femmes du sérail, en cela plus françaises
qu'orientales, et qu'il refuse à Bajazet, resté « farouche »,
véritablement turc.

En quoi consiste la mise en place stylistique et thématique de
la délicatesse dans ces deux pièces ? Un paradigme commun les
parcourt qui oppose une véritable rhétorique du cœur et une fausse :
sous le signe du trouble et de la confusion, la première motive
essentiellement un langage du corps (soupirs, larmes, interjections)
et une éloquence qui se dérobe, marquée par l'ellipse et la
suspension (nous n'en sommes pas encore du tout à la conception
d'une éloquence saturée de figures pathétiques telle que la
théorisera Bernard Lamy[12]). De l'autre côté, les discours
argumentés et performatifs (serments, actions de grâce...) sont
censés relever d'un usage de la raison et jouer de la rhétorique
contre le cœur. Primat de la connotation sur la dénotation, ou,
comme le théorise la logique de Port-Royal, prévalence des idées
accessoires sur l'idée principale, de la figuration sur la
signification[13], tel est le raffinement stylistique que Racine non
seulement pratique mais met en scène.

En effet, nous pouvons relire les deux pièces en suivant ce fil
rhétorique. L'inquiétude sur ce que la parole trahit, sur ce qu'elle
connote, par-delà sa signification littérale, apparaît déjà chez
Bérénice, lors de sa première entrevue avec Titus :

> [Bérénice]   Un soupir, un regard, un mot de votre bouche,

---

11. *Ibid.*, p. 58.
12. Sur cet apport décisif de Bernard Lamy à la rhétorique des figures et plus
généralement à la philosophie du langage, voir notre Introduction, dans B. Lamy, *op. cit.*,
pp. 35-42.
13. Sur la concurrence entre idée principale et idée accessoire, née du contexte, de
l'usage commun ou personnel du langage, et sur la prééminence – problématique pour le
système logique – de cette dernière, voir A. Arnauld et P. Nicole, *La Logique ou L'Art de
penser*, cinquième édition (1683), Champs Flammarion, 1970, Première partie, ch. XIV,
p. 129 et *sq.*, et l'Introduction de L. Marin dans cette même édition.

	Voilà l'ambition d'un cœur comme le mien. (...)
[Titus]	N'en doutez point, Madame ; et j'atteste les dieux (...)
	je vous le jure encore (...)
[Bérénice]	Hé quoi ? vous me jurez une éternelle ardeur,
	Et vous me la jurez avec cette froideur ?
	Pourquoi même du ciel attester la puissance ?
	Faut-il par des serments vaincre ma défiance ?
	Mon cœur ne prétend point, Seigneur, vous démentir,
	Et je vous en croirai sur un simple soupir.

[II, 4, vv. 576-594]

La délicatesse ici est à la fois dans l'usage de la parole et dans sa perception, sa compréhension. Et ce ne seront pas les *arguments* de Titus qui, à l'Acte V, avant-dernière scène, emporteront la conviction de Bérénice sur son amour, mais ses larmes et ses soupirs, bref, cette véritable rhétorique d'un cœur qui aime :

| [Bérénice] | Je connais mon erreur, et vous m'aimez toujours. |
| | Votre cœur s'est troublé, j'ai vu couler vos larmes. |

[V, 7, vv. 1482-1483]

Mais cela n'est rien à côté de *Bajazet*, dont l'enjeu fondamental semble être l'incertitude alternée de Roxane et d'Atalide sur la rhétorique de Bajazet, trop froide ou trop enflammée pour nos délicates héroïnes.

Roxane, tout d'abord, s'inquiète d'une froideur stylistique qui dément tout amour dans le cœur de Bajazet :

> Hélas ! pour mon repos que ne le puis-je croire ?
> Pourquoi faut-il au moins que pour me consoler
> L'ingrat ne parle pas comme on le fait parler ?
> Vingt fois, sur vos discours pleine de confiance,
> Du trouble de son cœur jouissant par avance,
> Moi-même j'ai voulu m'assurer de sa foi, (...)
> Mais sans vous fatiguer d'un récit inutile,
> Je ne retrouvais point ce trouble, cette ardeur,
> Que m'avait tant promis un discours trop flatteur.

[I, 3, vv. 274-284]

A l'Acte II, sa première rencontre avec Bajazet mesurera constamment les paroles de l'amant supposé à cette grille rhétorique, le laissant poursuivre quand l'embarras domine :

[Roxane]	Justifiez la foi que je vous ai donnée.
[Bajazet]	Ah ! que proposez-vous, Madame ?
[Roxane]	Hé quoi, Seigneur ?

	Quel obstacle secret trouble notre bonheur ?
[Bajazet]	Madame, ignorez-vous que l'orgueil de l'empire...
	Que ne m'épargnez-vous la douleur de le dire ?

[II, 1, vv. 450-454]

l'interrompant quand la démonstration persuasive réapparaît :

	Je vous dois tout mon sang. Ma vie est votre bien.
[Bajazet]	Mais enfin voulez-vous...
[Roxane]	Non, je ne veux plus rien.
	Ne m'importune plus de tes raisons forcées. (...)
	L'ingrat est-il touché de mes empressements ?
	L'amour même entre-t-il dans ses raisonnements ?

[II, 1, vv. 517-528]

Car, de son côté, la parole de Bajazet ignore la délicatesse de la connotation. Elle est tout entière du côté de l'explicite, du déclaratif et de l'argumentatif. Non seulement il est inapte aux inflexions correctrices :

	Car enfin Bajazet ne sait point se cacher.
[Atalide]	Je connais sa vertu prompte à s'effaroucher.

[I, 4, vv. 391-392]

mais il franchit la limite de l'indélicatesse en demandant conseil en la matière à l'experte Atalide :

[Bajazet]	Eh bien ! Mais quels discours faut-il que je lui tienne ?
[Atalide]	Ah ! daignez sur ce choix ne me point consulter.

[II, 5, vv. 786-787][14]

Ses seules paroles assumées sont des déclarations. Songeons à la lettre, bien sûr :

Ni la mort, ni vous-même,
Ne me ferez jamais prononcer que je l'aime,
Puisque jamais je n'aimerai que vous.

[IV, 1, vv. 1142-1145]

mais aussi à l'explicitation déceptive de la promesse implicite qu'avait cru déceler Roxane – et notons au passage que dans cette

---

14. Comme Bajazet avec son porte-parole Atalide, l'indélicat (ou le maladroit) Titus recourra au subterfuge du représentant, III, 1, vv. 741-743 : « D'un amant interdit soulagez le tourment : / Epargnez à mon coeur cet éclaircissement. / Allez, expliquez-lui mon trouble et mon silence. »

réplique serments et actions de grâce nourrissent cette fausse rhétorique du cœur, qui ici se montre sous son vrai visage, comme rhétorique de la froideur :

> [Roxane]   J'ai cru dans son désordre entrevoir sa tendresse,
>   J'ai prononcé sa grâce, et je crois sa promesse. (...)
> [Bajazet]   Oui, je vous ai promis et j'ai donné ma foi
>   De n'oublier jamais tout ce que je vous dois ;
>   J'ai juré que mes soins, ma juste complaisance,
>   Vous répondront toujours de ma reconnaissance.
>   Si je puis à ce prix mériter vos bienfaits,
>   Je vais de vos bontés attendre les effets.
>
> [Roxane   De quel étonnement, ô ciel ! suis-je frappée ?
> *sc. 6]*   Est-ce un songe ? Et mes yeux ne m'ont-ils point
>   trompée ?
>   Quel est ce sombre accueil, et ce discours glacé
>   Qui semble révoquer tout ce qui s'est passé ?
>   [III, 5-6, vv. 1025-1036]

Déclaratif enfin est l'aveu final, sur le mode élégiaque :

> [Bajazet]   J'aime, je le confesse. (...) [V, 4 v. 1494]

Sinon, Bajazet met en œuvre une rhétorique argumentative lourde, mêlée de protestations conventionnelles, et que Roxane interrompt systématiquement à bon droit dans la mesure où y domine l'art de la persuasion et où y manque une *actio* émue. Bajazet ne connaît que deux moments de trouble, le premier nourrissant un espoir vite refermé pour Roxane :

> [Roxane]   Tu soupires *enfin*, et sembles te troubler.
>   Achève, parle.
> [Bajazet]   O ciel ! que ne puis-je parler !
>   [II, 1, vv. 559-560]

Le second nous est dérobé : il s'agit de la grande scène de réconciliation rejetée dans l'avant de l'acte III, laquelle est marquée, selon le récit d'Acomat, par l'absence et parole et par le langage du corps. Acomat, comme Roxane, et à leur suite Atalide rattachent conventionnellement le trouble et la parole suspendue de Bajazet à une flamme amoureuse[15], là où celui-ci, deux scènes plus tard, les

---

15. Voir le récit d'Acomat, III, 2, vv. 884-888 : « J'ai longtemps immobile observé leur maintien. / Enfin avec des yeux qui découvraient son âme, / L'une a tendu la main pour

réduira à une bienheureuse maladresse technique (son manque de délicatesse dans les choses du cœur et dans leur expression étant seul en cause) :

> [Bajazet]   Moi j'aimerais Roxane, ou je vivrais pour elle,
> Madame ! Ah ! croyez-vous que, loin de le penser,
> Ma bouche seulement eût pu le prononcer ? (...)
> A peine ai-je parlé que, sans presque m'entendre,
> Ses pleurs précipités ont coupé mes discours. (...)
> Moi-même rougissant de sa crédulité
> Et d'un amour si tendre et si peu mérité,
> Dans ma confusion, que Roxane, Madame,
> Attribuait encore à l'excès de ma flamme,
> Je me trouvais barbare, injuste, criminel.
>
> [III, 4, vv. 978-995]

Donc, au cœur de ces tragédies tendres que restent jusqu'au début du XXᵉ siècle *Bérénice* mais aussi *Bajazet*, un style moins imaginatif et ingénieux que « français » et délicat, qui se retrouve autant dans l' « élégance de l'expression » (formule tirée de la Préface de *Bérénice*) qu'au cœur du dispositif dramatique, comme raffinement épisodique.

La vertu de ce style (la délicatesse) et son emblème (le cœur) redisent alors au niveau stylistique ce que nous avons vu au niveau poétique : prévaut un usage du discours (dans sa production comme dans sa réception) qui privilégie les idées accessoires sur la signification principale, autrement dit qui raffine sur les passions plus qu'il ne prend en charge et gère une parole efficace, porteuse d'enjeux pratiques. Mais cet angle d'approche ne nous permet toujours pas d'apprécier un réaménagement stylistique de *Bérénice* à *Bajazet* qui rééquilibre l'usage de la langue dans le sens de l'action.

« La beauté des sentiments... » [*Bérénice*, Préface]

Troisième niveau d'analyse possible, une étude sur les situations de communication internes à la fiction dans les deux pièces nous apportera d'abord le même enseignement.

Les situations rhétoriques sont doublement affaiblies. Tout d'abord, pour reprendre les suggestions de Jean Rohou[16], les

---

gage de sa flamme, / L'autre avec des regards éloquents, pleins d'amour, / L'a de ses feux, Madame, assurée à son tour. »

16. Voir J. Rohou, « *Britannicus, Bérénice* et *Mithridate* dans l'oeuvre de Racine », dans *L'Ecole des lettres* 7, févr. 1996, pp. 11-12 (« IV : L'évolution du style »).

discours argumentatifs sont quasiment absents de *Bérénice*. Rares dans *Bajazet*, (on peut noter la double scène délibérative de l'acte II où Acomat et Atalide viennent conseiller tour à tour Bajazet, et la double plaidoirie de l'Acte V, reprise de *Floridon*, où Bajazet et Atalide plaident successivement la cause de l'autre auprès de Roxane), ils sont surtout l'apanage du personnage le plus extérieur à la situation passionnelle, Acomat. Le échecs d'Acomat nous conduisent en outre à une seconde considération sur le fonctionnement argumentatif de la parole : sa défaillance est encore accentuée par son inefficacité, son absence de prise sur la *praxis*[17]. Ajoutons à ce panorama la difficulté qu'a le chant épique à s'élever et à s'amplifier : réduit à quelques tirades abrégées pour seconds acteurs, il dément par sa brièveté sa parenté avec l'*ekphrase* du héros.

A la place, donc, s'enfle une éloquence littéralement *poétique* (madrigaux et élégies tendres ou furieuses), dont le caractère propre est de mettre en place une situation de communication *non rhétorique*, non ouverte sur l'action ou sur une décision, mais *poétique*, ouverte sur la monumentalité et donc sur une réception apparentée à celle d'un auditoire à une déclamation (dramatique ou non). Ajoutons qu'une telle réception « poétique » est fondamentalement tournée, dans les années 1670, vers la compassion, vers « le plaisir de pleurer et d'être attendri », pour reprendre la préface de *Bérénice*[18].

C'est ainsi que même au niveau des situations de discours, le balancement entre *mimesis* d'action et *mimesis* de passions se retrouve, introduisant une alternative déséquilibrée entre un fonctionnement rhétorique de la parole et un fonctionnement poétique, entre une parole active et une parole monumentale.

Or, si l'on approfondit cette étude pragmatique sur les situations de communication internes à la fiction dramatique, une hypothèse apparaît qui sera à même de nous renseigner sur le travail de Racine concernant l'intrigue (la *mimesis* d'action) et sur les réaménagements qu'il opère entre *Bérénice* et *Bajazet* pour contrebalancer la tentation d'une poésie déclamative et conforter le drame.

Mon hypothèse est la suivante : la dimension monumentale des tirades et leur réception spectaculaire me semble au cœur de

---

17. Il faut renvoyer ici à l'étude de G. Declercq sur *Britannicus* et l'hypothèse qu'il émet d'un soupçon augustinien sur le rapport entre parole et vérité, entre persuasion et action. Voir G. Declercq, « Crimes et arguments. Etude de la persuasion dans *Britannicus*, acte IV, scène IV », *Lalies* n° 3, pp. 165-175.
18. Voir sur ce type d'accueil, Ch. Noille-Clauzade, « Le plaisir et les larmes », *Poétique* 88, nov. 1991, pp. 499-517.

l'*intrigue* dans les deux pièces, tant et si bien que la question du statut est en quelque sorte consciemment réfléchi et thématisé par Racine au fil du texte.

En effet, dans chaque scène, l'enjeu est de définir lequel des personnages aura une position, un « rôle » de spectateur (choisi ou contraint) et lequel se donnera en spectacle dans le poème de sa parole. Il n'est qu'à relire telle proposition de Donneau de Visé (dans sa *Critique de Sophonisbe* en 1663) pour connaître le registre du premier rôle – celui de spectateur :

> Les auditeurs veulent ou aimer ou haïr, ou plaindre quelqu'un, et si l'on ne trouve moyen de les attacher, de leur faire prendre parti dans une pièce, et de leur faire pour ainsi dire *jouer en eux-mêmes un rôle muet* qui les occupe, qui les rend attentifs (...), il est bien difficile qu'une pièce réussisse[19].

Si l'on en croit les conseils réitérés de Racine, l'acteur racinien recherche le succès des larmes : et pour ce faire, le spectacle poétique sera celui de la douleur d'amour.

A ce niveau de l'*action*, deux variantes sont possibles : la complainte complaisante, qui se satisfait de son seul spectacle (Antiochus en est le personnage emblématique) et le désespoir extrémisé en projet de mort – et l'on pense à Bérénice ou à Roxane, sœurs en imprécations, parfois rejointes par Atalide (comme à l'acte III).

A ces deux variantes de la poésie élégiaque correspondent deux types de réception très dissociés : la compassion à l'égard de l'élégie tendre (« Hélas ! ») – comme dirait La Fontaine dans *Psyché*, « c'est une chaîne de gens qui pleurent »[20]. Mais l'élégie furieuse quant à elle offre un spectacle littéralement insoutenable : la compassion exacerbée en horreur se retourne en besoin d'intervention, en interruption du spectacle. C'est ainsi que Titus est voué à ne pouvoir soutenir la promesse horrible de mort que Bérénice se plaît à étaler à ses yeux.

Se dessine ainsi à l'intérieur même de l'intrigue, dans ce rapport de forces entre acteur et spectateur intra-fictionnels, un choix poétique qu'explicite Racine en préface de *Bérénice* : l'insoutenable spectacle de l'horreur tragique – horreur de la

---

19. Cité par J.-J. Roubine, « La stratégie des larmes au XVIIe siècle », *Littérature*, févr. 1973, pp. 56-73.
20. La Fontaine, *Les Amours de Psyché et Cupidon*, coll. L'Intégrale, Eds. du Seuil, 1965, pp. 424-425.

souffrance plus que de la violence elle-même, puisqu'elle est indifféremment horreur du sang ou des larmes.

On n'en finirait plus de citer les exemples de spectateurs souffrant du spectacle de la souffrance qui leur est infligé. Retenons comme emblème ce cri d'Antiochus au tableau (qu'il nous fait) du désespoir de Bérénice :

> Je n'y puis résister : ce spectacle me tue.
>
> [IV, 7, v. 1235][21]

Une même sensibilité – un même choix esthétique – anime Racine lorsqu'il plaide en Préface de *Bérénice* pour l'arrêt des horreurs :

> Ce n'est point une nécessité qu'il y ait du sang et des morts dans un tragédie (...).

Et *Bajazet* ne montre pas autre chose, qui pousse jusqu'au bout la logique spectaculaire du monstrueux en condamnant au suicide Atalide impuissante à ne pouvoir révoquer le tableau de la mort de Bajazet.

Chaque scène offre donc un rapport de forces où se règlent (d'emblée ou peu à peu) la distribution des rôles (premier acteur *versus* spectateur) et la qualité du spectacle – tant et si bien que nombre de vers peuvent ainsi être versés au mince dossier des réflexions raciniennes sur la poétique de l'effet tragique, au prisme de cette lecture qui tient moins de l'interprétation que du littéralisme, du refus de traduire ces discours en données

---

21. Ce à quoi Titus renchérit en écho (IV, 6, vv. 1199-1200) : « Paulin, je suis perdu, je n'y pourrai survivre : / La reine veut mourir... » ; tandis qu'Atalide, dans une première version de la mort par compassion, s'évanouit (IV, 3, vv. 1204-1205) : « [Roxane] Il le faut. Et déjà mes ordres sont donnés. / [Atalide] Je me meurs. »
Car pour le spectateur, point d'alternative – sinon la mort – que l'interruption face à un spectacle *horrible*, *effrayant*, interruption verbale ou dérobade physique :
cf. Bajazet, V, 4, vv. 1545-1551 : « [Roxane] Dans les mains des muets viens la voir expirer (...) [Bajazet] / Je ne l'accepterais que pour vous en punir, / Que pour faire éclater aux yeux de tout l'empire / L'horreur et le mépris que cette offre m'inspire. »
cf. ibid., II, 1, vv. 557-560 : « [Roxane] De ma sanglante mort ta mort sera suivie. / Quel fruit de tant de soins que j'ai pris pour ta vie! / Tu soupires enfin, et sembles te troubler. / Achève, parle. [Bajazet] O ciel! que ne puis-je parler! »
cf. Bérénice, II, 4, vv. 615-617 : « [Bérénice] Moi, qui mourrais le jour qu'on voudrait m'interdire / De vous... [Titus] Madame, hélas! que me venez-vous dire ? / Quel temps choisissez-vous ? Ah! de grâce, arrêtez. »
cf. ibid., III, 1, vv. 744-747 : « [Titus] Surtout qu'elle me laisse éviter sa présence. / Soyez le seul témoin de ses pleurs et des miens ; / (....) / Fuyons tous deux, fuyons un spectacle funeste... »
cf. ibid., III, 4, vv. 944-945 : « [Antiochus] : Non, je la quitte, Arsace. / Je sens qu'à sa douleur je pourrais compatir... »

psychologiques, de la volonté artificielle de prendre au pied de la lettre les *figures* pathétiques empruntées au domaine de la scène et de la dramaturgie.

La situation la plus simple est explicitement *poétique* : un personnage décide de (se) donner le spectacle de sa parole douloureuse pour le plaisir de partager la plainte (c'est la compassion) sans rechercher une quelconque visée pragmatique. C'est ainsi qu'Antiochus, à l'acte I, prépare un face-à-face avec Bérénice qui, de son propre aveu, est dépourvu de but pratique :

> Viens-je vous demander que vous quittiez l'empire ?
> Que vous m'aimez ? Hélas ! je ne viens que vous dire (...)
> Après cinq ans d'amour et d'espoir superflus,
> Je pars, fidèle encor, quand je n'espère plus.
> Au lieu de s'offenser, elle pourra me plaindre. [I, 2, vv. 39-47]

Et la réaction de Phénice et de Bérénice est bien celle de spectatrices touchées, mais, pour Bérénice, décidée à en rester à un rôle de spectatrice :

> [Phénice]   Que je le plains ! Tant de fidélité,
>   Madame, méritait plus de prospérité.
>   Ne le plaignez-vous pas ?
> [Bérénice]   Cette prompte retraite
>   Me laisse, je l'avoue, une douleur secrète.
> [Phénice]   Je l'aurais retenu.
> [Bérénice]   Qui ? moi ? le retenir ?
>   [I, V, vv. 285-289]

Même analyse de la tirade où Bajazet, à l'acte V, fait à Roxane le récit de ses amours tendres avec Atalide : plaisir d'une élégie (sur le mode de la *confession*) qui se donne en spectacle en commençant par la négation de l'interlocutrice :

> Je ne vous dis plus rien. (...) [V,4, v. 1490]

et que Roxane accepte de contempler tant que la situation d'interlocution (la réintroduction des pronoms et possessifs de la seconde personne) n'est pas restaurée :

> [Bajazet]   (...) J'aurais par tant d'honneurs, par tant de dignités,
>   Contenté *votre* orgueil, et payé *vos* bontés,
>   Que *vous*-même peut-être...
> [Roxane]   Et que pourrais-tu faire ?
>   [V, 4, vv. 1522-1526]

La poésie n'est pas seulement ici dans la dimension ekphrastique de l'éloquence (amplification ornementale) ; elle est encore dans l'invention d'un « sujet », dans l'imagination d'une histoire possible de la douleur dans laquelle celui qui parle occupe le premier rôle. Pour reprendre la distinction entre poétique de la mélancolie et poétique de la fureur, l'élégie tendre a ceci de particulier qu'elle se suffit, comme spectateur, du premier acteur lui-même.

« Sortez ! »

L'élégie furieuse semble à première vue impliquer une situation plus complexe d'un point de vue pragmatique. Certes, lui est tout autant attachée la monumentalité, la poéticité ornementale, mais en tant qu'injonctives (émettant des souhaits ou des ordres horribles, et apparentées en cela à l'imprécation), ces paroles d'accusation et de décisions funestes semblent posséder aussi une dimension pragmatique : ne s'intègrent-elles pas dans une rhétorique de la menace et du chantage, dont la visée n'est pas performative (malgré les apparences littérales, elles ne fonctionnent pas comme des ordres) mais notoirement persuasive (faire changer d'avis celui qu'il faut alors bien nommer l'interlocuteur et non le spectateur) ? Il n'est qu'à relire la tirade enflammée d'Atalide pour y reconnaître ces impératifs rhétoriques, à valeur simplement délibérative :

> [Atalide]   (...) Venez, cruel, venez, je vais vous y conduire,
> Et de tous nos secrets c'est moi qui veux l'instruire.
> (...)
>
> Et je pourrai donner à vos yeux effrayés
> Le spectacle sanglant que vous me prépariez.
> [Bajazet]   O ciel ! que faites-vous ? (...) [II, 5, vv. 761-769]

Mais cette description est largement insuffisante : en effet, l'accumulation d'injonctions et la complaisance poétique dans la fureur oratoire poursuivent plus fondamentalement une visée « dépragmatique » : détourner l'autre de son projet d'action, le forcer à entrer dans le piège du spectacle insoutenable et de la décision d'interruption.

C'est ici qu'il convient de faire un sort au « Sortez ! » de Roxane, emblématique, dans les études raciniennes, d'un *acte de discours*, d'une parole qui tue – d'un impératif au plus haut point performatif et, par sa nudité, dépourvu de toute ornementation poétique, détourné de toute monumentalité, de toute réception spectaculaire. Et Racine semble lui-même préparer, à la scène précédente, cette *interprétation* :

> Oui tout est prêt, Zatime,
> Orcan, et les muets attendent leur victime.
> Je suis pourtant toujours maîtresse de son sort.
> Je puis le retenir. Mais s'il sort, il est mort.
> [V, 3, vv. 1454-1457]

Mais rien n'est moins sûr – et la *sortie* de scène de Bajazet est, de fait, un morceau de bravoure pour l'acteur, comme si l'impératif mettait surtout en valeur la monumentalité de la réception, le départ d'un premier acteur que son public féminin congédie. Surtout, le doute pèse sur la valeur des impératifs qui saturent le discours de Roxane.

A deux reprises, Roxane a en effet déjà prononcé des sentences de mort – qui n'ont pas été suivies d'effet. A l'acte II, scène 1, tout d'abord, elle menace de sortir – avec, en strict parallèle, une présentation de son propre départ comme figure de la condamnation à mort :

> Bajazet, écoutez, je sens que je vous aime.
> Vous vous perdez. Gardez de me laisser sortir....
> S'il m'échappait un mot, c'est fait de votre vie.
> [II, 1, vv. 538-542]

Puis une décision de départ qui fonctionne comme condamnation à mort :

> Ah ! c'en est trop enfin, tu seras satisfait.
> Holà, gardes, qu'on vienne. [Sc. 2] Acomat, c'en est fait.
> Vous pouvez retourner, je n'ai rien à vous dire.
> Du sultan Amurat je reconnais l'empire.
> [II, 1-2, vv. 567-570]

Que s'ensuit-il ? Roxane elle-même donne à Atalide la clef pour lire ses injonctions furibondes :

> L'auriez-vous cru, Madame, et qu'un si prompt retour
> Fit à tant de fureur succéder tant d'amour ?
> Tantôt à me venger *fixe et déterminée*,
> Je *jurais* qu'il voyait sa dernière journée.
> A peine cependant Bajazet m'a parlé,
> L'amour fit le serment, l'amour l'a violé. [III, 5, vv. 1019-1024]

Le paradoxe et la réversion sont des motifs aussi bien répertoriés que l'hyperbole dans l'éloquence passionnée (voir, une fois encore, les *Lettres portugaises*). Et, au dire même de Roxane, l'impératif (le juron, le serment...) est à la fois une figure de mots (hyperbole) et le début d'une figure en plusieurs mots (réversion) ; autrement dit, il faut lui redonner une modalité simplement assertive (car il est une assertion hyperbolisée en injonction) et le considérer comme premier membre d'une période réversive momentanément suspendue : au couple « je vous aime / je vous hais », répond ici un « je ne veux plus vous voir / je veux vous voir » (le « da ! / fort ! » freudien en quelque sorte).

Et Acomat le sait bien qui produit une lecture correcte d'une seconde sentence de mort proférée par Roxane à l'acte IV. Roxane vient de déclarer :

> Qu'il meure. Vengeons-nous. Courrez. Qu'on le saisisse,
> Que la main des muets s'arme pour son supplice, (...)
> Cours, Zatime, sois prompte à servir ma colère.
>
> [IV, 5, vv. 1278-1282]

Acomat, dont la duplicité et la souplesse sont inhérentes à sa fonction, voit cependant ses offres de services refusées :

> [Acomat]   Montrez-moi le chemin, j'y cours.
> [Roxane]   Non, Acomat,
> Laissez-moi le plaisir de confondre l'ingrat.
> Je veux voir son désordre, et jouir de sa honte.
>
> [V, 6, vv. 1360-1362]

Ce qu'il interprète ainsi :

> Tu vois combien son cœur prêt à le protéger,
> A retenu mon bras trop prompt à le venger.
> Je connais peu l'amour. Mais j'ose te répondre
> Qu'il n'est pas condamné, puisqu'on le veut confondre,
> Que nous avons du temps. (...) [IV, 7, vv. 1408-1412]

Acomat s'y connaît en rhétorique, et dans l'impératif, il sait reconnaître une figure non seulement hyperbolique, mais inachevée, en attente d'un second membre réversif. Bref, l'impératif « roxanien » n'est pas un énoncé littéral, mais un trope (hyperbole) ; il n'est pas un énoncé conclusif et auto-suffisant mais une figure en plusieurs mots suspendue à un phénomène de réversion ; et pour en revenir à la pragmatique des discours, la seule performance qu'il effectue est d'ordre dramaturgique (gérer les sorties de scène, de même que les impératifs de Titus sont exclusivement consacrés à régler les entrées en scène) ; il est un équivalent théâtral du « coupez ! » cinématographique.

En faut-il une confirmation dans l'enchaînement dérisoire des répliques que Roxane adresse à Zatime ? Non seulement le « Sortez ! » ne règle rien, mais les faits démentent toute efficacité pragmatique à la parole sublime :

> [Roxane]   Sortez.
> [sc. 6]   Pour la dernière fois, perfide, tu m'as vue,
>   Et tu vas rencontrer la peine qui t'est due.
>   (...) Et toi, suis Bajazet qui sort,
>   Et, quand il sera temps, viens m'apprendre son sort.
>   [V, 5-6, vv. 1565-1573]

Ce à quoi répond l'enchaînement des scènes 6-7 :

> [Roxane]   (...) Mais que veut Zatime tout émue ?
> [Zatime]   Ah ! venez vous montrer, Madame, ou désormais
>   Le rebelle Acomat est maître du palais. (...)
>   Vos esclaves tremblants, dont la moitié s'enfuit,
>   Doutent si le vizir vous sert ou vous trahit.
>   [V, 6-7, vv. 1627-1633]

Les muets ne sont pas au rendez-vous, mais en déroute, l'ordre est impuissant : l'ironie racinienne pointe.

Ces sentences de mort sont alors à mesurer aux injonctions de mort de Bérénice ou d'Atalide : si elles entrent dans une stratégie, elle n'est pas à proprement parler pragmatique, mais encore une fois (et il faut excuser ce terme) littéralement dépragmatique. Les unes (les « menaces » de mort), redisons-le, cherchent moins à persuader l'interlocuteur (stratégie du chantage) qu'à le contraindre à quitter son rôle de premier acteur, à devenir spectateur de ce canevas insoutenable, pour le contraindre à une réaction de compassion. De même, les impératifs de Roxane retirent à un premier acteur son rôle – sans s'embarrasser de le transformer en spectateur de son propre jeu[22].

Ce qui est interrompu, c'est au bout du compte, par rapport au personnage de Roxane, la dialectique de la monopolisation du jeu et de la maîtrise spectaculaire de l'autre par une parole

---

22. De même, pourrait-on ajouter dans le cas de Titus à l'égard d'Antiochus, les impératifs de *convocation* octroient à l'interlocuteur la position de spectateur ou de second acteur (c'est-à-dire de transmetteur d'un spectacle, de *représentant*, qui aura surtout à jouer le rôle de *spectateur* d'un mauvais spectacle, le désespoir de Bérénice) : « Soyez le seul témoin de ses pleurs et des miens (...). » [III, 1, v. 745]

monumentale. Refusant de se donner plus longtemps en spectacle, Roxane abandonne l'amplification oratoire et ne se donne plus en représentation : elle quitte la scène galante et l'arrière-scène épique que lui avait ouvertes Acomat. Et de fait, après le *Sortez*, elle n'a plus qu'à sortir[23]. La sentence de mort est une démission de l'actrice – entre défaite et solution de facilité, aveu d'échec et refus de soutenir plus longtemps un jeu (poétique) trop difficile. Là où le spectacle d'un scénario funeste assurait le triomphe d'une actrice tragique, le non-spectacle du « sortez ! » suspend les actants, l'action elle-même et toute réaction compassionnelle (car il n'y a de compassion qu'à une élégie, à une plainte qui a su se faire monument funéraire). Il faut, ensuite, l'artifice d'une relance pour continuer la fiction, c'est-à-dire pour renouer avec la tentation d'un spectacle, réveiller le désir d'être spectateur :

> [Roxane]   Non, Acomat,
> Laissez-moi le plaisir de confondre l'ingrat.
> Je veux voir son désordre, et jouir de sa honte (...).
>   [VI, 6, vv. 1360-1362]

ou affirmer la nécessité d'être acteur :

> [Zatime]   Ah ! venez vous montrer, Madame (...)
>   [V, 7, v. 1628][24].

C'est ainsi que, dans l'élégie furieuse au même titre que dans l'élégie tendre, la mobilisation pour soi d'un rôle de premier acteur, la transformation de l'autre en spectateur et la déchéance de l'autre de son propre rôle de premier acteur deviennent ici les ressorts d'une intrigue générale – d'une action des acteurs.

« Que faire en ce doute funeste ?" [*Bajazet*, v. 1117]

Bérénice est particulièrement la pièce qui travaille toutes les possibilités qu'a l'acteur d'imposer sa propre histoire et de monopoliser le spectacle. Bérénice elle-même semble incarner l'impossibilité d'être spectatrice, résistant à toute histoire invalidant

---

23. Auparavant, elle aura subi un dernier spectacle, celui d'Atalide, qu'elle aura là encore suspendu en rejetant Atalide dans le rôle de spectatrice en attente d'un spectacle – ce qu'elle restera jusqu'à la fin.
24. Le premier cas (dans l'avant-Acte III), est à la croisée des deux : spectatrice du retour de Bajazet, Roxane renoue avec le désir d'être la première actrice de son histoire galante : « [Bajazet] A peine ai-je parlé que, sans presque m'entendre, / Ses pleurs précipités ont coupé mes discours. » [III, 4, vv. 986-987]

la sienne propre. Persévérant tout d'abord avec imagination dans une histoire épiphanique (épisodes des actes I, II, III[25]), elle bascule ensuite dans la poésie de sa mort, dont Titus ne s'émancipera que lorsqu'il renoncera à un scénario épique (« cornélien »)[26] et parviendra d'une part à élaborer un contre-scénario horrible, qui, cumulé avec celui d'Antiochus, forcera à son tour Bérénice à une interruption compassionnelle[27] :

> [Antiochus]   (...) que je vous sacrifie.
> [Bérénice,   Arrêtez, arrêtez ! Princes trop généreux (...)
> *se levant*]   Soit que je vous regarde, ou que je l'envisage,
>   Partout du désespoir je rencontre l'image.
>   Je ne vois que des pleurs. Et ne j'entends parler
>   Que je trouble, d'horreurs, de sang prêt à couler.
>   [V, 7, vv. 1468-1474]

Mais, d'autre part, comme l'indique *a contrario* la didascalie ci-dessus, Titus reprendra le dessus en termes d'*action* théâtrale seulement quand il aura réussi à subjuguer l'*actrice* Bérénice, à la réduire au rang de spectatrice ; et c'est là l'autre disdascalie, concluant la scène 5 : « *Bérénice se laisse tomber sur un siège.* » Après avoir tant résisté[28], elle repasse ici de l'autre côté de la barrière, hors du cercle actif, et son ultime tirade, à la fin de la pièce, ne la replacera en rien du côté de l'action : rendant chacun des deux héros à leur scène privilégiée, la scène épique pour l'un, la scène élégiaque pour l'autre, elle s'exclut désormais du jeu en s'abstenant d'être spectatrice de l'un et en refusant de devenir spectatrice de l'autre. Plus d'action pour elle : mais n'a-t-elle pas été – initialement concurrencée par Antiochus – la première actrice de cette « histoire douloureuse » achevée, de ce spectacle sans cesse renouvelé – tantôt mélancolique et tantôt horrible – de « l'amour la plus tendre et la plus malheureuse » [vv. 1503-1504] ?

---

25. Faut-il noter la résurgence du scénario érotique, avec la nuit pour décor et les lumières comme éclairage : « De cette nuit, Phénice, as-tu vu la splendeur... » [I, 5, v. 301]

26. Quand Titus déclare, par exemple en IV, 5, vv. 1051-1053 : « Forcez votre amour à se taire ; / Et d'un oeil que la gloire et la raison éclaire / Contemplez mon devoir dans toute sa rigueur... »

27. La seconde en fait, après l'interjection emblématique de la compassion qui interrompt la tirade de Titus (V, 6, vv. 1421-1423) : « [Titus] Et je ne réponds pas que ma main à vos yeux / N'ensanglante à la fin nos funestes adieux. [Bérénice] / Hélas! »

28. Voir V, 5, vv. 1303-1308 : « [Bérénice] Non, je n'écoute rien. Me voilà résolue : / Je veux partir. Pourquoi vous montrez-vous à ma vue ? (...) Je ne veux plus vous voir. [Titus] / Mais de grâce, écoutez. – Il n'est plus temps. – Madame, / Un mot. - Non. » [V, 5]

Bajazet semble alors explorer l'autre versant, celui des possibilités attachées au rôle de spectateur dans le cadre général d'un poème élégiaque :
— la méfiance à l'égard du spectacle, de la part d'Atalide et de Roxane (on retrouve là la fameuse délicatesse des femmes du sérail) ;
— mais plus généralement, l'attente, la suspension à l'histoire d'autrui.

Car dans *Bajazet*, tout spectateur est d'abord un premier acteur en attente, dont l'histoire est suspendue par l'infraction d'une histoire concurrente qui l'invalide. Le renversement (d'un acteur dans la position de spectateur) peut s'effectuer de deux façons, par confrontation ou par emboîtement.

Le cas de la confrontation est exploité dès *Bérénice* : à l'acte II, scène 4, Titus est mis fortuitement en présence d'un scénario horrible ; l'*ekphrase* amorcée de la mort de Bérénice en cas de séparation l'oblige à abandonner son rôle de premier acteur dans un canevas épique. Mais *ipso facto*, la réaction verbale de Titus (qui relève du trouble, d'une éloquence suspendue) fonctionne pour Bérénice comme indice d'une incompatibilité surprenante avec celui qu'elle tient pour spectateur :

> [Bérénice] Moi, dont vous connaissez le trouble et le tourment
> Quand vous ne me quittez que pour quelque moment ;
> Moi, qui mourrais le jour qu'on voudrait m'interdire
> De vous...
> [Titus]   Madame, hélas ! que me venez-vous dire ?
> Quel temps choisissez-vous ? Ah ! de grâce, arrêtez.
> [II, 4, vv. 613-617]

L'injonction de parole qui en découle (« Achevez (...) Parlez (...) Eh bien ? » [vv. 623-624]) reste insatisfaite, comme celle de Roxane envers Bajazet en II, 1[29]. L'attente peut commencer.

La suspension peut aussi s'obtenir par emboîtement : une histoire est suspendue à la conclusion d'une autre. Là où seul Antiochus voyait son histoire soumise à celle de Titus et Bérénice, le procédé est généralisé dans la pièce suivante. Avant d'offrir à Bajazet le premier rôle dans une histoire épique, Roxane entend achever l'histoire galante où elle-même tient le premier rôle et Bajazet le second. De même, Acomat soumet l'histoire (machiavélique) qu'il écrit à l'invention d'une histoire galante au

---

29. Voir II, 1, vv. 557-561 : « [Roxane] De ma sanglante mort ta mort sera suivie. (...) / Tu soupires enfin, et sembles te troubler. / Achève, parle. [Bajazet] O ciel, que ne puis-je parler! / [Roxane] Quoi donc! que dites-vous ? Et que viens-je d'entendre ? »

sein du sérail. Les histoires d'Atalide et de Roxane sont interdépendantes. Cette complication dans le processus d'attente et de suspension s'accompagne d'une complication secondaire dans la répartition des rôles, la place étant ménagée pour un second acteur, emploi réservé à Bajazet. Second acteur, (même s'il en est le chef formel), dans l'histoire politico-romanesque qui s'avère d'abord celle d'Acomat, second acteur dans l'histoire d'amour la plus tendre que construit Atalide, second acteur dans la conquête amoureuse où triomphe Roxane, Bajazet est en deuil de sa propre histoire triomphale, qui se réaliserait sans adjuvant galant :

> Du sérail, s'il le faut, venez forcer la porte ;
> Entrez accompagné de leur vaillante escorte.
> J'aime mieux en sortir sanglant, couvert de coups,
> Que chargé, malgré moi, du nom de son époux.
> Peut-être je saurai dans ce désordre extrême,
> Par un beau désespoir me secourir moi-même,
> Attendre, en combattant, l'effet de votre foi,
> Et vous donner le temps de venir jusqu'à moi. [II, 4, vv. 629-636][30]

Plus qu'amoureuses délicates, Roxane et Atalide ont alors en commun d'être avec Acomat des acteurs en attente, spectateurs forcés d'histoires qu'ils ne maîtrisent pas, et d'expérimenter toutes les variantes de l'attente : l'inquiétude[31], la surprise[32], la crainte bien sûr[33] et, une fois la révélation obtenue – fût-elle horrible –, le soulagement :

> Ah ! je respire enfin (...). [IV, 5, v. 1274]

---

30. Marginalisation du héros cornélien faudrait-il dire, jusqu'au seuil de la fiction, car, comme pour *Bérénice*, le modèle cornélien (non pas de générosité, mais de courage) revient *in extremis*, sanctionner – dans sa mort – la naissance de Bajazet à l'héroïsme telle qu'il l'avait exactement souhaitée dans les vers de l'acte II rappelés ci-dessus. Car ce ne sont point les muets ni Orcan qui tuent Bajazet telle une victime sacrifiée sans défense sur l'autel de la jalousie, mais les soubresauts de la rébellion qui a enfin osé « forcer la porte » comme il était demandé en II, 4 ; voir V, 9, vv. 1700-1703 : « Bajazet était mort. Nous l'avons rencontré / De morts et de mourants noblement entouré, / Que vengeant sa défaite et cédant sous le nombre, / Ce héros a forcés d'accompagner son ombre. »
31. Voir Roxane ; III, 6-7, vv. 1062-1065 : « Ce jour me jette aussi dans quelque inquiétude. / (...) / De tout ce que je vois que faut-il que je pense ? »
32. Voir Acomat, II, 3, vv. 573-576 : « Seigneur, qu'ai-je entendu ? Quelle surprise extrême! / Qu'allez-vous devenir ? Que deviens-je moi-même ? / D'où naît ce changement ? Qui dois-je en accuser ? / O ciel! » Ou encore Roxane, en III, 6, vv. 1033-1034 : « De quel étonnement, ô ciel! suis-je frappée ? / Est-ce un songe ? Et mes yeux ne m'ont-ils point trompée ? »
33. Citons, entre mille exemples, Atalide, en I, 4, vv. 335-336 : « Je prévois déjà tout ce qu'il faut prévoir. / Mon unique espérance est dans mon désespoir. » [I, 4].

s'exclame Roxane, et cette respiration est celle du personnage rendu à son rôle d'acteur. Elle est tout autant, sur le mode non tragique, celle d'Antiochus se donnant à l'illusion d'une histoire possible :

> Arsace, laisse-moi le temps de respirer. [III, 2, v. 774]
> Oui, je respire, Arsace, et tu me rends la vie :
>
> J'accepte avec plaisir un présage si doux. [III, 2, vv. 828-829]

Ce à quoi répond en tout logique l'*étouffement* de Bérénice dans le seul et bref moment de suspens, d'indécision qu'elle connaît (en IV, 1-2) – et son monologue peut se lire comme le résumé d'une réflexion – déployée dans *Bajazet* – sur le suspens du spectateur devant l'hypothèse de la tragédie :

> Moments trop rigoureux,
> Que vous paraissez lents à mes rapides vœux !
> Je m'agite, je cours, languissante, abattue ;
> La force m'abandonne, et le repos me tue.
> Phénice ne vient point ? Ah ! que cette longueur
> D'un présage funeste épouvante mon cœur ! [IV, 1, vv. 953-958]

En conclusion de ce parcours, Racine nous est apparu à l'œuvre, expérimentant au cœur même de l'intrigue les points névralgiques de sa poétique. *Bérénice* est le moment où Racine travaille sur les effets liés aux spectacles (tendres ou féroces) de la douleur. *Bajazet* est le moment consécutif – appelé par les critiques adressées à l'encontre de *Bérénice* – où Racine réfléchit aux effets de l'attente et de la suspension du spectacle douloureux, bref, à l'intérêt dramatique de la tragédie. Et la « grande tuerie » qui laissa Madame de Sévigné froide n'est pas autre chose : loin de prendre le contre-pied de la Préface de *Bérénice*, elle doit s'apprécier à cet autre niveau, à travers la spectatrice archétypale qu'y devient Atalide, comme condensé conclusif sur les effets du retardement (scène 8), de la surprise (scène 10) et du désespoir, d'abord gérable (scène 11 : fuir le théâtre) puis intolérable (scène 12 : le suicide). C'est ainsi que *Bajazet* livre précisément à ce niveau des situations de communication intra-fictionnelles une enquête sur l'intrigue comme *art du suspens*.

Mais qu'elle s'attache aux effets du spectacle douloureux ou aux effets du suspens, la poétique racinienne présente dans les deux pièces une commune aptitude des personnages orientaux à poétiser une parole monumentale dans une histoire exemplaire. D'Antiochus à Bérénice, de Roxane à Atalide, une même propension à jouer de la beauté des formes contre l'horreur du néant : Nietzsche nommera cet équilibre monumental posé contre l'insoutenable vérité, l'art apollinien de la tragédie classique – Apollon, toujours.

Maria Papapetrou-Miller
(Université de Nicosie, Chypre)

RACINE EN GRÈCE : L'EXEMPLE DE *MITHRIDATE*

Athènes, le 21 octobre 1968, deux heures du matin. Deux silhouettes étranges sont assises devant « Athinea », sur les marches conduisant à l'entrée du théâtre. Depuis peu on joue *Esther* de Racine dans l'une des salles, tandis qu'on s'apprête à jouer *Dom Juan* de Molière dans l'autre. Heureuses de se retrouver au bout de trois siècles, les silhouettes discutent d'une voix surhumaine. Elles parlent de leurs différends, de leurs œuvres dramatiques, de leurs inquiétudes concernant le succès de leur pièce respective à Athènes, sa genèse, la vie à la cour de Louis XIV, les préjugés de leurs contemporains à l'égard des acteurs, leurs rapports avec les jansénistes ou les dévots, elles expriment, enfin, leur avis au sujet du théâtre grec. Leurs propos sont recueillis dans un article de journal, paru le lendemain, intitulé « *À l'heure où parlent les fantômes* »[1]. Vous avez certainement reconnu les locuteurs, qui ne sont autres que Molière et Racine. Voilà par quelle astuce advint ce qui ne s'accomplit jamais du vivant de Racine. Car en réalité le dramaturge ne mit jamais les pieds en Grèce. Ses biographes affirment qu'en dehors de son séjour à Uzès et de ses déplacements lors des campagnes de Louis XIV dans le cadre de son travail d'historiographe du roi d'août 1662 jusqu'à juin 1663, il ne quitta point l'Île de France[2]. Racine n'aurait même pas vu la mer, symbole de la Grèce[3]. Dans son étude monumentale des relations entre Racine et la Grèce, R.C. Knight[4] signale que Racine s'était fait une

---

1. Τα Νέα, 22 octobre 1968.
2. J. Rohou, *Jean Racine*, Paris, Fayard, 1992, p. 76.
3. R. Elliot, *Mythe et Légende*, Paris, Minard, 1969, p. 31.
4. *Racine et la Grèce*, Paris, Librairie A.G. Nizet, 1974.

image plastique de la Grèce tout en étant privé de contacts directs avec le monde grec. Ses descriptions de lieux mythologiques, où les héros grecs de ses tragédies exécutent des actions grandes et parfaites selon les préceptes d'Aristote, évoquent un monde bien lointain, bien différent du réel. Comme historiographe du roi, Racine le savait sans doute. Mais peu importe. Cet exposé a un autre but : tenter de clarifier les questions suivantes : pendant les trois siècles qui nous séparent du dramaturge français les Grecs le connaissent-ils ? De quand date leur connaissance et dans quelles circonstances eut-elle lieu ? Jouent-ils ses pièces ? Les lisent-ils ? Les traduisent-ils dans leur langue ? Lui qui fut tant inspiré par la Grèce antique, exerce-t-il en retour une influence quelconque sur la littérature ou le théâtre néo-helléniques ? Au pays où naquit le théâtre apprécie-t-on les œuvres de Racine, reconnaît-on son génie ? Durant ce parcours nous nous attacherons à la tragédie *Mithridate*, car il est possible de l'éclairer à travers son exemple, même si d'autres tragédies raciniennes, surtout *Phèdre*, sont privilégiées dans le monde grec, comme dans le théâtre français, d'ailleurs[5].

Pourquoi *Mithridate* ? Il s'agit de l'unique pièce de Racine à avoir été traduite entièrement en grec dans la Méditerranée, une fois dans l'île de Chypre, une autre fois à Alexandrie. C'est une des rares fois que l'on prête autant d'attention à cette tragédie mal connue, « empruntée à l'histoire romaine suggérée par le modèle cornélien[6] », « à sujet simple transformé en sujet à action complexe[7] » « largement sacrifiée par la critique moderne, la moins appréciée des œuvres de la maturité, alors que ce fut l'un des moins contestables succès de son auteur, qui désarma jusqu'à ses ennemis les plus retors[8] » et qu'elle ait marqué l'apogée du théâtre de Racine en 1673.

Au siècle glorieux de Louis XIV la Grèce n'existe pas en tant qu'État. Elle n'est rien qu'une province désolée de l'empire ottoman. Depuis la chute de Constantinople, en 1453, la région où vécurent Eschyle, Sophocle et Euripide ainsi que les héros qu'ils avaient immortalisés pour renaître des siècles plus tard grâce à la plume de Racine, avait effectivement cessé d'être province byzantine. En 1669, quatre ans avant *Mithridate* (1673), la conquête

---

5. J. Morel, *Racine en toutes lettres*, Paris, Bordas, 1992, p.112.
6. Ch. Delmas, *La Tragédie de l'âge classique, 1553-1770*, Paris, Seuil, 1994, p. 156.
7. G. Forestier, « Dramaturgie racinienne (Petit essai de génétique théâtrale) », *Littératures Classiques*, 26, 1996, p. 31.
8. A. Rykner, « Mithridate ou beaucoup de bruit pour rien », dans *Racine et Rome, Britannicus, Bérénice, Mithridate*, recueil d'articles réunis sous la direction de S. Guellouz, Paradigme, Orléans, 1995, p. 199.

de la Crète, dernier bastion grec, couronna les efforts des Turcs pour restituer l'unité géographique et économique dans l'ensemble de l'espace géopolitique de la Méditerranée de l'Est[9]. Leur suprématie était brisée uniquement par la présence des Vénitiens dans les îles ioniennes, réalité non sans rapport avec la parution de Racine à Chypre, à travers la traduction de *Mithridate* au début du XXe siècle.

Au XVIIe siècle la Grèce vit dans les ténèbres. La civilisation de l'âge d'or de Periclès est éteinte, elle ne possède pas de langue nationale, elle se trouve sans littérature, sans théâtre. Dispersés, les Grecs ne connaissent même pas leurs illustres ancêtres. Selon toute évidence, les contemporains grecs de Racine ignoraient alors jusqu'à son nom. Toutefois, l'obscurité intellectuelle dans laquelle avait sombré ce coin de la Méditerranée en raison de la conquête turque et l'effort d'en sortir sont inextricablement liés à la diffusion de son œuvre chez les Grecs.

La fin des ténèbres en Grèce coïncide, il n'est point fait d'exception à la règle, avec l'arrivée des Lumières. C'est le monde grec de la diaspora qu'avaient d'abord atteint les premières lueurs, avec cinquante ans de retard, c'est-à-dire vers 1775[10], lorsqu'en France « les principales idées qu'il a mûries trouvent leur plénitude et leur complète expression, en même temps qu'éclatent leurs ambiguïtés et leurs antinomics[11] ». Les Grecs de la diaspora habitaient une région fort éloignée de la Méditerranée, qui s'étendait des Balkans jusqu'à la Russie. Ces provinces ottomanes à l'Est du Danube bénéficiaient d'une autonomie relative, car elles étaient dirigées par des souverains phanariotes, habitants Grecs de Phanari, quartier de Constantinople, où le Patriarcat grec s'installa en 1601, suite à des pérégrinations diverses après la chute de la capitale byzantine.

De nombreux érudits grecs, qui s'étaient rendus à l'Ouest non plus pour instruire, mais afin d'être instruits, s'étaient rassemblés à Iasio et Bucarest en Moldovalachie, à Odessa et ailleurs, où, en diffusant leur savoir, ils permirent l'établissement des conditions qui devraient bientôt rendre possibles l'acception et l'assimilation des Lumières, non seulement par les Grecs, mais aussi par les populations des pays d'accueil[12]. En outre, les cours des souverains

---

9. *Histoire de la Nation Grecque* (en grec), Ekdotiki Athinion, Athènes, 1977, vol. IA, p. 8.
10. K. Th. Dimaras, *L'âge grec des Lumières* (en grec), Athènes, Ermis, 1998 (1977), p. 1.
11. M. Delon, R. Mauzi et S. Menant, *Littérature Française*, t. 6, *De l'encyclopédie aux méditations*, Paris, Artaud, 1984, p. 108.
12. Mario Vitti, *Histoire de la Littérature Néo-hellénique* (en grec), Athènes,

grecs furent des centres d'attraction d'éléments de civilisation occidentale où fleurit la culture hellénique.

Dès la fin du XVIIᵉ siècle, les phanariotes avaient pris de nombreuses initiatives pour développer les lettres, surtout en encourageant les éditions et les traductions[13].

Les auteurs qui tiennent le sceptre des traductions sont Metastase, Goldoni, Molière et Voltaire[14]. En attendant, « l'affermissement de l'apprentissage des langues occidentales, apte à éveiller une attitude propice à vouloir découvrir le classicisme français[15] », les Grecs traduisent leur contemporain Voltaire puisque, source de scandales et symbole de défis, il nourrit les lettres grecques d'un esprit de libéralisme bénéfique, aux heures difficiles de la préparation de la lutte contre les Turcs.

En effet, après 1789, en même temps que les Lumières, le vent révolutionnaire venu de France pousse le peuple grec à vouloir secouer le joug ottoman qui pèse sur lui depuis quatre siècles. Au début du XIXᵉ siècle les communautés grecques s'étaient enracinées partout en Europe. De Paris, où il professait que l'instruction était la seule arme que l'on pouvait lever contre le barbare occupant, le docte Adamantios Koraïs expédiait, en 1819, cinq tomes comprenant les ouvrages de Racine[16].

Dans ce climat d'effervescence à la fois intellectuelle et révolutionnaire, naît ou renaît le théâtre néo-hellénique grec, selon que les historiens considèrent l'âge d'or du théâtre crétois de la Renaissance avant la chute de l'île aux mains des Turcs ou non[17], et il se met au service de la cause révolutionnaire. C'est lors de l'apogée des Lumières helléniques et à la veille de la révolution grecque de 1821 que Jean Racine apparaît, pour la première fois, sur la scène grecque, avec une triple contribution.

Tout d'abord, il sert de mesure pour évaluer les exploits des doctes de la diaspora, qui reconnaissent sa transcendance en matière théâtrale. Puis, ses œuvres servent de modèles aux premières – et non seulement – tragédies composées en langue grecque à l'époque en question. Finalement, on rattache sa contribution à une victoire sociale du théâtre.

Racine est, en effet, le dramaturge auquel se réfèrent, pour louer

---

Odysseas, 1994 (1978), pp. 129-130.

13. K. Th. Dimaras, *op. cit.*, p. 32.

14. D. Spathis, *L'âge des Lumières et le théâtre Néo-hellénique* (en grec), Salonique, Univ. Studio Press, 1986, p. 16.

15. K. Th. Dimaras, *op. cit.*, p. 70.

16. En même temps que cinq tragédies de Corneille et huit comédies de Molière, D. Spathis, *op. cit.*, p. 68.

17. *Ibid.*, p. 9.

leurs prouesses, deux personnalités prédominantes à l'aube de la littérature néo-hellénique : Iakovos Rizos Neroulos et Iakovos Rizos Rangavis, dans les circonstances suivantes : les Grecs qui avaient conçu l'idée de faire une révolution pour secouer le joug ottoman étaient d'accord pour purifier « l'affreux mélange » parlé par le peuple et restituer une langue nationale commune à tous les Grecs. Leurs avis différaient, cependant, sur la manière d'y arriver. En 1813, Iakovos Rizos Neroulos, le père de la tragédie néo-hellénique[18] qui, comme la plupart des phanariotes, préconisait le retour à la langue grecque ancienne, publie sa première comédie en trois actes intitulée *Korakistika*, signifiant « jargon », « baragouin », « charabia », pour ridiculiser le système proposé par A. Koraïs. La comédie fit date et dans l'histoire de la littérature néo-hellénique, et dans la grande querelle linguistique. Elle fut jouée, applaudie et jugée, aussi bien par des écrivains grecs qu'étrangers – français compris – pièce monumentale du point de vue historique et linguistique. Or, à la même époque, Neroulos avait également publié à Vienne deux tragédies, *Aspasia* (1813) et *Polixène* (1814), qui connurent autant de succès. D'où l'épigramme du poète Alexandros Mavrokordatos :

> En effet, il s'imposa à toutes les tragédies,
> Racine, le plus tragique des poètes français.
> Pourtant, lorsqu'il tenta d'écrire des comédies,
> Il n'y réussit guère et tout de suite il se désespéra.
> Mais toi, tu réussis les deux à rallier
> Et tu écrivis et des comédies et des tragédies.[19]

Membre du conseil d'inspection du Théâtre Grec de Bucarest et voulant contribuer à l'enrichissement de son répertoire théâtral, Iakovos Rizos Rangavis traduisit en langue grecque *Phèdre*, représentée les premiers jours de 1820. Des années plus tard, le fils de Rangavis, Alexandros, écrit dans ses Mémoires que les traductions des œuvres françaises de son père étaient des chefs d'œuvre. Quant à son cousin Neroulos, il pousse l'adulation jusqu'à l'extrême en posant une grande question à travers un couplet inimitable :

> Ο Ρίζος ο Ιάκωβος μετέψρασεν Ρακίνον,
> Αυτόν εκείνος, ή αυτός μετέψρασεν εκείνον ;

---

18. N. Lascaris, *Histoire du Théâtre Néo-hellénique* (en grec), Athènes, M. Vasiliou, 1938, vol. 1, p. 132.
19. *Ibid.*, p. 126.

ce qui signifie : « Iakovos Rizos a traduit Racine. Celui-ci a-t-il traduit celui-là ou bien celui-là a-t-il traduit celui-ci ? »[20]. Autrement dit, il éprouve de la difficulté à déterminer lequel est le prototype !

Qui croirait que les Grecs se tourneraient vers des dramaturges étrangers, y compris Racine, pour se créer un nouveau théâtre ? C'est ironique, c'est tragique, mais c'est pourtant vrai.

Le nom de Racine fut lié à une tentative française de s'attribuer la paternité du théâtre néo-hellénique. La tentative est faite par Philéas Lebesque lorsqu'il prétend[21] que les traductions par Iacovos Rangavis de *Phèdre* de Racine, de *Cinna* de Corneille et de *Zaïre* de Voltaire auraient ouvert la voie à Athanasions Christopoulos pour écrire à Bucarest (vers 1809) sa tragédie *Achilleas*, première œuvre dramatique du théâtre néo-hellénique[22]. En admettant qu'au début du XIXe siècle « un nouvel enfant théâtral de l'Europe était né [et qui] se tournera vers sa mère assez régulièrement et il en gagnera les progrès sans retardement et sans hésitations »[23], l'influence étrangère ne peut être que fatale. Pourquoi ne proviendrait-elle pas des œuvres de Racine ? D'autant plus que récemment furent signalées des analogies entre *Polyxène* et l'*Andromaque* de Racine :

> Au sujet de la technique dramatique, l'ambition de Iakovos Risos Neroulos l'a poussé à tenter quelque chose d'audacieux. Il voulut, en composant *Polixène*, marcher aux pas de l'*Andromaque* de Racine, créer un conflit polymorphe où se développent et se nouent des poursuites individuelles qui s'excluent les unes des autres, des passions et des obligations morales. La tentative dépassait les capacités de l'écrivain, ainsi le résultat s'avéra-t-il fatal.[24]

En 1875, une œuvre racinienne est proposée comme modèle par le jury des concours poétiques tenus à Athènes depuis 1851, à un dramaturge grec, dont la peinture du héros serait faible[25]. Ce n'est

---

20. *Ibid.*, p. 216 ; Y. Kordatos, *Histoire de la littérature Néo-hellénique depuis 1453 jusqu'en 1961* (en grec), Athènes, Epikerotita, 1983, vol. 1, p. 252.
21. *La Grèce Littéraire d'aujourd'hui*, Paris, 1906, p. 50.
22. N. Lascaris, *op. cit.*, p. 116.
23. Y. Sideris, *Histoire du Théâtre Néo-Hellénique, 1794-1944*, T. I, Athènes, éd. Icaros, p. 30.
24. D. Spathas, *op. cit.*, p. 26.
25. Voir le rapport dressé par le jury, pp. 41-45, cité par P. Moullas, *Les concours poétiques de l'Université d'Athènes, 1851-1877*, Athènes, Archives historiques de la

autre que *Mithridate*. Voilà la première mention de cette tragédie chez les Grecs.

A la fin du XIXe siècle, le théâtre néo-hellénique avait parcouru un bon chemin, sans pour autant produire d'œuvres notables. Enthousiasmé par *Favsta*, tragédie de 1893 inspirée de l'histoire de Byzance, un critique déclare que « *Phèdre* de Racine, ce monument de la littérature française, est très inférieure à *Favsta* »[26]. Racine demeure le point de mesure.

Arrivons-en à la contribution de Racine à la dite « victoire sociale » acquise par le théâtre néo-hellénique[27]. Comme il a été dit plus haut, les tragédies composées ou jouées à Bucarest ou à Odessa à la veille de la révolution grecque visaient à inspirer le patriotisme aux Grecs et à les exhorter à mépriser et haïr la tyrannie. Résultat des représentations théâtrales, outre la libération de la Grèce, le prestige de la scène fut renforcé, causant ainsi l'effondrement des préjugés sociaux qui empêchaient les femmes d'y participer[28]. Inversement, aucune troupe théâtrale ne pourrait enrichir son répertoire avec des tragédies comme *Phèdre* sans s'assurer des femmes pour les rôle des héroïnes. Par conséquent, la création de cette œuvre qui ne présente aucun intérêt patriotique, constitue une raison majeure pour que des femmes soient montées sur la scène dramatique grecque aussi tôt.

Avant l'achèvement du XIXe siècle, Racine est suffisamment bien connu en Grèce pour soulever des disputes, d'où la tentative d'un jeune professeur de mettre les choses au point. Les propos autour de Racine mis en évidence sont encore motivés non pas par *Mithridate*, mais par *Phèdre*.

Le 1er mai 1883, Athanasios Phylactou, âgé de 23 ans, originaire de Serres, soutient une thèse de doctorat à l'École de Philosophie de l'Université Nationale d'Athènes, intitulée *Autour d'Hippolyte d'Euripide et de Phèdre de Racine*[29]. Voilà ce qu'il écrit dans son Prologue :

> J'ai entendu avec éblouissement bien des choses
> qu'ont écrites des hommes de science et des
> précisions autour de l'*Hippolyte* d'Euripide et de

Jeunesse Grecque, 22, 1989, p. 337.
26. Y. Sideris, *op. cit.*, p. 88.
27. E. Chandriotis, « le Théâtre et (la révolution de) 1821 » (en grec), *Epitiris Pedagogikis Acadimias Kyprou, 1972-73*, Nicosie, éd. Anagennisis, 1973, pp. 117-124.
28. D. Spathis, *op. cit.*, p. 66.
29. Περι Ευριπιδου Ιππολυτου προς την Ρακίνα Φαίδραν, Αθènes, 1883, réédité Athènes 1980.

Phèdre de Racine et je les ai jugées à leur juste
valeur. Alors qu'un certain nombre parmi eux ont
auréolé l'un des deux poètes d'une lumière brillante
tout en obscurcissant l'autre en employant telles
paroles que je n'ai pas réussi à comprendre au profit
de qui ces éminents fils d'Aristarque les ont utilisées
avec tant d'audace, bien qu'ils connussent peu du
sujet, et nous dirons qu'ils ont traité l'œuvre à la
hâte et avec peu de sérieux. Et s'ils étaient en
désaccord à propos de choses insignifiantes on
pourrait adhérer à leurs idées. Néanmoins, vue la
discordance considérable de leurs jugements et le fait
qu'ils agissent de manière méprisante à l'égard de la
science, ils n'ont point droit au pardon, mais ils
méritent d'être jugés avec équité, ainsi qu'ils l'ont
été.

Les traductions des œuvres de Racine[30]

La présence racinienne est constante en Grèce à travers les
traductions de presque toutes ses œuvres. Depuis les premiers pas
du théâtre néo-hellénique à Bucarest et à Odessa d'avant la
révolution grecque jusqu'à aujourd'hui, il y eut trente-sept
traductions, y compris les deux de *Mithridate.*

Iphigénie tient le record avec neuf traductions, *Phèdre* et
Andromaque suivent avec sept, puis viennent *La Thébaïde* et *Esther*
avec trois. *Mithridate* est en quatrième position avec *Britannicus* et
Les Plaideurs avec deux, et en dernier *Bérénice* et *Alexandre le
Grand* avec une seule traduction. *Athalie* et *Bajazet* n'ont pas été
traduites en grec.

On pourrait comprendre l'exclusion d'*Athalie*, pièce juive, alors
que l'absence de *Bajazet*, pièce turque, ne surprend personne, tout
au contraire.

La première traduction d'une œuvre de Racine, *Phèdre*,
mentionnée plus haut, remonte, à mon avis, à une date postérieure à
sa création à la veille de la révolution grecque de 1821. Étant isolée
dans un point de la diaspora grecque, Bucarest, où les commentaires
des historiens de la littérature et du théâtre néo-hellénique laissent
imaginer une activité de traduction et des rapports avec les classiques
français, Racine compris, assez intenses, on est invité à chercher

---

30. Mes remerciements à Madame A. Tambaki, chercheur au Centre National de
Recherche Scientifique Grec, grâce à qui j'ai trouvé la trace de dix-neuf traductions
grecques des œuvres de Racine.

davantage dans les archives en dehors de la Grèce. En 1828, deux années avant la fondation de l'État Grec, on trouve encore une traduction de *Phèdre*. Conséquence assurée des Lumières, le chemin s'ouvre à une série de traductions qui se succèdent dans les années trente, puis celle de 1845. La deuxième moitié du XIXe siècle se montre très féconde, avec généralement deux traductions par décennie. A deux reprises nous avons même deux traductions au cours de la même année. Par la suite, le début du XXe siècle est marqué par *Mithridate* et *Iphigénie* à l'Est de la Méditerranée. L'activité des années trente est quasiment calquée sur celle de la même époque au siècle précédent. 1968 voit deux traductions, puis une traduction isolée en 1978. Finalement, au bout d'une longue absence, Racine revient parmi les Grecs cinq fois durant les années 90, comme si la postérité d'Eschyle, de Sophocle et d'Euripide désirait participer aux honneurs rendus à l'illustre dramaturge.

Géographiquement, les traductions se répartissent quasiment dans toute l'étendue du pays qui a pris, entre temps, la forme que nous lui connaissons aujourd'hui, incluant Constantinople et Smyrne, restées pourtant aux mains des Turcs. Deux sont sans lieu. Il y en a une à Chypre, à Lamia, à Destouni, à Cavalla, à Salonique, à Ioaninna, dans les îles de Syra et de Mytilène, à Constantinople, à Bucarest, en Égypte (à Alexandrie et au Caire) et à Smyrne, trois à Ermoupolis, et seize à Athènes, reconnue désormais comme le centre de l'hellénisme. Absence totale de Racine au Péloponèse, où aucune activité théâtrale n'est mentionnée, en Crète et à l'Heptanèse où, au contraire, le théâtre était florissant, mais sous influence italienne[31]. La traduction de *Mithridate* à Chypre fut, nous le verrons, le résultat indirect des rapports de son traducteur avec Corfou, une des îles de l'Heptanèse, et avec la culture italienne.

Qui sont les traducteurs des pièces de Racine ?

Qu'est-ce qui a motivé les traductions ?

Tant que nous ne nous serons pas penchée sur chaque œuvre individuellement, nous n'aurons pas déterminé les causes réelles ou probables de leur apparition en Grèce. Passons également par-dessus les quelques informations recueillies, pour rester auprès de *Mithridate* qui nous a préoccupée durant les mois qui viennent de s'écouler.

---

31. N. Lascaris, *op. cit.*, vol. 2 ; P. Antipas, *Le Théâtre de l'Heptanèse et le Mélodrame Grec*, Athènes, I. Felekis, 1978.

Mithridate

Le premier extrait de la traduction de *Mithridate* en langue grecque parut, pour la première fois, dans la revue *Cosmos* d'Alexandrie, le dimanche 27 juin 1901. Le reste de la pièce se divisa en onze extraits que les lecteurs de la revue ont pu lire durant les dimanches suivants jusqu'au 19 septembre. La traduction est en prose et la langue utilisée est la katharevousa, la langue littéraire. Elle s'adressait à la prospère et florissante communauté grecque de cette ville égyptienne, au sein de laquelle vivaient de nombreux Chypriotes grecs. Comme le traducteur de *Mithridate* signe par le pseudonyme « Apodimos », signifiant « immigré », j'ose supposer qu'il était originaire de Chypre, exactement comme celui du texte que j'ai trouvé sur cette île récemment, hypothèse qui reste à vérifier.

Mithridate de Chypre se présente sous forme manuscrite, ne porte pas de date et est traduite en vers[32]. Elle est signée Ieronymos Varlaam (1849-1915)[33], un des érudits les plus considérables de Chypre. Il vécut et enseigna le grec à Larnaka, capitale de l'île à l'époque. Ses origines, son érudition, sa double culture italienne et grecque, ses rapports avec l'Europe, sa connaissance des langues et son esprit inquisiteur font de lui un être exceptionnel, et fournissent des éléments de réponse à toutes les questions qui se lèvent autour de sa relation avec Racine, mais surtout avec *Mithridate*.

Ieronymos Varlaam était le petit-fils de Gerolamo Varlaam, originaire de l'île de Kerkyra (Corfou), à l'Heptanèse, catholique romain et médecin dans la flotte vénitienne. Arrivé à Larnaka en 1770, il fut persuadé par la prospère société européenne qui y habitait alors de s'y établir. Il y épousa la vénitienne Maria Sacramora et eut trois enfants, dont Marco Varlamo, père de Ieronymos. Sa mère était orthodoxe grecque. De ce fait, il avait hérité d'une forte conscience grecque, bien qu'il fît des études brillantes à l'Instituto Italiano in Cipro avant de continuer à l'École Grecque de Larnaka. Après un bref séjour à Alexandrie (1873) il étudia pendant deux à l'Université d'Athènes (1877-1879). Sa

---

32. Les tout premiers résultats de l'étude de *Mithridate* de Chypre ont été présentés dans mon article intitulé « La tragédie *Mithridate* de Racine : une traduction inconnue de I. Varlaam », publié dans la revue Μικροψιλολογκά, vol. 4, Nicosie, automne 1998, pp. 23-25.

33. Sa biographie nous a été donnée par son petit-fils, le père Sophronios, en même temps que le manuscrit de *Mithridate*, ce dont nous le remercions de tout cœur. Elle figure cependant dans tous les ouvrages biographiques consacrés aux lettrés de Chypre. Voir *Dictionnaire Biographique de Chypriotes, 1800-1920*, A. Koudounaris, Nicosie, Fondation Pierides, 1991 (2e éd.).

carrière de professeur de grec à l'École Latine à Larnaka et dans deux écoles grecques dura quarante ans, jusqu'à la première décennie du XXe siècle. Chez les premiers, elle fut interrompue en 1880, lorsqu'il protesta contre les mauvais traitements des enfants grecs par les ecclésiastiques latins. Homme modeste, désintéressé, réservé, accablé du chagrin causé par la mort de plusieurs membres de sa famille et aimant la solitude, il préférait s'adonner à l'étude. Ainsi avait-il renoncé à divers postes prestigieux et vivait dans la pauvreté avec sa famille. Il n'est pas sans importance qu'une tante et une cousine de Varlaam aient été liées maritalement l'une avec le comte français François de Saint-Amant, l'autre avec le comte Brunoni, et sa sœur avec le consul autrichien. Cela lui assurait un contact avec des maisons européennes aussi bien à Chypre qu'en Europe même. Vrai adepte des lettres grecques, philologue, grand connaisseur des Anciens, écrivain et traducteur, il maîtrisait les langues italienne, française, latine et anglaise. Outre ses analyses et commentaires des textes des auteurs grecs anciens, des discours, des études, des poèmes, le vaste dictionnaire de synonymes Grec-Latin-Français-Italien-Anglais, sa contribution dans les journaux de Trieste et autres périodiques, l'édition de trente-six numéros de la revue *Cosmos* apparaissant tous les quinze jours entre févier 1909 et février 1911, on compte plus de soixante-dix-huit traductions[34], généralement de l'italien.

Parmi les livres dispersés de Varlaam, nous n'avons pas trouvé de texte français qui lui aurait servi pour la traduction de *Mithridate*. Probablement, il s'en était procuré un exemplaire directement de France, à l'aide des membres de sa famille. Sa connaissance de la langue française écarte tout soupçon qu'il avait traduit à partir d'un texte italien. En tout cas, les Catalogues de la Bibliothèque Nationale de France ne signalent aucune traduction de cette pièce en italien. Si mon hypothèse est juste, *Mithridate* constitue son unique œuvre traduite du français. Varlaam dut découvrir le personnage historique de Mithridate VI Eupator, le plus illustre des six rois du Pont (132-63 av. J.-C.), à travers l'histoire italienne. « ... sa vie et sa mort font une partie considérable de l'histoire romaine... », signale Racine dans sa Préface. Entre deux cultures, la culture romaine et la culture grecque, il devrait également connaître les rapports existant entre le monde grec et le royaume de Mithridate. L'histoire du Pont nous apprend qu'à la période post-alexandrine fut fondé, dans la région de Pontos (302-301 ; 64-63 av. J.-C.) un royaume ayant subi de fortes influences grecques, connu comme le royaume de

---

34. Lefteris Papaleontiou, *Traductions Littéraires de l'hellénisme élargi : Asie Mineure, Chypre, Égypte, 1880-1930*, Centre de Langue Grecque, Salonique, 1998.

Pontos hellénistique. Ce royaume semblait, superficiellement, grec ;
dans la réalité, cependant, il était régi par les formes sociales
perses[35]. L'histoire nous informe également de l'ambition et de la
tentative du roi pour fonder un royaume gréco-asiatique indépendant
de Rome[36].

À la lumière de ces faits, il est aisé d'imaginer que c'est le grand
homme, l'ennemi des Romains et l'admirateur des Grecs qui avait
séduit Varlaam plutôt que le roi oriental qui avait choqué la
sensibilité des Français. Cet avis rejoint l'ouverture de la Préface de
Racine : « Il n'y a guère de nom plus connu que celui de
Mithridate... ». Mithridate est, certes, cruel et tyrannique, mais il
n'est point le roi asiatique « monstre[37] » ou « barbare[38] ».
Songeons, d'ailleurs, à sa mort grandiose[39]. Il est bien l'homme
« qui meurt pleuré par ceux qu'il avait voulu faire périr.[40] ». Au
risque de me contredire plus tard, j'apporte comme preuve une
allusion au personnage historique de Mithridate contenue dans un
texte narratif de l'écrivain romantique allemand Heinrich Heine.
Dans le texte en question, dont l'origine m'a bien intriguée, traduit
par Varlaam, intitulé « Le Thé » et publié dans sa revue *Cosmos* en
1909 (Vol. 6, 1er mai 1909, pp. 13-14), on discerne la profonde
admiration de Heine à l'égard de Mithridate. Or, sachant que
Varlaam manifestait un grand intérêt pour la vie des grands hommes,
puisqu'il nous a laissé un cahier contenant des biographies, on peut
aisément supposer qu'il partage l'avis de Heine. Pourquoi,
d'ailleurs, aurait-il choisi de traduire un extrait de texte narratif alors
qu'à la même époque, dans tout le monde grec on traduit
essentiellement la poésie de Heine ?[41]

Le même texte pourrait nous aider à déterminer la date de la
traduction de *Mithridate*. Au printemps de 1909, le roi portant ce
nom se trouvait de toute évidence à l'esprit de Varlaam. D'un autre
côté, il paraît invraisemblable qu'il ignorât, à cette date, l'existence

---

35. *Encyclopédie de l'hellénisme du Pont, Histoire-Folklore-Culture*, vol. 3,
éd. Malliaris-Education, Athènes, t. 1, p. 29.
36. *Ibid.*, t. 3, pp. 250-251.
37. L. Van Delft, « Figures de monstres chez Racine », *Racine, Mythes et Réalité*,
Actes du colloque Racine, London, Canada, 1974, Constant Venesoen éd., Paris,
Librairie d'Argences, 1976, p. 19.
38. M. Descotes, *Racine, Guerre et Paix : Réalités et Mythes*, 1991.
39. G. Forestier, « Dramaturgie racinienne... », *op. cit.*, p. 31.
40. Donneau de Visé écrit dans *Le Mercure galant* au sujet du héros : « quoique ce
prince fut barbare, il (Racine) l'a rendu en mourant un des meilleurs princes du monde
(...) ce grand roi meurt avec tant de respect pour les dieux qu'on pourrait le donner pour
exemple à nos princes les plus chrétiens. » (*Théâtre complet*, II, p. 449, cité par
J. Emelina, « Les morts dans les tragédies de Racine », p. 177.
41. Lefteris Papaleontiou, *Traductions Littéraires...*, *op. cit.*

ou bien du roi du Pont, ou bien de la tragédie racinienne, compte tenu de sa connaissance des langues, de son amour de la lecture de l'histoire et de la littérature gréco-romaine, et enfin des rapports intellectuels qu'il entretenait avec le monde grec et européen.

Pourquoi ne pas supposer que l'allusion faite à Mithridate par Heine a ravivé l'intérêt de Varlaam pour le héros et engendré l'idée de traduire la tragédie de Racine ? Ou bien qu'il avait choisi de présenter le texte de Heine parce que l'œuvre de traduction était en progression ? La chose dont on peut être certain est que si Varlaam avait achevé la traduction avant 1909 ou pendant la publication de sa revue *Cosmos* (1909-1911), il l'aurait évidemment incluse dans ses matières. Étant donné qu'il mourut en 1915 et qu'il n'en est fait aucune allusion durant les anées 1909-1911, il est très possible qu'elle ait été l'un de ses derniers travaux intellectuels.

Indépendamment de la référence de Heine à Mithridate, le choix de Varlaam correspond bien à l'arrière-fonds historique de l'île de Chypre au commencement du XXe siècle. Des années s'étaient écoulées depuis l'arrivée sur l'île des Britanniques (1878) qui devaient remplacer l'occupant turc, et les Chypriotes étaient fort déçus de l'attitude des colonisateurs européens, car ils s'attendaient à ce que l'administration britannique soit différente de l'occupation ottomane[42]. Au lieu d'être allégés de taxes, ils en furent accablés davantage[43] ; leur aspiration, exprimée dès 1830, de s'unir avec la Grèce, pays qu'ils considéraient comme leur « mère » en raison de leurs liens de sang, de race, de religion et de langue, laissait les Britanniques indifférents. Année après année, « l'idée hellénique » trouvait son expression sous une forme ou une autre[44], comme à l'occasion de la récupération de la Crète (1908), après celle des îles Ioniennes (1880) par la Grèce. Une série de révoltes s'était produite, contribuant à maintenir allumée la passion de l' « enosis » – union avec la Grèce qui, en réalité, ne s'est jamais éteinte –. Bien sûr, l'hellénisme asservi de Chypre avait besoin de figures héroïques comme Mithridate. N'oublions pas les hypothèses selon lesquelles la tragédie de Racine est une œuvre de propagande louant l'expédition de Louis XIV contre la Hollande[45]. *Mithridate* offrait aux Chypriotes grecs la possibilité de discerner des analogies entre

---

42. C. Kyrris, *History of Cyprus*, Nicosie, éd. Nicocles, 1985, p. 304.

43. R. Katsiaounis, *Labour, Society and politics in Cyprus during the second half of the nineteenth century*, Centre de Recherches Scientifiques de Chypre, Nicosie, 1996, Ch. IV, *The Foundations of British Administration*.

44. C. Kyrris, *op. cit.*, *The Period of British rule 1878-1959* ; Sir George Hill, *A History of Cyprus*, Cambridge Univ. Press, 1972, vol. IV, p. 496.

45. V. Schröder, « Racine et l'éloge de la Guerre de Hollande », *XVIIe Siècle*, janvier-mars 1998, n° 198, p. 130.

les actions se déroulant dans l'œuvre dramatique et leurs propres péripéties politiques : leurs ennemis, les Anglais, se trouvent à l'ouest, exactement comme les Romains occupant le Pont. Du côté de l'Orient ils ont un autre ennemi, les Turcs (ils sont restés sujets ottomans jusqu'en 1914). Combien cette vérité nous rappelle le jugement de M. Descotes : « Ce Mithridate, il est de la race des Attila... »[46]. Pour le moment, cet ennemi sommeille et ce sont les autres, les Anglais, qui dominent. L'héroïne du drame, la majestueuse Monime, est d'origine grecque, même si on la qualifie d' « honnête femme française »[47]. Finalement, la relation amoureuse sans issue dans laquelle elle est impliquée, (elle souffre aux mains du cruel Mithridate et se trouve dans l'impossibilité de s'unir avec son fils Xipharès), présente des analogies avec la vision nationale et l'impasse des Chypriotes grecs. En traduisant la tragédie de Jean Racine *Mithridate*, Ieronymos Varlaam vise à ranimer les sentiments patriotiques de l'hellénisme chypriote asservi. *Mithridate* ne fut-elle pas qualifiée de tragédie de l'espoir ?

Pour clore les propos autour des traductions des œuvres de Racine, voici une nouvelle toute récente : dernière tragédie racinienne transposée en langue grecque durant les années 90, après *Andromaque* et *Phèdre*, *Bérénice* vient d'obtenir, en Grèce, le Premier Prix National de Traduction. Une victoire due au poète Stratis Paschalis, qui couronne dix ans de problématique, de persévérance et d'activité passionnelle incessantes[48], symbolisant l'osmose absolue entre la langue de Racine tant louée pour sa pureté et sa simplicité et la langue à travers laquelle il connut Aristote.

Représentations dramatiques

La présence spirituelle de Racine parmi les Grecs s'effectue aussi par les représentations de ses œuvres ou bien en langue grecque ou bien en version française, par des troupes grecques et françaises, respectivement. Les représentations données par des troupes françaises se concentrent dans les années 1959, 1960 et 1968, et elles eurent lieu au Théâtre d'Hérode Atticos dans le cadre du Festival d'Athènes. Le 21 août 1959, la troupe de Marcelle Tassencourt joua *Andromaque*, en 1960, la troupe de Marie Bell

---

46. *Racine, Guerre et paix, op. cit.*, p. 97.
47. Entre autres, G. Lanson, *Mithridate*, Paris, Hachette, 1888, p. 29.
48. *Centre de Traduction Littéraire* (C.T.L.), n° 32, Athènes, hiver 1999.

joua *Phèdre* le 10 août, *Bérénice* le 11 août et *Britannicus* le 12 août. En 1968, la même troupe joua encore une fois *Britannicus* le 6 août.

D'après les sources explorées, *Phèdre* aurait été représentée quatre fois : les premiers jours de janvier 1819 à Bucarest, le 14 avril 1896 à Athènes, en mars 1993 au Théâtre Amore, et finalement du 5 au 24 juin 1997 à Athènes par la Société de Développement Culturel, en hommage à Antoine Vitez.

Esther tient la seconde place avec trois représentations : en 1851 à Ermoupolis, à l'île de Syros, le 4 avril 1937 au théâtre Alikis à Athènes, et durant la saison d'hiver 1968 à Athènes.

Andromaque fut jouée en 1928 à l'Odéon d'Hérode à Destouni. Des extraits trouvés dans les « Lectures Dramatiques », qui est une collection d'extraits d'œuvres théâtrales publiées par le Conservatoire d'Athènes en 1903 pour l'École dramatique, incitent à supposer que la tragédie avait été traduite en vue d'être représentée sur scène. La même remarque s'applique aux tragédies *Iphigénie* et *Britannicus* pour lesquelles il n'existe pas de trace plus précise de représentation. Les spectateurs grecs ont vu *Bérénice*, au mois de mai 1994 au Théâtre National, à Athènes, puis en février 1998, au Théâtre Analia, toujours dans la capitale grecque.

Mithridate, dont la première représentation à l'Hôtel de Bourgogne, entre la mi-décembre 1672 et la mi-janvier 1673, suit un événement considérable advenu dans la carrière de Jean Racine, son élection à l'Académie Française, ne fut pas créée en Grèce, d'après les documents mis au jour jusqu'à présent. Ceci est aussi vrai pour la comédie *Les Plaideurs* et les tragédies *Alexandre le Grand*, *La Thébaïde ou les frères ennemis*, *Bajazet* et *Athalie*. Pour ce qui est d'Alexandrie et Chypre où *Mithridate* fut traduite, au stade actuel de notre recherche, les archives d'Alexandrie n'ont pas encore été étudiées. Par contre, une étude exhaustive du répertoire chypriote depuis l'Antiquité jusqu'à 1986 indique l'absence totale du théâtre de Racine de la scène chypriote, qui pourtant accueille souvent Molière[49]. Il faut admettre que comme le roi du Pont incarne une force extraordinaire contre la tyrannie, les Grecs de la diaspora, mais aussi les Chypriotes grecs auraient pu représenter *Mithridate*, les premiers à la veille de la révolution grecque, à la place de *Phèdre*, les seconds à l'époque où elle fut traduite.

---

49. M. Mousteris, *Histoire Chronologique du Théâtre Chypriote depuis l'Antiquité jusqu'en 1986* (en grec), Limassol, A. Filis, 1988.

L'accueil des Grecs

Peuple méditerranéen, les Grecs sont bien connus pour leur caractère hospitalier. La réception de Racine paraît, néanmoins, les avoir soumis à une épreuve inégalable. Il y en a d'hostiles, qui le détestent, l'attaquent sur tous les fronts, le déclarent indésirable dans la Méditerranée et qualifient ses tragédies de « contrefaçons ». Il y en a qui éprouvent de l'émotion à accueillir des œuvres puisées dans leur propre antiquité. D'autres sont chaleureux, élogieux, allant jusqu'à glorifier leur hôte français. Leurs objections rejoignent, parfois, celles exprimées par les contemporains de Racine ou les grands écrivains français et allemands[50]. Comme le fait remarquer J. Morel, « Racine est aimé ou pas aimé »[51]. Cependant un élément tout propre aux Grecs les distingue de la plupart des critiques étrangers : leur préjugé vis-à-vis de Racine. Jaloux de leurs ancêtres, ils semblent dérangés par la présence du dramaturge français sur leur territoire, à une condition près : que ses tragédies aient des sources autres que grecques. De cette manière, Racine, à la grandeur duquel on se mesurait à l'époque où le théâtre néo-hellénique cherchait des modèles pour sortir du chaos, se transforme, de façon désobligeante, en victime. Cela parce qu'il devient forcément objet de mesure à ses propres maîtres, aux ancêtres des Grecs retrouvés depuis. Il est littéralement « écrasé » par eux[52]. Cette conviction nous saisit en parcourant les premières critiques qui nous sont parvenues, engendrées par la série de représentations de *Phèdre*, d'*Andromaque* et de *Bérénice* par des troupes venues de France, mais aussi d'*Esther*, dans les années 60. Les critiques grecs des années 90 paraissent conscients de l'injustice faite à l'égard du poète français, résultant de la comparaison avec leurs archétypes. À l'occasion des représentations récentes de *Phèdre* et de *Bérénice*, ils évoquent au passage cette réalité de manière plus apologétique.

Au programme du Festival d'Athènes de 1959 et à propos de la représentation d'*Andromaque*, on souligne la nécessité d'attirer de nombreuses troupes afin de raviver l'intérêt résultant de la noble concurrence et de rendre le festival prestigieux. On signale qu'un bon début a été fait, qui s'inscrit positivement à l'actif du festival, avec la participation, pour la première fois, d'une troupe française,

---

50. P. Robert, *La Poétique de Racine. Étude sur le système dramatique de Racine et la constitution de la tragédie française*, Genève, Slatkine Reprints, 1970 (1890), ch. IV et V.
51. *Racine en toutes lettres, op. cit.*, p. 111.
52. P. Pascalis, *C.T.L., op. cit.*

celle de Madame Tassencourt, pour déclarer qu'

> il a immédiatement débuté avec un handicap considérable car, comment Racine résistera-t-il lorsqu'il sera placé à côté des Tragiques de l'Antiquité ? je sais, bien sûr, que toute comparaison est incongrue.

Suite à une série d'éloges, le critique revient à l'attaque :

> Racine est une figure de premier ordre, ce n'est pourtant pas un titan, comme les Tragiques de l'Antiquité et Shakespeare. Lorsque les circonstances le placent trop près des Tragiques de l'Antiquité, précisément parce qu'il partage des éléments de parenté et de similitude avec eux, nous ne pouvons pas éviter de souligner, malgré toute volonté de fuir devant les rapprochements, le fait suivant : celui qui n'a vu que la lutte de l'Homme avec lui-même (...) vient après ceux qui ont vu et reconstitué la lutte entre l'Homme et Moira et les Dieux. A côté d'Eschyle et de Sophocle, Racine est, malgré ses magnifiques vertus, inférieur. Comment faire ? Il semble limité, étroit.[53]

Le spectre de l'Antiquité hante à nouveau la Grèce l'année suivante, en août 1960, à l'occasion de la représentation de *Phèdre*, de *Bérénice* et de *Britannicus*, au Festival d'Athènes, par la troupe de Marie Bell. Le critique déclare sans façons que « les œuvres de Racine ne sont pas destinées à être représentées aux théâtres à ciel ouvert. ». L'éradication de l'environnement approprié du lieu clos était spécialement sensible dans *Phèdre*, « probablement parce qu'il n'était guère possible d'éviter la comparaison avec l'*Hippolyte* de l'Antiquité, lesquelles comparaisons se faisaient indubitablement aux dépens de *Phèdre...* »[54].

Un revirement spectaculaire s'effectue lorsque le critique se tourne vers *Bérénice* et *Britannicus*. L'indulgence et l'admiration l'emportent sur l'indignation et la sévérité :

> Bien plus unie et satisfaisante fut la représentation des deux tragédies ou, plus correctement, drames à **sujet romain**.

---

53. Alkis Thrylos, *Théâtre Grec*, VH, 1959-1961, pp. 114-115.
54. Alkis Thrylos, *Théâtre Grec, ibid.*, p. 322.

L'aveu de la véritable raison suit :

> Faut-il attribuer ceci au fait que la sobre Bérénice,
> l'explosif Britannicus n'ont pas amené
> impérieusement à notre esprit des souvenirs de
> tragédies antiques ? À un degré considérable, oui.[55]

Indéniablement, les pièces romaines de Racine ne furent pas
évaluées à la même mesure que les pièces inspirées de l'Antiquité
grecque. Consciemment intransigeants à l'égard des tragédies
puisées dans leur propre source, les critiques grecs peuvent aussi
être indulgents : le lendemain de la représentation de *Bérénice* paraît
un article fort élogieux, à l'exception d'une remarque concernant la
présence de rideaux de velours et des plantes décoratives dans les
ruines – il s'agit de rares indications de mise en scène –, qui nuisent
à la simplicité du lieu scénique. Voici la remarque du critique :

> Nos metteurs en scène l'ont réalisé à temps et ils
> évitent tout ce qui ne sert pas directement les
> représentations des troupes grecques. Mais ce serait
> un peu insolent de demander aux Français de nous
> imiter même pour les petites choses – puisque leurs
> ancêtres nous ont imités pour les grandes...[56]

Les Grecs connurent Racine dans l'exil, au commencement du
XIXe siècle. Ses pièces, traduites en grec, divertirent et édifièrent la
postérité d'Aristote quand elle n'avait ni État, ni littérature, ni
théâtre, et continuent à le faire de nos jours sans qu'il y ait eu
interruption manifeste.

Racine puisa son savoir théâtral dans les écrits des ancêtres des
Grecs. De retour, il servit d'appui aux doctes de la diaspora
lorsqu'ils œuvraient pour créer le théâtre néo-hellénique. Racine a
donc payé sa dette envers la Grèce. Critiqué, mais non sans être
immensément admiré par le peuple qui garde jalousement le souvenir
de ses illustres dramaturges de l'Antiquité, Racine – en version
grecque – vient d'être couronné en recevant le Premier Prix de
Traduction Littéraire à Athènes.

Entre deux occupants, Chypre rendit hommage à Racine à son

---

55. *Ibid.*, p. 323.
56. 13 août 1960, journal Καθημερένή.

tour lorsqu'un docte remarquable choisit *Mithridate* pour ranimer l'espoir chez ses compatriotes oppressés, nouant, ainsi, ou peut-être renouant des liens avec le dramaturge français.

L'approfondissement de la recherche sur les rapports entre Jean Racine et le monde grec prouvera, certainement, qu'il fut parmi le peuple grec bien plus que ne le montre cet exposé.

Marc Szuskin
(Université de Lille)

LA MER COMME ESPACE TRAGIQUE
DANS LES TRAGÉDIES DE RACINE

L'un des principaux intérêts d'étudier l'espace marin dans les tragédies de Racine est qu'il correspond à une évolution significative et à un tournant dans l'œuvre du dramaturge. En effet, en premier lieu, il convient de dresser la liste des tragédies dans lesquelles la mer apparaît en arrière plan du décor scénique. On trouve la mer dans : *Andromaque* (1667), *Bajazet* (1672), *Mithridate* (1673), *Iphigénie* (1674), *Phèdre* (1677).
On constate qu'à partir de *Bajazet*, Racine ne quitte plus le décor marin. La mer devient un acteur de premier plan dans *Iphigénie* et occupe une place primordiale dans *Phèdre*. Pour appuyer cette idée nous porterons notre démonstration sur l'analyse sémantique des tragédies.

Une autre caractéristique de la mer dépeinte dans l'univers racinien repose sur son mode de représentation. Pour exister la mer doit s'opposer à d'autres éléments.

> Pylade (à Oreste)
> Nos vaisseaux sont tout prêts, et le vent nous appelle
> Vous voyez que la mer en vient battre les murs,
> (*Andromaque*, III, 1, vv. 792-94)

La mer est décrite dans son opposition à l'architecture. La mer en tant que paysage infini, étendue d'eau immense, ne fait pas partie du décorum des tragédies raciniennes. Afin de se doter de réalité, il faut que la mer s'oppose à un autre décor. Pylade, le confident d'Oreste, parle d'une mer qui « vient battre les murs » et les remparts de la cité de Buthrot.

La mer n'est pas un cadre autonome, elle n'a pas de vie propre. Elle doit pour exister se confronter à d'autres éléments, tels que l'architecture. La mer n'apparaît donc plus que comme un moyen.

La mer est aussi dépeinte comme un espace symbolique, sans emprise aucune sur le réel, sans effet de vraisemblance. La mer renvoie dans sa fonction poétique à la dématérialisation de l'espace et à l'imagination puisqu'elle est le théâtre d'intervention des dieux.

Vers une évolution du contexte sémantique lié à l'espace marin

Il est important de considérer, pour analyser le rôle grandissant occupé par la mer, que Racine dans ses tragédies, abandonne peu à peu les indications campant le lieu scénique et ses alentours. Les références aux constructions architecturales, aux palais deviennent de plus en plus ténues.
Le décorum de l'espace scénique apparaît de plus en plus imprécis, alors même que les éléments naturels prennent une place grandissante. L'eau, la mer, le vent envahissent la scène et son cadre environnant, dans les dernières tragédies profanes de Racine. Dès lors, l'univers tragique ne se développe plus autour des palais, des chambres, des anti-chambres, des murs, des remparts. Le tragique s'épanouit dans l'immatérialité des éléments diffus et impalpables qui ne laissent aucune trace.

Il est nécessaire de s'arrêter un temps sur l'étude et l'évolution de la sémantique racinienne à partir de la tragédie de *Bajazet* et surtout de *Mithridate*, ainsi que des pièces suivantes. Dans une lecture diachronique des tragédies, ces références aux éléments architecturaux, aux constructions sont comme « englouties » peu à peu. « Le palais » est un enjeu de première importance dans les grandes tragédies du milieu de la carrière de Racine, ainsi que l'indique le nombre d'occurrences répertoriées. Le terme « palais » est repris sept fois dans *Andromaque*, treize fois dans *Britannicus* et douze fois dans *Bajazet*. Le mot n'est plus ensuite convoqué qu'une seule fois dans *Mithridate*, dans *Iphigénie*, dans *Phèdre*.
Au départ, les palais si élaborés, les appartements si personnalisés dans chacune des pièces perdent leur identité. Les constructions labyrinthiques, ces salons multiples, ces palais si pompeux, ces palais si éloquents, enjeux de la trame tragique et de conflits politiques familiaux et amoureux, sont comme rayés d'un coup de plume. Dans *Iphigénie*, le palais est tout simplement absent, dans

Mithridate, le port de Nymphée n'est qu'une étape et le palais est inexistant. De la bâtisse occupée par Monime depuis plusieurs mois, on ne connaît aucun détail, Racine n'en donne aucune description. Le lieu construit s'efface. Il n'est plus guère au centre des intérêts du drame. Voilà le palais relégué à la périphérie de l'action.

Pour « les appartements » qui précisent l'organisation spatiale et sociale du palais, on note cinq occurrences du terme dans *Britannicus*, six dans *Bérénice*. Le mot n'est désormais plus repris que trois fois dans *Bajazet*. Le terme disparaît totalement dans *Mithridate* et *Phèdre*. « L'appartement » est accidentellement convoqué dans *Iphigénie*

Achille

Madame à vous servir je vais tout disposer
Dans votre appartement allez vous reposer

(III, 7, v. 1076)

Achille demande à la reine Clytemnestre, au cœur du drame, de rejoindre ses appartements, alors que l'action se déroule au beau milieu de la nature et que des tentes d'un campement militaire de fortune sont installées au bord des rivages de l'Aulide. Cette parole traduit la confusion dans laquelle se trouvent Achille et la reine de Mycènes. Arcas vient apprendre à l'entourage d'Iphigénie qu'Agamemnon s'est résolu à sacrifier sa fille ainsi que l'a commandé le prêtre.

Au sujet des représentations de la mer, il n'y a guère à s'attarder sur ses descriptions singulières. On ne trouve pas de détails sur l'étendue de l'espace marin si ce n'est sur son aspect changeant : agité ou calme. Dans la scène d'ouverture *d'Andromaque*, on apprend qu'une violente tempête a séparé non loin de Buthrot, Oreste et son confident :

Pylade

Depuis le jour fatal que la fureur des eaux
Presque aux yeux de l'Épire écarta nos vaisseaux

(I, 1, vv. 11-12)

Plus tard, durant le déroulement de l'action, à l'acte III, Pylade prépare la fuite prochaine de l'ambassade grecque et le rapt d'Hermione. Le temps est clément, la mer propice à la navigation :

Nos vaisseaux sont tout prêts, et le vent nous appelle.
(III, 1, v. 790)

Sur le plan sémantique et dramaturgique, Racine met en place un paysage marin qu'il intègre à l'action. La mer se manifeste clairement dans le discours des personnages. À titre d'exemple, on décompte les occurrences du terme « flots » à quinze occasions dans *Iphigénie*, à six dans *Phèdre*, contre une seule évocation dans *Bérénice*. De même, le mot « rivages » est employé à trois reprises dans la tragédie de *Mithridate*. Il apparaît six fois dans *Iphigénie* et huit fois dans *Phèdre*. Quant aux occurrences du mot « mer », elles se déclinent comme suit :

4 fois dans *Andromaque*   0 fois dans *Britannicus*
4 fois dans *Mithridate*   1 fois dans *Bérénice*
5 fois dans *Iphigénie*   2 fois dans *Bajazet*
5 fois dans *Phèdre*.

Pour déborder le cadre sémantique, l'élément liquide se manifeste aussi dans les frontispices. Dans l'édition de *Mithridate*, Chauveau a illustré la mort du roi en peignant la mer à l'arrière plan de l'action. De même, pour l'édition de *Phèdre* en 1677, Lebrun choisit de représenter la mort d'Hippolyte, laissant apparaître la mer dans le fond du décor. Si dans la planche *d'Iphigénie*, Chauveau n'a pas illustré la mer mais le sacrifice d'Eriphile et l'apparition de la déesse Artémis, en revanche dans cette tragédie, les références à l'espace marin sont convoquées par le décorateur. Mahelot, dans ses mémoires de décorateur du théâtre de l'Hôtel de Bourgogne, évoque sommairement pour *Iphigénie* « le théâtre est des tentes dans le fond, une mer et des vaisseaux ». Ce témoignage manifeste l'importance accordée à l'élément marin.

La mer située au cœur de l'action

Racine met en place un espace marin qui participe pleinement à l'action. La mer est présente et pas seulement dans les discours. Elle dépasse l'existence du simple décorum poétique. Elle intervient comme un acteur dans le déroulement du drame, et plus particulièrement à partir de *Mithridate*. La mer se trouve ainsi au centre de divers rebondissements. À partir de l'espace marin peuvent intervenir des événements imprévus, qui viennent bouleverser l'ordre établi sur scène. Ainsi, le retour inopiné de Mithridate au port de Nymphée est annoncé par Phoedime (la confidente de Monime) à la fin de l'acte I :

> Princes, toute la mer est de vaisseaux couverte
> Et bientôt démentant le faux bruit de sa mort
> Mithridate lui même arrive dans le port.
>
> (I, 4, vv. 328-330)

Ce retour imprévu par la mer remet en cause les projets de Pharnace et l'amour partagé de la princesse Monime et de Xipharès. Dans cette même tragédie, l'arrivée des Romains par les flots, à la fin de l'acte IV confère à la mer ce rôle de lieu imprévisible :

> De Romains, le rivage est chargé
> Et bientôt dans ces murs, vous êtes assiégé.
>
> (vv. 1453-1454)

La mer intervient comme un vecteur dans le drame qui se noue. De même dans *Phèdre,* le retour de Thésée par la mer précipite l'action tragique. Racine met en scène, bien sûr, des retours par la mer, mais aussi des sorties. Le poète décrit la mer comme espace de fuite possible.

L'espace marin s'oppose à l'univers fermé du palais. Le palais est construit pour empêcher les fuites définitives. Son intérieur présente une série d'appartements en enfilade gardés par des soldats. La mer, en revanche, ouvre sur un horizon infini qui contraste avec la matérialité du lieu et la configuration parfois labyrinthique du palais.

> Pylade
> Je sais de ce palais tous les détours obscurs
> (*Andromaque*, III, 1, v. 791)

À la fin de la tragédie, la mer offre des perspectives salvatrices de fuite contre la violence qui embrase le palais et la cité. La mer comme espace d'ouverture vient remettre en question la notion de tragique. L'univers tragique est ce monde étouffant, clos sur lui-même, qui empêche les protagonistes de sortir. Il n'y a pas d'issues possibles dans l'espace tragique. Le monde marin se déploie sur de vastes horizons. La mer demeure un bon moyen, pour les protagonistes menacés, de prendre la fuite hors de la cité et d'échapper à l'emprise des ennemis dans les moments critiques. La mer est souvent mentionnée au dernier acte de la tragédie, au moment où le personnage n'a plus d'autre choix : fuir ou bien périr. Dans *Bajazet*, Acomat qui est l'un des rares protagonistes à demeurer en vie dans le sérail, choisit de s'enfuir rapidement par les mers, avant que le sultan ne regagne la cité de Constantinople.

Acomat
Je cours où ma présence est encor nécessaire ;
Et jusqu'au pied des murs que la mer vient laver
Sur mes vaisseaux tout prêts je viens vous retrouver
(*Bajazet*, V, 11, vv. 1719-1721)

La mer devient l'espace de l'avenir contre l'immobilisme qui règne dans le palais. Dans *Andromaque*, Oreste après l'assassinat de Pyrrhus reprend espoir et songe à s'enfuir loin de l'Épire en compagnie d'Hermione :

Oreste
Du peuple épouvanté j'ai traversé la presse
Pour venir de ces lieux enlever ma princesse,
Et regagner le port.
(*Andromaque*, V, 3, vv. 1521-1523)

Les références à la mer salvatrice, dans *Andromaque,* ne sont pas évoquées par le roi Pyrrhus. Elles sont mentionnées par l'ambassade des Grecs, c'est à dire ceux qui sont étrangers au royaume d'Épire. Ce ne sont jamais les maîtres des lieux qui parlent de la mer. Dans *Bajazet*, on retrouve cette caractéristique identique : le grand vizir mentionne l'espace maritime, mais Roxane ne le fait pas, ni Bajazet. Pour évoquer la mer dans son discours, il ne faut pas être attaché à la cité ni aux lieux du palais.

Toujours, dans *Bajazet*, la mer possède d'autres qualités puisqu'elle détient des vertus purificatrices. Dans une métaphore verbale, Acomat décrit les vagues venant laver les murs du sérail. La mer nettoie le palais d'Amurat, lieux de souillure, de corruption et de mort.

Acomat
Et jusqu'au pied des murs que la mer vient laver
Sur mes vaisseaux tout prêts je viens vous retrouver.
(V, 11, vv. 1720-1721)

Il est important de prendre en considération le changement que Racine opère dans la fonction poétique et dramaturgique de l'espace marin. La mer est dépeinte comme un espace de fuite, mais cette perspective ne s'ouvre que pour les tragédies *d'Andromaque* et de *Bajazet*. À partir de *Mithridate*, *Iphigénie* et *Phèdre*, la mer n'autorise plus l'échappée. La mer permet les retours mais non les départs. Elle n'ouvre sur aucune issue. Elle se referme et plus aucun personnage n'envisage la fuite par la mer :
- ni Pharnace, le fils traître de Mithridate,

- ni Iphigénie et sa mère à cause de l'absence de vent sur la mer,
- ni Hippolyte qui tente de quitter Trézène par la route, mais ne dépasse pas les abords de la cité.

La mer se mue en un espace clos et s'apparente de cette manière aux palais tant redoutés. La mer peut comme le palais de Néron dans *Britannicus,* se refermer sur elle-même et devenir un espace-piège. La mer vient ainsi non seulement empêcher toute fuite mais obstruer tout passage. Elle est dépeinte par métaphore comme une porte que l'on ferme. Elle n'est plus cette étendue infinie, mais s'apparente à un espace structuré avec un intérieur et un extérieur. La mer retrouve ici la sphère du tragique, c'est-à-dire qu'elle est un espace qui emprisonne, un espace sur lequel pèse une menace.

Pour présenter cette mer « contre nature » une mer comme univers clos qui ne débouche sur nulle part, Racine, dans *Iphigénie*, a choisi de l'opposer au cadre du campement en Aulide. Le camp des soldats Grecs est en pleine nature, loin de tout espace construit, de toute cité et de toute architecture. Dans cette tragédie, deux métaphores poétiques caractérisent le substantif « mer ».

Ulysse
Tandis qu'à nos vaisseaux, la mer toujours fermée
(I, 2, v. 185)

La métaphore de la mer « fermée » renvoie dans le discours à un espace fini et réduit qui contraste avec l'image classique de l'univers marin. La mer n'est plus conçue comme un espace ouvrant sur le voyage. Elle retient même prisonnier, c'est une mer fermée, un monde clos.

Dans *Iphigénie*, l'évocation d'une seconde métaphore est reprise dans la bouche de la femme d'Agamemnon. La reine s'adresse aux puissances de la mer.

Clytemnestre
Mer, tu n'ouvriras pas des abîmes nouveaux
(V, 4, vv. 1679-1680)

La mer qui se replie, qui se referme est un signe de danger et de mort. Pour peindre cet espace, Racine évoque l'image de la chute de corps précipités dans les flots.

Les forces habitant l'univers marin

Le dramaturge confronte la verticalité de l'architecture de la cité et l'horizontalité de l'élément liquide où les corps de quelques personnages viennent se jeter. Cette rencontre a lieu tragiquement dans la chute. Avec *Phèdre*, la mer devient le lieu d'accueil de corps qui se précipitent vers la mort. Au dernier acte de la pièce, on apprend que la confidente de Phèdre, après avoir trahi Thésée et la reine, en accusant l'innocent Hippolyte, met fin à ses jours en se précipitant dans les flots.

Panope
Dans la profonde mer Œnone s'est lancée
(V, 5, v. 1466)

Dès la première scène de la pièce, Racine prend soin de rappeler l'épisode célèbre de la fuite de Dédale hors de Crête et la mort d'Icare, dont les ailes ont fondu parce que le jeune homme voulait trop s'approcher du soleil.

Passé jusqu'à la mer qui vit tomber Icare
(I, 1, v. 14)

Dans le cadre maritime de *Phèdre*, Racine associe la présence certaine de la mort. Dans *Bajazet*, la figure de la mort semblable à l'élément liquide se répand, s'infiltre jusque dans l'enceinte du palais du souverain et à l'intérieur de l'espace scénique. Cet esclave du nom d'Orcan envoyé en mission par le sultan, voyageant par la mer depuis Bagdad, vient propager la violence et la mort dans le sérail.

Zatime (à Roxane)
Mais, Madame, un esclave arrive de l'armée ;
Et quoique sur la mer la porte fût fermée
Les gardes sans tarder l'ont ouverte à genoux
(III, 8, vv. 1097-1099)

Orcan, cette figure invisible représentant la mort, annonce la fin tragique de Bajazet, l'assassinat de la sultane, la fuite précipitée du grand vizir Acomat, marquant le triomphe total d'Amurat malgré son absence du sérail. Toute la dimension tragique de la mer transparaît dans cette œuvre. L'ouverture du sérail sur le monde extérieur, et dans cet exemple, sur la mer, donne naissance au danger et à la menace. Cette porte du sérail « fermée » sur la mer que les gardes ouvrent laisse pénétrer la mort dans les lieux.

Racine propose par ailleurs un autre visage de la mer comme espace tragique. Il s'agit cette fois d'un univers qui ne participe pas en tant que tel à l'action. La mer n'est plus au centre de rebondissement, elle est devenue un espace abstrait, un espace métaphorique. Sans réalité, symbole de l'espace infini, la mer prend sens de séparation. La mer crée le malheur en séparant les amants. Le poète, à plusieurs reprises, évoque ces lieux marins comme représentation de l'éloignement. Dans la poétique racinienne, les mers désignent une barrière géographique isolant les amants. Les mers deviennent de tristes obstacles, étendues infinies, difficilement franchissables. Imprécises, ne renvoyant à aucun espace maritime en particulier, les mers, dans les discours, prennent le sens de séparation fatale. Ces espaces marins deviennent la métaphore de la rupture dans la relation amoureuse. Dans la tragédie de *Bérénice* la reine de Palestine matérialise par cette évocation spatiale sa séparation définitive avec Titus.

Bérénice

Dans un mois, dans un an, comment souffrirons-nous,
Seigneur, que tant de mers me séparent de vous ?

(IV, 5, vv. 1113-1114)

Dans *Alexandre le Grand*, le personnage de Cléophile rappelle au conquérant que les mers sont le signe de séparation :

Tant d'États, tant de mers, qui vont nous désunir
M'effaceront bientôt de votre souvenir.
(III, 6, vv. 915-916)

Étendues infinies, les mers peuvent aussi figurer pour les protagonistes raciniens, un espace d'exil, un lieu d'égarement. Espace de rupture, coupé du monde des humains, les mers prennent sens de lieux de peine et d'isolement. Les mers se transforment en espaces désertiques qui ne conduisent nulle part. Dans *Andromaque*, Oreste, lors de la scène d'ouverture, raconte qu'il a misérablement traversé de nombreuses mers pour tenter d'oublier son amour pour la fille d'Hélène.

Tu vis mon désespoir ; et tu m'as vu depuis
Traîner de mers en mers ma chaîne et mes ennuis
(I, 1, vv. 43-44)

La mer se transforme ainsi en un espace de désolation. Le désert marin est sans vie et sans richesse. Étendue monotone, il y règne une impression d'immobilité. Rien ne change, l'espace est figé. La mer à traverser signifie alors punition et pénitence à accomplir. Ainsi en témoigne le roi de Pont à Monime, après son retour au port de Nymphée.

> Mithridate
> Errant de mers en mers, et moins roi que pirate,
> Conservant pour tous biens le nom de Mithridate
> (II, 5, vv. 563-564)

La mer changée en un espace abstrait, un espace sans nom, apparaît comme un lieu de l'épreuve.

Ces épreuves peuvent être aussi posées par des divinités. Dans le théâtre de Racine, la mer est un espace que les dieux aiment occuper. La mer devient le théâtre de prédilection pour les manifestations des divinités. Les dieux interviennent plus aisément sur mer que sur terre.

Racine pourtant n'oppose pas la réalité du décor marin, ses évocations concrètes ses rivages, ses rochers, ses vents, à une mer imaginaire, une mer métaphorique. Les deux univers se mêlent. Les divinités se manifestent dans un lieu qui n'est pas purement abstrait. Dans *Iphigénie*, la mer est l'espace d'intervention d'Artémis qui protège la cité de Troie. La divinité obstrue le passage des Grecs par la mer en suspendant le souffle du vent. Le vent est cet élément du réel que la déesse rend absent :

> Pour obtenir les vents que le ciel vous dénie
> Sacrifiez Iphigénie. (I, 1, vv. 61-62)

Le vent marin est impalpable et invisible mais sa présence est vitale pour naviguer en mer. L'absence de vent retient à terre les soldats grecs qui ne peuvent pas partir guerroyer vers Troie. Après le suicide d'Eriphile dans *Iphigénie*, ce sont les éléments concrets de l'espace marin qui se manifestent :

> Les vents agitent l'air d'heureux frémissements
> (V, 6, v. 1776)

Ces vents rendus par la déesse vont permettre de libérer les soldats grecs et les inviter à gagner le large.

> Ulysse
> La rive au loin gémit, blanchissante d'écume
> (V, 6, v. 1777)

Dans *Phèdre*, la réalité de la mer est convoquée en même temps que l'apparition fantastique du dragon. Dans la peinture de l'univers merveilleux et des références au monstre marin envoyé par Neptune Racine, par la bouche de Théramène, n'oublie pas de rappeler l'existence d'un rivage, de rochers, d'un environnement maritime. Le merveilleux se mêle à la nature et à ses éléments :

> Théramène
> Ses longs mugissements font trembler le rivage
> Le ciel avec horreur voit ce monstre sauvage
> (V, 6, vv. 1521-1522)

La mer devient si importante, elle intervient de manière si prégnante dans l'action, que Thésée, à la dernière scène du cinquième acte, fuit, non pas la cité maudite de Trézène et son palais, mais « ce rivage » malheureux qui a été le théâtre de la mort injuste de son fils :

> Laissez-moi, loin de vous, et loin de ce rivage
> De mon fils déchiré fuir la sanglante image
> (V, 7, vv. 1605-1606)

La mer de Racine détient cette ambivalence qui crée toute sa richesse poétique. La mer est l'espace de toutes les contradictions. Offrant des perspectives salvatrices de fuite, elle est aussi un théâtre de mort, un lieu qui retient prisonnier. Toutes ces caractéristiques constituent autant d'univers différents qui peuplent les grandes tragédies profanes du dramaturge. Au départ, la mer est présentée en opposition avec l'élément architectural, les palais et la cité. Puis Racine a doté l'espace marin d'une vie propre. Et, comme tout espace tragique, ce lieu est frappé par le malheur et la fatalité. Il présente un univers de danger, de menace, sur lequel plane la mort.

Marc Escola
(Université de Paris IV)

L'INVENTION RACINIENNE :
L'ACTION ÉPISODIQUE ET L'ART DES VARIANTES
DANS *BÉRÉNICE* ET *IPHIGÉNIE*

La Préface de *Bérénice* a des mots trop décisifs pour n'être pas suspects : « Toute l'invention consiste à faire quelque chose de rien ». La formule radicalise sans doute le geste essentiel de toutes les préfaces raciniennes qui ne démystifient l'invention que pour mieux en dramatiser les enjeux : si les préfaces d'un Corneille nous ouvraient complaisamment les portes de l'atelier – les trois *Discours* de 1660 en organisaient même la visite guidée –, Racine ne soulève le rideau que pour dévoiler ostensiblement la nudité de la scène : les sources se réduisent à trois fois *rien*, sur lesquelles l'imagination créatrice n'a presque *rien* à opérer ; un *ne...que* en puissance hante ainsi la plupart des préfaces raciniennes : « Voici en peu de Vers [de Virgile] tout le sujet de cette Tragédie » (*Andromaque*), « Il ne faut qu'avoir lu Tacite » (*Britannicus*), « Il n'y a guère de nom plus connu que celui de Mithridate » (*Mithidrate*), « Il ne faut que lire Lucrèce » (*Iphigénie*), « J'ai même suivi l'histoire de Thésée telle qu'elle est dans Plutarque » (*Phèdre*).

On s'arrêtera ici à ces deux moments de la création racinienne que sont *Bérénice* (1670) et *Iphigénie* (1674) dont on sait qu'ils sont aussi les temps forts de la confrontation entre les deux dramaturges, et l'on tentera d'observer l'invention racinienne avec les yeux de Corneille. L'exercice n'est pas nouveau : un abbé de Villars ou un abbé de Villiers s'y étaient naguère essayés avec un succès – c'est-à-dire une intelligence des structures dramatiques – aujourd'hui encore enviable ; et il n'est pas sans doute de meilleur moyen d'entrer dans la création racinienne que de confronter la manière dont les deux dramaturges produisent les « variantes » de leurs sujets respectifs, comme G. Forestier vient d'en fournir la démonstration dans une édition dont l'appareil critique constitue un peu un « Racine à l'œuvre », deuxième volet d'un *Essai de génétique théâtrale* consacré à Corneille[1]. On lira donc ici une manière de dialogue dramatique à plusieurs voix, où les auteurs eux-mêmes sont sans autorité : il serait pour le moins commode en effet que Corneille, Racine, l'abbé de Villars, et les modernes poéticiens parlassent exactement le même langage.

Et l'on sacrifiera sans plus hésiter au véritable genre que constitue le parallèle des deux dramaturges, en faisant l'hypothèse que Racine, spectateur avisé des tragédies de Corneille et lecteur averti des fameux *Discours* de 1660, a perçu la place originale qu'occupe la structure épisodique dans la dramaturgie de son illustre prédécesseur. Corneille fait précisément de l'épisode ou action secondaire le lieu même de l'invention : l'épisode est disposé à la manière d'une seconde pièce susceptible d'accueillir un personnage inventé et placée en « concurrence » avec l'action principale de telle sorte qu'elle puisse venir à plusieurs reprises « traverser » l'action en l' « acheminant » ainsi de façon inédite vers son dénouement connu[2].

À lire *Bérénice* ou *Iphigénie*, on a sans cesse l'impression qu'en produisant sur la scène un « second amant » ou un personnage épisodique, Racine s'efforce de déjouer le modèle cornélien de l'action épisodique en jouant avec les attentes du public ; qu'il dispose au sein même de l'architecture dramatique les fragments d'un possible traitement cornélien de ses propres sujets. L'invention racinienne consisterait dans ces deux pièces à construire techniquement l'interférence entre action principale et épisode sans jamais la remplir : l'épisode pourrait à chaque instant « traverser » l'action, mais, à peine esquissé, ce possible est impitoyablement tenu en lisière de l'espace dramatique, où il trouve cependant à s'inscrire comme moment pathétique. S'il y a un tragique

---

1. G. Forestier, édition des *Œuvres complètes* de Racine, t. I, *Théâtre-Poésie*, Gallimard, « La Pléiade », 1999 ; et *Corneille à l'œuvre. Essai de génétique théâtrale*, Klincksieck, 1996.
2. On trouvera une définition plus complète du modèle cornélien de l'épisode dans deux essais rédigés en collaboration avec B. Louvat : « Le statut de l'épisode dans la tragédie classique : *Œdipe* de Corneille ou le complexe de Dircé », *XVIIe Siècle*, 200, juillet-sept. 1998, pp. 453-470, et « l'épisode cornélien ou l'action " concurrente " » dans notre commune édition des *Trois Discours sur le poème dramatique*, GF-Flammarion, 1999, p. 262 *sq.* Le présent article constitue par ailleurs une synthèse des propositions relatives à l'épisode racinien formulées dans les textes de présentation de mes éditions de *Bérénice* et *Iphigénie*, GF-Flammarion, 1997 et 1998.

proprement racinien, il tient peut-être dans cette suspension des possibles pathétiquement traduite en impuissance.

Le complexe d'Antiochus

On ne s'attardera guère sur les légendes qui entourent la création de *Bérénice* et de *Tite et Bérénice*, à huit jours d'intervalle seulement, sur ces deux théâtres concurrents que sont alors l'Hôtel de Bourgogne et le Palais-Royal. On suivra plutôt l'hypothèse de G. Forestier qui accorde à Corneille l'antériorité du choix du sujet[3] :

> On peut admettre que Corneille n'ait pas choisi d'emblée la troupe de Molière, qu'au début de son travail il ait sondé les intentions des deux troupes avant de promettre sa pièce au plus offrant, permettant ainsi à l'Hôtel d'être informé au plus tôt de cette nouvelle œuvre. Ce sujet était ainsi « dans l'air », et il n'a pas dû être bien difficile de convaincre Racine d'offrir sa version de la même histoire à ses amis de l'Hôtel de Bourgogne.

Qu'il ait choisi seul le sujet, ou qu'il ait eu vent du projet de Corneille, voire d'une sorte de « canevas », Racine ne pouvait pas ne pas percevoir ce que ce sujet avait d'éminemment cornélien : c'est au moment où il peut tout que Titus doit renoncer, parce qu'il est un héros parfait, à celle qu'il aime plus que tout. Était-il en outre si difficile de projeter un possible traitement cornélien du sujet pour mieux s'en démarquer ? En d'autres termes : pouvait-on porter à la scène la séparation de Titus et de Bérénice sans verser dans ce que l'on pouvait savoir ou deviner de la résolution cornélienne, à savoir la production d'une action secondaire et de personnages épisodiques susceptibles d'animer une structure où l'épisode viendrait « traverser » à plusieurs reprises l'action principale en multipliant malentendus et retournements ? La Préface de *Bérénice* aura beau jeu ensuite de promouvoir l'audacieuse « simplicité » de l'action et, sous le nom lui-même inédit de « tristesse majestueuse », la spécificité d'un tragique nouveau.

La citation de Suétone sur laquelle s'ouvre la Préface témoigne à plus d'un titre de ce travail d'élaboration :

Titus reginam Berenicem, cui etiam nuptias

---

3. Éd. cit., p. 1451.

pollicitus ferebatur statim ab Urbe dimisit invitus invitam.

C'est-à-dire que « Titus, qui aimait passionnément Bérénice, et qui même, à ce qu'on croyait, lui avait promis de l'épouser, la renvoya de Rome, malgré lui et malgré elle, dès les premiers jours de son empire ».

Rappelons que Racine donne pour une citation ce qui n'est en toute rigueur qu'un centon : si l'on confronte la phrase reproduite en italiques en tête de la préface à son contexte original, un chapitre des *Vies des douze Césars* de l'historien latin Suétone, on constate en effet que le dramaturge a démembré le récit de l'historien pour composer un *autre* texte ; nous donnons ci-dessous le passage de Suétone en soulignant les deux passages amalgamés par Racine[4] :

Outre sa cruauté, on soupçonnait aussi qu'il avait le goût immodéré du plaisir, parce qu'il faisait durer des festins jusqu'à minuit, en compagnie des plus dissipés de ses amis ; on en pensait autant de ses mœurs, à cause de ses hordes de mignons et d'eunuques *et aussi en raison de son amour connu de tous pour la reine Bérénice, à qui même, dit-on, il avait promis le mariage*. On le soupçonnait d'avarice parce que tout le monde savait que, dans les procès soumis à son père, il avait coutume de demander des pots-de-vin et de se faire payer ; enfin, on pensait et on disait ouvertement que ce serait un autre Néron.

Mais cette réputation finit par le servir et se changea en de très grande louanges, lorsqu'on ne découvrit en lui aucun vice, mais au contraire les plus grandes qualités. Il donna des festins plus agréables que coûteux. Il choisit des amis qui furent approuvés, même après lui, par les princes, qui les jugèrent indispensables à eux-mêmes et à l'Etat, et continuèrent à les avoir auprès d'eux. *Bérénice, il la renvoya aussitôt de Rome, malgré lui, malgré elle.*

Dans le récit de Suétone, le renvoi de Bérénice est inscrit dans une série de renoncements qui signalent l'ascèse progressive de Titus, *tout comme* la promesse de mariage à Bérénice figurait au rang des débordements du jeune prince ; c'est cette logique que Racine a choisi d'occulter, « en mettant en scène non la métamorphose elle-même mais les conséquences psychologiques

---

4. Cité dans la traduction de P. Grimal, Le Livre de Poche, 1973.

d'une métamorphose en principe déjà accomplie », comme le soulignait déjà G. Forestier dans un de ses premiers commentaires de la pièce[5]. En d'autres termes : du récit de vie et de l'histoire amoureuse, Racine n'a gardé que le moment de la séparation ; en isolant le fameux *invitus invitam*, le dramaturge met délibérément l'accent sur le paradoxe passionnel au détriment de la durée historique. Rédigée après la création de la pièce rivale de Corneille, la Préface soulignait ainsi ce qui sépare *Bérénice* de *Tite et Bérénice* ; Corneille, comme on sait, fait état en amont de l'action de *Tite et Bérénice* d'une première séparation des deux héros, survenue sous la pression du père de Titus, Vespasien : le sujet de sa pièce tient dans le retour de Bérénice, une première fois exilée à l'occasion des changements politiques et psychologiques provoqués par l'accession de Titus à l'Empire. Le sujet porté à la scène par Corneille « succède » donc à celui que Racine a élu : « où finit *Bérénice* commence *Tite et Bérénice* », ainsi que l'a montré G. Forestier ; dans la pièce de Corneille, « il ne s'agit nullement de l'histoire d'un renoncement, puisque ce renoncement a déjà eu lieu avant le commencement de la pièce ; il s'agit de l'histoire d'une reconquête et du dilemme dans lequel est placé celui qui en est l'objet » [6].

Mais, s'il constitue la matrice tragique, le sujet tel que l'affiche la Préface de *Bérénice* ne fournit pas à lui seul une intrigue : force est de reconnaître que dans le célèbre *invitus invitam*, on ne trouverait pas de quoi faire une pièce, encore moins une tragédie, tout juste une scène, ou la matière d'un poème élégiaque. L'abbé de Villars, dans sa *Critique de Bérénice* à laquelle répond la Préface de Racine, le disait assez nettement[7] :

> Toute cette pièce, si l'on y prend garde, n'est que la matière d'une scène, où Titus voudrait quitter Bérénice.

Le texte de Suétone allégué par Racine ne donne que deux personnages et non un personnel dramatique ; il fournit un événement et non une action théâtrale ; il décrit l'issue d'une histoire amoureuse et non le dénouement d'une intrigue tragique. Dans de

---

5. Dans les *Commentaires* publiés en appendice de son édition séparée de *Bérénice*, Paris, Le Livre de Poche, 1987, p. 125 *sq.*
6. « Où finit *Bérénice* commence *Tite et Bérénice* », [in :] *Onze études sur la vieillesse de P. Corneille. Mélanges offerts à G. Couton*, Klincksieck, 1994, pp. 53-75.
7. Page 517 de l'éd. de G. Forestier (dorénavant : « Pléiade ») ; p. 139 de notre édition (dorénavant : « GF »).

telles conditions, il faut en croire la Préface, écrire *Bérénice*, c'est bien en effet « faire quelque chose de rien ». Loin de réfuter les critiques des cornéliens, Racine a eu l'habileté de les assumer en les élevant au rang de principes esthétiques : il sera, et pour longtemps, ce dramaturge qui s'est révélé capable, contre la supposée complexité des pièces de Corneille, de tirer toute une tragédie d'une seule phrase de Suétone.

Mais le travail de réécriture dont témoigne cette simple « citation » dit assez que le *sujet* n'est pas encore une *intrigue*, et que la belle « simplicité » racinienne tient d'abord en l'invention d'une intrigue à partir d'une matrice ainsi épurée.

Tout l'art du dramaturge a consisté à trouver les « acheminements nécessaires » susceptibles de déployer le paradoxe pathétique (« malgré lui, malgré elle ») en faisant de la scène de séparation le moment culminant de l'action ; il s'agissait donc de différer, non seulement le moment de la scène d'adieu, mais d'abord le message, faute de quoi en effet toute la pièce « ne serait que la matière d'une scène » : Titus amoureux ne peut se résoudre à dire « je vous quitte », Bérénice amoureuse ne peut l'entendre ; le face à face même des deux personnages doit être retardé le plus longtemps possible. La durée et la continuité de l'action dramatique supposent donc de produire des médiations : si Titus ne peut d'abord parler directement à Bérénice, il faut qu'il puisse avoir recours à un intermédiaire. L'invention d'Antiochus tient d'abord à une telle nécessité structurelle ; mais comment ce personnage pourra-t-il être rattaché à l'action, faute de quoi il ne serait qu'un simple « messager » ? Une solution possible consistait à faire Antiochus amoureux de Bérénice et à bâtir avec lui une action *épisodique* susceptible d'interférer avec l'action principale. Il fait peu de doute que telle était la solution « classique », c'est-à-dire cornélienne ; reste à savoir si telle est bien la solution racinienne. Dans son *Discours du poème dramatique*, Corneille avait en effet rigoureusement défini la fonction de l'épisode, et tout particulièrement le statut des « seconds amants » ou personnages épisodiques[8] :

> Ces Épisodes sont de deux sortes, et peuvent être composés des actions particulières des principaux Acteurs, dont toutefois l'action principale pourrait se passer, ou des intérêts des seconds Amants qu'on introduit, et qu'on appelle communément des

---

8. Éd. cit., p. 91.

> personnages Épisodiques. Les uns et les autres
> doivent avoir leur fondement dans le premier Acte, et
> être attachés à l'action principale ; c'est-à-dire, y
> servir de quelque chose, et particulièrement ces
> Personnages Épisodiques doivent s'embarrasser si
> bien avec les premiers, qu'*un seul et même intrique
> brouille les uns avec les autres.*

De fait, l'invention cornélienne dans *Tite et Bérénice* a consisté à produire un couple de « seconds amants » dont les intérêts sont à la fois concurrents et complémentaires de ceux de Tite et de Bérénice : Domitien, le jeune frère de Tite, est l'amant de Domitie qui, par ambition ou goût du pouvoir, lui préfère Tite ; le retour de Bérénice à l'acte II donne donc aussi une rivale à Domitie, pendant que Domitien se prend de son côté à espérer : dans les chassés-croisés amoureux qu'autorise la concurrence entre ces couples d'amants, on a tous les ingrédients d'une comédie dont les héros sont « illustres » : aussi Corneille a-t-il désigné sa pièce non comme une tragédie mais comme une comédie héroïque.

Peut-on dire d'Antiochus qu'il joue le rôle de « second amant » et qu'une seule et même intrigue l'attache à Bérénice et Titus ? Joue-t-il seulement dans la même pièce que les deux autres protagonistes ?

Une lecture trop rapide peut laisser croire que la destinée du personnage épisodique est tout entière suspendue à la décision de Titus : si Titus congédie Bérénice, il est assez logique que ce second amant reprenne espoir. Ce ne sont pas exactement ainsi que les choses se passent pour Antiochus.

Un premier coup de théâtre se situe pour Antiochus au tout début de l'acte III : Titus en effet « entre [s]es mains remet tout ce qu'il aime » (v. 776) , à peine esquissé, l'espoir est, dès la scène 2 de ce même acte, pleinement refusé : « Hélas ! de ce grand changement / Il ne me reviendra que le nouveau tourment / D'apprendre par ses pleurs à quel point elle l'aime ». Le pouvoir de conviction d'Arsace dans cette même scène suffit à peine à réveiller une tentation toujours latente : « Oui, je respire, Arace, et tu me rends la vie ». Fragile décision, hantée par le pressentiment : « Non, ne la voyons point. [...] Encore un coup, fuyons ; et par cette nouvelle, / N'allons point nous charger d'une haine immortelle ». Mais dès la fin de la scène suivante et face à Bérénice (III,3), tout est déjà joué, et le congé définitif : « Vous le souhaitez trop pour me persuader. / Non, je ne vous crois point. Mais quoi qu'il en puisse être, / Pour jamais à mes yeux gardez-vous de

paraître ». Une analyse détaillée montrerait que les deux fonctions
d'Antiochus, celle de médiateur ou de messager et celle de « second
amant », interfèrent tout au long de la scène ; certes le message est
« passé », mais avec le congé donné à Antiochus, c'est l'épisode
lui-même que Bérénice congédie. Il est d'ailleurs assez significatif
que Racine ait choisi de faire suivre cette scène entre Antiochus et
Bérénice d'un nouveau tête à tête avec Arsace (III,4) plutôt que de
nous faire entendre les épanchements d'une Bérénice brisée par le
message : on ne saurait mieux dire que Bérénice en effet ne l'a pas
cru, et qu'Antiochus, s'il reste dramaturgiquement utile (comme
messager), est dramatiquement impuissant (comme « second
amant »).

À dire vrai, tout s'est joué pour lui beaucoup plus tôt encore :
dès le lever du rideau, Antiochus veut partir. On peut certes faire
valoir la fugitive hésitation qui l'habite encore : « *Si* Titus a parlé,
s'il l'épouse, je pars » (v. 130), mais qui ne voit que, dès la scène
suivante, un aveu prononcé malgré lui le condamne à fuir non pas la
parole de Titus mais l'amour que Bérénice porte à l'empereur ?
L'art de Racine consiste ainsi à esquisser des déviations *possibles*, à
construire techniquement l'interférence entre action et épisode sans
jamais la remplir : l'épisode pourrait à chaque instant venir *traverser*
l'action, mais, à peine esquissé, ce possible est tenu
impitoyablement en lisière du texte où il ne peut figurer que comme
moment pathétique. Le pathétique racinien tient dans cette
suspension des possibles traduite en impuissance.

Dira-t-on que la parole d'Antiochus est une fois au moins
efficace et que, s'il ne contribue pas au *nœud* de l'action, l'épisode
« décide » de son issue, qu'il « provoque » le dénouement ? La
complexité structurelle de l'acte V, parce qu'elle décourage ou *déçoit*
l'analyse, est de nature à favoriser les formules lapidaires et à
accréditer ce qui n'est peut-être, en définitive, qu'un malentendu. On
verra que ce n'est pas le seul.

La scène décisive entre Titus et Bérénice, celle-là même qui est
l'unique « matière » de la pièce selon l'abbé de Villars, a eu lieu au
centre de l'acte IV (scène 5) au prix d'un complexe chassé-croisé
des personnages et d'une rupture de la liaison des scènes qui laisse
le théâtre, une première fois, dramatiquement vide : au lever de
rideau du quatrième acte, en effet, Bérénice est seule en scène
(Phénice est allée aux nouvelles) ; avec cette première scène et la
suivante, qui voit le retour de Phénice annonçant l'arrivée de Titus,
on tient la scène qui nous a été dérobée à l'acte III : l'effet sur
Bérénice du message transmis par Antiochus ; mais l'entrevue
décisive entre Titus et Bérénice va être une nouvelle fois différée au
bénéfice d'une suspecte « liaison de bruit » : Phénice invite

Bérénice à fuir la foule, la suite qui accompagne l'empereur, et à attendre Titus dans son appartement. À peine entré en scène (IV,4), Titus s'arrête, envoie Paulin en émissaire et réclame un peu de solitude. On voit bien la fonction de ce chassé-croisé : il s'agissait pour Racine de peindre, dans un long monologue, l'état d'esprit de Titus au moment même où il va prononcer les mots décisifs et de permettre au spectateur de mesurer l'infléchissement que la seule présence de Bérénice, dans la grande scène suivante, va susciter. Il reste que cette première rupture de liaison nous fait entrer dans un étrange espace, où les déplacements des personnages s'ordonnent moins à une authentique logique de l'action qu'à la seule dynamique des effets pathétiques.

À partir de là, et jusqu'à l'ultime scène de la pièce, les problèmes proprement dramaturgiques ne cessent de se multiplier. Scène 6 : d'où arrive Paulin pour pouvoir dire de Bérénice : « Dans quel dessein vient-elle de sortir ? » — on le croyait resté dans l'appartement de Bérénice, au même titre que les suivantes de la reine et à la demande expresse de celle-ci (v. 1042) ; faut-il supposer qu'à la fin de la scène 5 Bérénice et Paulin se croisent sur le seuil de l'appartement ? Même difficulté pour la scène 7 : où donc Antiochus a-t-il pu non seulement croiser « l'aimable Bérénice », mais contempler une Bérénice mourante, « spectacle qui [le] tue » (v. 1235) ? La question importe d'autant plus qu'Antiochus s'élève ici d'un degré dans le pathétique puisqu'en demandant la grâce de Bérénice, il « travaille à [s]on propre malheur »[9]. Scène 8 : le vers final et la demande de Titus à Antiochus sont au moins ambigus : « Voyez la reine. Allez. J'espère à mon retour, / Qu'elle ne pourra plus douter de mon amour » ; Antiochus peut donc se réjouir, si l'on ose dire, du succès de sa démarche. Reste qu'il n'obéit pas à l'empereur, ne se rend pas chez Bérénice (il y était quand on le croyait ailleurs, il n'y va pas quand on le lui demande), et qu'au début de l'acte V, Arsace doit le chercher pour lui apprendre le « départ » de la reine qui fait l'effet d'un coup de théâtre.

Le récit d'Arsace, à la scène 2 de l'acte V, a pour effet de relancer, non pas l'action elle-même (celle-ci a trouvé une première clôture structurelle, on l'a vu, à la scène 4 de l'acte IV), mais l'épisode : « C'en est fait, et peut-être il [Titus] ne la verra plus » ; une ultime déviation est encore possible, et un « sujet d'espoir »

---

9. La formule figurait dans un monologue d'Antiochus sur lequel s'achevait l'acte IV dans l'édition originale de la pièce. Cette neuvième scène est supprimée par Racine dès la deuxième édition, peut-être parce que le monologue d'Antiochus mettait trop bien l'accent sur l'inutilité dramatique du personnage épisodique.

pour Antiochus. La fonction d'Arsace, tout au long de la pièce, consiste ainsi à essayer de faire advenir l'épisode – la pièce d'Antiochus – à chaque fois que la pièce de Titus peut paraître achevée. La scène 3 voit l'arrivée de Titus, et un nouveau renversement : deux paroles ambiguës suffisent à persuader Antiochus, et le spectateur, d'un revirement de Titus. L'invitation à suivre Titus dans l'appartement de la reine demeure lettre morte : Antiochus n'obéit pas davantage qu'à la fin de l'acte IV et demeure en scène pour confier à Arsace son désir de suicide. Intervient alors une nouvelle rupture de liaison puisqu'Antiochus doit avoir quitté la scène au moment même où Bérénice et Titus font leur entrée : s'il apercevait Antiochus, Titus ne pourrait pas ne pas l'interpeller (ne souhaitait-il pas que « pour la dernière fois » Antiochus puisse voir combien il aime Bérénice ?) ; Racine ne justifie d'ailleurs pas davantage l'entrée en scène des deux protagonistes que la sortie d'Antiochus : il faut bien que l'ultime tête-à-tête ait lieu sur la scène, il faut bien qu'Antiochus quitte cette même scène pour les laisser seuls.

Mais l'absence d'Antiochus va très vite se faire cruellement sentir : comment Titus pourra-t-il apprendre le « cruel stratagème » de Bérénice (le bruit de son départ cachait sa volonté de suicide) ? Il serait pour le moins malséant que Bérénice l'avouât elle-même, une nouvelle médiation est donc nécessaire : c'est ici, comme à l'acte IV, qu'Antiochus serait utile dans son rôle de simple messager ; en son absence, une simple lettre arrachée assumera, artificiellement, comme l'a bien noté l'abbé de Villars qui raille le « poulet funèbre », la fonction de cette indispensable médiation. On est ici à l'acmé de la tension tragique, que signale l'unique didascalie de la pièce.

Reste à produire un dénouement. Si la pièce ne peut trouver son achèvement que dans un nouveau sursaut dans le pathétique, il faut rappeler, avec Antiochus, non le médiateur, mais le personnage épisodique : « Qu'on cherche Antiochus, qu'on le fasse venir », demande Titus à la fin de la scène, sans plus s'interroger sur les raisons de sa disparition. La quête d'Antiochus laissera à Titus et Bérénice le temps d'un ultime tête-à-tête. Ce retour d'Antiochus *fera*-t-il de lui le personnage épisodique qu'il n'a pas été ? C'est le pari risqué du dénouement racinien, qui n'a pas convaincu les cornéliens. Tout le problème est en effet de savoir *où en est* Antiochus lorsqu'il entre en scène ; le plus raisonnable est de penser qu'il croit encore au revirement de Titus ; on peut dire, avec M. Charles[10], qu'il arrive d'*une autre pièce*, mais que pas

---

10. *Introduction à l'étude des textes*, Le Seuil, coll. « Poétique », 1995, p. 291 :

davantage que dans les quatre premiers actes il ne parviendra à jouer dans la pièce de Titus et Bérénice. La preuve en est que ni Titus ni Bérénice ne songent à l'informer de ce qui s'est joué à la scène précédente : a-t-on assez remarqué que, la pièce finie, Antiochus peut logiquement continuer à croire que Titus « s'est rendu » (v. 1451) ? La preuve en est encore que l'aveu d'Antiochus ne suscite pas d'autre effet qu'une exclamation de Titus : « Mon rival ! ». S'il y a un motif, et même un ressort structurel qui n'a pas été dramaturgiquement exploité, c'est celui de la jalousie de Titus, et c'est bien sûr par là que Racine a voulu rompre spectaculairement avec un traitement cornélien du sujet.

Comment dès lors comprendre l'ultime décision de Bérénice ? Le propos consiste à refermer les deux pièces à la fois pour éviter que deux scènes se jouent en même temps, à intégrer l'épisode à la pièce en hissant *in extremis* Antiochus, au prix, il est vrai, de son complet silence, à la hauteur des deux héros tragiques. « C'en est trop » en effet : rappelés après avoir été congédiés, l'épisode et le « second amant », loin de provoquer le dénouement, viennent perturber l'action principale. L'ironie est d'ailleurs assez cruelle : « Il est temps que je vous éclaircisse », croit devoir déclarer Antiochus, quand précisément cette révélation ne sert plus à rien. « Arrêtez, arrêtez ! » : mieux vaut en effet *réduire* l'épisode et l'annexer purement et simplement à l'action.

On résumera l'ensemble des difficultés rencontrées en disant que Racine n'a cessé, tout au long de sa pièce, de déjouer le modèle classique ou cornélien de la structure épisodique : à la notable exception de l'aveu final d'Antiochus, qui reste sans effets, l'épisode ne parvient pas compliquer l'action principale à la manière d'une seconde pièce qui tenterait d'entrer en concurrence avec la tragédie des protagonistes. On peut le dire autrement : le complexe d'Antiochus, c'est de ne pas être parvenu à rendre Titus jaloux. Et les deux ruptures de liaison des scènes, à l'acte IV et à l'acte V, signalent l'existence, dans le texte dramatique, d'une pièce fantôme qui hante non pas les coulisses mais les structures elles-mêmes, sans jamais parvenir véritablement à entrer en scène : ce sixième acte de *Bérénice* serait celui où le « second amant », au lieu de jouer les « utilités » dans un rôle de messager, s'intégrerait véritablement à l'action, où l'épisode « traverserait » l'action principale en suscitant la jalousie de Titus ; on voit que ce sixième acte de *Bérénice* n'est

---

« Antiochus surgit d'un autre espace dramatique qui est celui de sa tragédie à lui, et précisément du registre pathétique, alors que l'autre tragédie est définitivement passée dans le registre politique et héroïque ».

pas *Tite et Bérénice* : c'est de notre part un exercice de réécriture ; c'est Corneille auteur de *Bérénice* comme P. Mesnard, dans la nouvelle de Borges, est auteur du *Quichotte*.

Cette *Bérénice*-de-Corneille, nous n'avons pas à l'écrire. Le libelle de l'abbé de Villars, dont le goût a été dès longtemps « dépravé » par Corneille ainsi qu'il l'avoue avec bonhommie, nous a conservé une lecture « cornélienne » de la *Bérénice* de Racine. Dans la mesure où la lecture classique reporte sans cesse la pièce lue vers un horizon de textes possibles, elle ne diffère pas en son principe d'une réécriture : elle considère qu'à chaque scène, *il aurait pu en aller autrement*. Le temps de la lecture classique, c'est donc l'irréel du passé. Ainsi, pour l'acte I qui, selon l'abbé, ne s'ouvre sur les adieux d'Antiochus à Bérénice que « pour gagner du temps, pour tricher et pour fournir un acte »[11] :

> Si cet Antiochus eût ouvert le Théâtre, en disant qu'il a su que Titus veut renvoyer Bérénice, ce qu'il dit n'eût pas été si éloigné de la Catastrophe. Le confident eût pu lui inspirer de demander la Reine à l'Empereur, et là-dessus s'étendre sur les hauts faits d'Antiochus à Jérusalem, qui pouvaient le mettre en droit de prétendre à cette récompense : il n'en eût pas moins fait sa déclaration d'amour à Bérénice, et tout ce qu'ils disent de tendre eût pu subsister. Il eût pu ensuite faire pressentir à la Reine l'inconstance de Tite, et ainsi tout cet Acte n'eût pas été hors d'œuvre comme il est, et la protase y eût été achevée : on se fût attendu que le Roi de Comagène eût pu contribuer au nœud et au dénouement ; et l'on ne l'eût pas regardé dès lors comme un acteur inutile, qui n'est introduit que pour faire perdre du temps, et pour donner un rôle ennuyeux et vide au mari de la Champmêlé.

L'abbé de Villars n'a de cesse de récrire ainsi la pièce pour projeter « l'épisode » qui lui fait défaut ; la *Bérénice*-de-Corneille en a dramatiquement besoin, alors que la *Bérénice*-de-Racine telle que la dessine, en réponse à l'abbé, la Préface de la pièce se passe fort bien d'un « second amant » : la Préface observe un complet silence sur le personnage d'Antiochus.

L'argument de la *Critique* est assez clair : Villars dénonce la fonction seulement dilatoire d'Antiochus, pour mieux corréler l'inanité de l'action au déficit de l'épisode (en quoi il se révèle un

---

11. Pléiade, p. 512 *sq.* ; GF, p. 131 *sq.*.

lecteur attentif des *Discours* de Corneille) :

> Sans le Prince de Comagène, qui est naturellement prolixe en lamentations et irrésolutions, et qui a toujours un *toutefois* et un *Hélas* de poche pour amuser le Théâtre, il est certain que toute cette affaire s'expédierait en un quart d'heure, et que jamais action n'a si peu duré.

De l'inutilité structurelle d'Antiochus témoignent, par exemple, la vanité de son désir de « fuite », et plus encore l'indifférence profonde de Titus à son égard. Il n'est que de relire les questions purement rhétoriques que l'empereur énonce au lever de rideau de l'acte III (« Quoi ! Prince, vous partiez ? ») : Titus ne saurait mieux dire qu'il ne parvient pas un instant à imaginer Antiochus participant réellement à la pièce.

> Il n'était nullement vraisemblable qu'un grand Roi, favori de l'Empereur, eût voulu partir secrètement de Rome sans que cet Empereur, qui l'aime si fort et qui le fait arrêter, veuille savoir le sujet de sa fuite, ne le lui demande que par manière d'acquit, et n'en attende pas la réponse.

S'il a une existence dramatique, le « second amant » n'entre donc pas véritablement dans l'architecture de la tragédie ; il faut, note l'abbé, toute l'insistance d'Arsace pour qu'il consente seulement à *tenter* d'agir :

> Ce n'est pas que je fusse satisfait le premier jour de cet Écuyer inutile. Puisque la violence de l'amour empêchait son Maître de rien imaginer pour nouer agréablement l'aventure, et qu'il se contentait de s'exclamer à tout propos, et de maudire le Ciel et la fortune ; il fallait lui inspirer de faire quelque chose, ou pour empêcher que Titus n'épousât Bérénice, quand il croyait l'affaire en ces termes, ou pour l'épouser, quand il croyait que Titus l'allait renvoyer. Si ce confident a eu ses raisons pour n'embarrasser pas son Maître en aucune intrigue, parce qu'il ne le jugeait peut-être pas capable de la mener ; le poète en a eu assurément beaucoup de nous faire voir en ce Prince, que l'amour outre les désordres, qu'il a faits en Titus et Bérénice, en fait encore un ici, dont tout le monde ne s'aperçoit pas ; et nous apprend qu'un homme amoureux est si peu capable de rien faire

pour les autres, que même en ce qui regarde son
amour, il n'est pas en état de rien entreprendre pour
soi-même.

On ne peut alors justifier l'invention d'Antiochus que sur le seul
plan du pathétique, encore celui-ci nuit-il gravement à l'équilibre de
la pièce :

Je m'allai mettre en tête que le Roi de Comagène
était plus honnête homme que Titus, et j'en eus plus
de pitié que de cet Empereur. La discrétion et la
générosité de son amour me faisait préferer ce Prince
à l'amant timide qui n'osait exécuter ce qu'il avait
promis à une Reine, et juré durant cinq années
entières, et qui n'en était empêché que par la crainte
du Sénat, en un temps où les Empereurs étaient hors
de page.

Mais où est, par ailleurs, la cohérence ou *convenance* du
« caractère » d'Antiochus ?
Comment comprendre qu'Antiochus puisse venir supplier Titus
« d'aller empêcher Bérénice de se tuer », qu'invité aussitôt après
par l'empereur à se rendre auprès de la reine, il trouve « plus à
propos », « par des raisons inconnues », « de demeurer sur le
théâtre, et de s'évaporer en exclamations, pour donner tout loisir à
sa maîtresse de s'abandonner au désespoir » ?
Faute d'avoir suffisamment élaboré l'épisode, Racine a
finalement préféré mettre en œuvre un « tissu galant de madrigaux
et d'élégies » plutôt que de construire une authentique tragédie :

L'Auteur a trouvé à propos pour s'éloigner du
genre d'écrire de Corneille, de faire une pièce de
Théâtre, qui depuis le commencement jusqu'à la fin,
n'est qu'un tissu galant de Madrigaux et d'Élégies :
et cela pour la commodité des Dames, de la jeunesse
de la Cour, et des faiseurs de recueils de pièces
galantes.
Il ne faut donc pas s'étonner s'il ne s'est pas mis
en peine de la liaison des Scènes, s'il a laissé
plusieurs fois le Théâtre vide et si la plupart des
scènes sont si peu nécessaires. Le moyen d'ajuster
tant d'Élégies et de Madrigaux ensemble, avec la
même suite que si on eût voulu faire une Comédie
dans les règles ? [...] N'est-il pas plus adroit, sans
s'aller embarrasser d'incidents, d'avoir ménagé [une
unique Scène], et d'en avoir fait cinq Actes ? [...]

> On se délivre par ce stratagème, de la fatigue que
> donnait à Sophocle le soin de conserver l'unité
> d'action dans la multiplicité des incidents.

Et de la peine que donnait à Corneille le soin de conserver « l'unité d'intrigue » dans la multiplicité des incidents qu'entraîne la concurrence entre action principale et « deuxième fil ». Il faut donner raison à l'abbé : si vous aimez la poésie élégiaque, lisez *Bérénice* ; si vous aimez le théâtre, voyez Corneille.

Le sixième acte d'*Iphigénie*

C'est encore à l'aune de la doctrine cornélienne des « acheminements » que l'on évaluera maintenant l'invention racinienne dans *Iphigénie*. Dans son *Discours de la tragédie*, Corneille s'interrogeait sur la marge de manœuvre consentie au dramaturge dans la production de « variantes »[12] :

> L'autre question, s'il est permis de changer quelque chose aux Sujets que l'on emprunte de l'histoire ou de la Fable, semble décidée en termes assez formels par Aristote, lorsqu'il dit *qu'il ne faut point changer les Sujets reçus, et que Clytemnestre ne doit point être tuée par un autre qu'Oreste, ni Ériphyle*[13] *par un autre qu'Alcméon.* Cette décision peut toutefois recevoir quelque distinction, et quelque tempérament. Il est constant que les circonstances, ou si vous l'aimez mieux, les moyens de parvenir à l'action, demeurent en notre pouvoir. L'Histoire souvent ne les marque pas, ou en rapporte si peu, qu'il est besoin d'y suppléer pour remplir le Poème : et même il y a quelque apparence de présumer que la mémoire de l'Auditeur, qui les aura lues autrefois, ne s'y sera pas si fort attachée, qu'il s'aperçoive assez du changement que nous y aurons fait, pour nous accuser de mensonge, ce qu'il ne manquerait pas de faire s'il voyait que nous changeassions l'action principale. Cette falsification serait cause qu'il

---

12. Éd. cit., pp. 115-116.
13. On ne confondra pas le personnage d'Ériphile, tuée par son fils Alcméon pour venger la mort de son père (Amphiaraos) dans une tragédie qui ne nous a pas été conservée, avec l'Ériphile inventée par Racine pour l'action secondaire de sa pièce. Racine fait lui-même allusion à la mort de Clytemnestre, aux v. 1654 et 1662, ainsi que dans la Préface : on sait que c'est le sujet qui assure la charnière entre *Iphigénie à Aulis* et *Iphigénie en Tauride*, pour Euripide tout au moins.

> n'ajouterait aucune foi à tout le reste ; comme au
> contraire il croit aisément tout ce reste, quand il le
> voit servir d'acheminement à l'effet qu'il sait être
> véritable, et dont l'Histoire lui a laissé
> l'impression.

Le dénouement ne peut en aucun cas être modifié : d'abord parce qu'il est généralement connu du spectateur qui peut bien avoir oublié le détail de l'intrigue, mais non pas sa conclusion ou son terme ; ensuite parce que la fidélité au dénouement connu vient cautionner à rebours les inventions du dramaturge qui a pu mettre à profit les silences de l'histoire ou de la fable sur tel ou tel détail pour promouvoir de nouvelles « circonstances » : pour peu que l'on rejoigne l'événement final dont le spectateur a gardé la mémoire, tous les « acheminements », fussent-ils inédits, se trouveront validés. Le plaisir esthétique classique est ainsi un plaisir de la reconnaissance et de la surprise tout à la fois ; tout le temps de la représentation, le spectateur confronte le texte dramatique à son propre « texte » – la trame du sujet telle qu'elle figure au répertoire de la mémoire commune – et le plaisir consiste à évaluer comment le dramaturge a su trouver une « voie » inédite pour donner au conflit une issue par avance connue.

On mesure alors l'audace de Racine dans le « changement » apporté au dénouement de la pièce d'Euripide, indubitablement connu de ses spectateurs : au lieu du sacrifice attendu, on assiste au suicide d'un personnage inventé « substitué » *in extremis* au personnage éponyme, Ériphile se révélant être l'Iphigénie réclamée par l'oracle. Comment comprendre que Racine ait pu prendre ainsi, en connaissance de cause, le risque de discréditer toute l'action en modifiant précisément ce qui devait, selon la poétique classique d'Aristote à Corneille, demeurer intangible ? En 1640 encore, soit une génération en amont, un autre des grands rivaux de Corneille, Jean de Rotrou, pouvait donner avec une *Iphigénie* respectueuse du dénouement original l'une des plus belles pièces du premier XVIIe siècle.

Les jugements contemporains sur l'*Iphigénie* racinienne qui nous ont été conservés, se font l'écho du trouble ressenti par le premier public devant cette violation délibérée des lois de la réécriture : la « catastrophe » d'*Iphigénie*, le ressort même du dénouement, a été partout condamnée, note un critique anonyme[14], si bien que lors de l'édition de la pièce, Racine ne pouvait pas

---

14. *Remarques sur l'*Iphigénie *de Monsieur Racine* (1675), Pléiade, p. 804 ; GF, p. 172.

manquer de justifier et l'invention d'Ériphile et le changement apporté au dénouement.

> Quelle apparence que j'eusse souillé la scène par le meurtre horrible d'une personne aussi vertueuse et aussi aimable qu'il fallait représenter Iphigénie ? Et quelle apparence encore de dénouer ma tragédie par le secours d'une déesse et d'une machine, et par une métamorphose, qui pouvait bien trouver quelque créance du temps d'Euripide, mais qui serait trop absurde et trop incroyable parmi nous ?

Le dénouement original tenait du merveilleux païen et supposait techniquement une « machine » : si l'on en croit Racine, c'est donc au nom des « bienséances » tout autant que de la vraisemblance qu'il s'est imposé de modifier ce dénouement au risque de violer le texte du spectateur (en rendant *désormais* impossible, notons-le au passage, une *Iphigénie en Tauride*)[15] ; le public contemporain n'aurait pu voir « sans horreur » un père sacrifier son enfant innocente, ni accepter de croire à une « métamorphose » par trop merveilleuse qui aurait rompu l'illusion théâtrale. L' « heureuse invention d'Ériphile » permet de remédier à ce qui se trouve ici désigné comme une double inadaptation du sujet d'*Iphigénie* aux attentes du public classique : avec Ériphile, c'est un personnage méchant, sinon « fautif » et étranger à l'univers familial d'Agamemnon, qui se trouve mis à mort ; avec la « reconnaissance » dans le personnage secondaire, ou « épisodique », de la victime désignée par l'oracle, c'est le dénouement tout entier qui échappe au merveilleux, donc à l'invraisemblance.

Mais en quoi, au juste, la substitution finale d'Ériphile à Iphigénie remédie-t-elle à l'horreur que peut inspirer à ce même public le noir dessein d'Agamemnon qui constitue tout au long de la pièce le sujet du débat dramatique ? Et le dénouement choisi est-il seulement vraisemblable : comment accepter de croire à une « reconnaissance » aussi providentielle ? Ou encore, comme le notait le même critique contemporain :

---

15. Et c'est sans doute par là qu'on mesure mieux le « coup de force » du dénouement racinien : sa « résolution » du sujet d'*Iphigénie à Aulis* interdit non seulement une *Iphigénie en Tauride*, qui suppose l' « enlèvement » par Diane de la victime pour l'instituer en prêtresse sacrifiante, mais tout l'intervalle, soit l'*Orestie* tout entière et la meilleure part du cycle des Atrides (*Agamemnon*, *Les Choéphores* et *Les Euménides* d'Eschyle, les deux *Électre* de Sophocle et Euripide)...

> Monsieur Racine dit dans sa préface qu'il n'a pu se
> déterminer à dénouer sa pièce par le secours de Diane
> et d'une machine peu vraisemblable. C'est une raison
> pour ne recourir pas à une machine, mais ce n'en est
> pas une pour autoriser un changement si prompt, et
> qui n'a aucune préparation. Monsieur Racine dit
> aussi qu'il n'y avait nulle apparence de souiller la
> scène par le meutre horrible d'une personne aussi
> vertueuse et aussi aimable qu'il représente Iphigénie.
> J'avoue que le meurtre d'Iphigénie serait quelque
> chose d'horrible, mais je ne crois pas que le dessein
> qu'Agamemnon en avait formé et toutes ses
> démarches pour y parvenir doivent faire moins
> d'horreur.

Au reste, si le sujet d'*Iphigénie en Aulis* était impropre au traitement classique de l'action tragique au point qu'il fallait nécessairement en changer le dénouement, pourquoi donc Racine l'a-t-il choisi ?

Il faut prendre ici les choses d'assez loin. Si la fin de la tragédie consiste bien à éveiller la crainte et la pitié du spectateur, le sujet d'*Iphigénie* pouvait d'abord sembler un des meilleurs qui soient. Parmi les événements les mieux aptes à susciter les deux émotions tragiques, Aristote plaçait au tout premier rang « le surgissement des violences au sein des alliances »[16] ; Corneille, dans le *Discours de la tragédie*, commentait ainsi ce passage fameux du chapitre 14 de la *Poétique*[17] :

> La raison en est claire : les oppositions des
> sentiments de la Nature aux emportements de la
> passion, ou à la sévérité du devoir, forment de
> puissantes agitations, qui sont reçues de l'Auditeur
> avec plaisir, et il se porte aisément à plaindre un
> malheureux opprimé, ou poursuivi par une personne
> qui devrait se porter à sa conservation, et qui
> quelquefois ne poursuit sa perte qu'avec déplaisir, ou
> du moins avec répugnance.

On comprend ce que le sujet d'*Iphigénie* pouvait avoir de séduisant pour un dramaturge tragique : le dilemme d'Agamemnon, déchiré entre ses responsabilités politiques de chef de l'expédition grecque et son amour paternel, autorisait des scènes particulièrement

---

16. *Poétique*, chap. 14 (52 b 14 *sq.*), trad. R. Dupont-Roc et J. Lallot, Le Seuil, coll. « Poétique », 1980, p. 81.
17. Éd. cit., p. 106.

pathétiques ; en désignant Iphigénie, l'oracle lui impose d'immoler celle-là même dont il devait conserver les jours.

Mais est-ce bien une émotion pathétique que, dans l'intrigue originale, la perspective du sacrifice d'Iphigénie suscite ? L'horreur qu'inspire le dessein d'Agamemnon ne prend-elle pas finalement le pas sur le pathétique lié au destin prévisible de la jeune victime ? Aristote, dans le chapitre 13 de la *Poétique* où se trouve définie la configuration tragique idéale, excluait du répertoire des sujets authentiquement tragiques les histoires dans lesquelles on voit un innocent sacrifié, un « juste passer du bonheur au malheur » : un tel événement suscite en effet moins la pitié que la répulsion (*miaron*)[18], l'indignation s'imposant au détriment de l'apitoiement. Corneille, commentant ce passage dans le même *Discours de la tragédie*, glosait ainsi le terme grec de *miaron* qu'il traduisait par « injuste »[19] :

> Quelques Interprètes poussent la force de ce mot grec de *miaron*, qu'il fait servir d'Épithète à cet événement [*i.e.* le fait qu'un homme vertueux tombe de la félicité dans le malheur], jusqu'à le rendre par celui d'*abominable*. À quoi j'ajoute qu'un tel succès excite plus d'indignation et de haine contre celui qui fait souffrir, que de pitié pour celui qui souffre, et qu'ainsi ce sentiment, qui n'est pas le propre de la tragédie, à moins que d'être bien ménagé, peut étouffer celui qu'elle doit produire, et laisser l'Auditeur mécontent par la colère qu'il remporte et qui se mêle à la compassion, qui lui plairait s'il la remportait seule.

C'est la nature même du sujet d'*Iphigénie* qui se trouve ainsi disqualifiée aux yeux d'un Corneille : le sacrifice d'une fille innocente par son propre père est une action proprement monstrueuse, qui confine à l'inadmissible, c'est-à-dire en définitive à une forme d'invraisemblance. L'intervention d'un *deux ex machina* chez Euripide témoigne sans doute du même souci d'éviter que la pitié et la crainte ne se transforment en horreur. Le sujet d'*Iphigénie*, qui mène les émotions tragiques jusqu'à leur paroxysme – et c'est en quoi il a d'abord séduit Racine –, ne peut éviter de verser dans l' « horreur » qu'au prix d'un tel subterfuge.

Si l'on examine maintenant la structure de l'*Iphigénie à Aulis* d'Euripide, on ne peut davantage conclure à l'excellence du sujet.

---

18. Aristote, *Poétique*, chap. 13 (52 b 34 *sq.*), éd. cit., p. 77.
19. Éd. cit., p. 98.

L'intrigue originale relève certes d'un « renversement » (*metabolè* ou *metabasis*) du bonheur au malheur, matrice de toute tragédie, mais elle offre une histoire trop « simple », un enchaînement trop linéaire des faits ; il lui manque ce qui fait, toujours selon Aristote, les histoires « complexes » et les meilleures intrigues : un véritable « coup de théâtre » (*peripeteia*) et une « scène de reconnaissance » (*anagnôrisis*), et *a fortiori* la combinaison de ces deux ressorts qui entraîne nécessairement crainte et pitié[20], comme dans l'archétype de la tragédie qu'est *Œdipe*. Dans l'*Iphigénie en Tauride* du même Euripide, on trouve, en revanche, une telle combinaison de la « péripétie » et de la « reconnaissance » ou « agnition » : Iphigénie reconnaît son frère Oreste au moment même où elle s'apprêtait à le faire périr en le promettant à un sacrifice barbare. De toutes les figures du « renversement par reconnaissance », celle au cours de laquelle celui « qui était prêt de faire périr un de ses proches sans le connaître, le reconnaît assez tôt pour le sauver » est, aux dires d'Aristote qui donne alors l'*Iphigénie en Tauride* en exemple, la meilleure[21]. Mais dans cette seconde *Iphigénie*, la scène de reconnaissance entre le frère et la sœur vient « sauver » les deux personnages, et rompre avec le pathétique sinon avec le tragique puisque la pièce s'achève sur un dénouement heureux...

On conçoit l'embarras d'Aristote, souligné par ses traducteurs[22], à l'égard des deux chefs d'œuvre d'Euripide : c'est précisément parce qu'Euripide donne généralement à ses tragédies une fin malheureuse qu'il doit être dit, selon Aristote comme selon Racine dans sa Préface[23], *tragikotatos*, « le plus tragique des poètes ». Or, l'*Iphigénie en Tauride*, qui voit le passage du malheur au bonheur d'une vierge innocente, est la tragédie la plus souvent citée dans la *Poétique*, sauf précisément lorsqu'il s'agit d'évaluer les meilleurs dénouements tragiques. Racine qui avait d'abord projeté une *Iphigénie en Tauride,* dont le canevas du seul premier acte nous a été conservé, a renoncé à l'exercice, faute sans doute d'avoir pu imaginer une variante authentiquement tragique au dénouement.

---

20. *Poétique*, chap. 10 (52 a 12 sq.) et 11 (52 a 22 *sq.*), éd. cit., pp. 69-71.
21. *Poétique*, chap. 14 (52 a 4 sq.), éd. cit., p. 83. Nous citons la traduction du passage proposée par Corneille (*Ibid*, p. 107).
22. Éd. cit., p. 241 : « On se défend difficilement de l'idée que le silence quasi-total de la *Poétique* sur l'*Iphigénie à Aulis* dissimule une tension entre les normes théoriques affirmées et des données de fait élémentaires relevant de l'expérience esthétique du spectateur ». Voir également p. 243, pour les ambiguïtés d'Aristote dans son jugement d'*Iphigénie en Tauride*.
23. En quoi Racine ne manque pas d'audace, puisque la variante apportée au dénouement donne à la tragédie une « fin » plus heureuse encore que dans la pièce d'Euripide...

Quant à *Iphigénie à Aulis* du même Euripide, on y voit une innocente marcher au sacrifice, dans un enchaînement qui ne fait aucune place au coup de théâtre, sinon lors de l'enlèvement de la victime par Artémis, ni même à la « reconnaissance », qui forment les deux ressorts tragiques par excellence ; la pièce fournit en outre l'exemple d'un personnage irréprochable dont la mort, décidée par son propre père en connaissance de cause, est propre à susciter non la pitié mais l'horreur. Résumons la lecture aristotélicienne des deux sujets, qui devait suffire à dissuader un Racine de se livrer à une réécriture de l'un ou de l'autre : l'histoire d'Aulis offre bien un renversement tragique, mais son pathétique n'est pas le bon ; l'histoire de la Tauride offre une excellente scène de reconnaissance, mais son dénouement n'est pas tragique.

Mais qui ne voit qu'il suffirait de combiner les deux structures pour annuler leur imperfection individuelle et produire la plus parfaite des tragédies ? En introduisant une scène de reconnaissance dans l'intrigue d'*Iphigénie à Aulis*, on transformerait d'abord une intrigue trop linéaire en une intrigue « complexe », riche en rebondissements pathétiques ; en amenant cette scène de reconnaissance par un coup de théâtre au dénouement, on atteindrait au plus haut degré de ce pathétique ; et en faisant en sorte que ce dénouement voit le passage du bonheur au malheur d'un personnage qui aurait mérité son châtiment, on donnerait à cette *nouvelle* tragédie cette fin authentiquement tragique qui manquait à *Iphigénie en Tauride* tout en amendant « l'horreur » du sujet. Il suffirait finalement de doter le personnel dramatique d'*Iphigénie à Aulis* d'un nouveau personnage, avec lequel le personnage éponyme pût être confondu jusqu'au coup de théâtre et à la reconnaissance... Cette pièce possible pourrait bien alors constituer le parangon de la tragédie, supérieure même au drame d'*Œdipe Roi*, qui offre sans doute reconnaissance et coup de théâtre, mais dans lequel l'acte effrayant est produit non dans le temps de la représentation mais en amont du drame, si bien que tout le pathétique du sujet se trouve concentré dans le dénouement, comme Corneille l'avait bien compris.

Cette tragédie parfaite, Racine n'avait pas exactement à l'inventer, comme l'a suggéré G. Forestier[24] : il se trouve qu'Aristote, dans le même passage où il souligne l'excellence de la

---

24. Dès son *Esthétique de l'identité dans le théâtre français (1550-1680)*, Genève, Droz, 1988, p. 588 ; l'hypothèse est reprise et développée dans son édition de la pièce (Pléiade, p. 1570).

combinaison du coup de théâtre et de la reconnaissance dans *Œdipe*, mentionnait le dénouement d'une pièce de Théodecte dont le texte ne nous a pas été conservé[25] :

> Dans le *Lyncée*, on conduit un personnage à la mort tandis qu'un autre, Danaos, l'accompagne pour le tuer ; mais ce qui résulte du déroulement des actions c'est que Danaos meurt tandis que l'autre est sauvé.

Tout autant qu'une *Iphigénie à Aulis* qui emprunterait à *Iphigénie en Tauride* le ressort majeur de la reconnaissance, c'est donc finalement le modèle de *Lyncée* que Racine se trouve avoir « récrit », en produisant ainsi l'hypertexte d'un hypotexte perdu.

Pour l'invention d'un nouveau personnage, et la production d'une action secondaire ou « épisode » susceptible à la fois de renouveler le pathétique du sujet et de reconfigurer son dénouement, Racine a peut-être médité un autre modèle, presque contemporain celui-là, comme G. Forestier en a également fait l'hypothèse[26] :

> On ne saurait trop souligner ce qui rapproche l'*Iphigénie* racinienne de l'*Œdipe* cornélien. [...] Est-ce par hasard que Racine explique ses modifications par rapport à son modèle grec en parlant de « l'heureux personnage d'Ériphile » comme Corneille parlait de « l'heureux épisode des amours de Thésée et Dircé » en expliquant les siennes ? On peut penser qu'en récrivant une des plus fameuses tragédies grecques, Racine soit allé voir comment Corneille avait récrit la plus fameuses de toutes. Et s'il le signale aux connaisseurs, c'est qu'il a encore trop d'ennemis pour ne pas vouloir leur couper l'herbe sous le pied en leur rappelant discrètement la garantie de son prestigieux prédécesseur.

Il faut s'arrêter sur ce terme d' « heureux » : il s'agit bien d'une heureuse trouvaille du dramaturge (un bonheur très exactement structrural : *se non è vero, è ben trovato*). Soucieux de corriger ce que la structure d'*Œdipe Roi* pouvait avoir de défectueuse, en ce qu'elle concentrait, du fait même de l'ignorance d'Œdipe, l'essentiel

---

25. *Poétique*, chap. 11 (52 a 27-29), éd. cit., p. 71. Parmi les treize tragédies (perdues) de Théodecte, on sait que figurait l'histoire d'Alcméon et Ériphyle dont il a été question ci-dessus : il n'est donc pas exclu que le choix du nom d'Ériphile pour son personnage épisodique soit aussi, de la part de Racine, un discret signal de ce « jeu » intertextuel avec Aristote... et Corneille.
26. *Op. cit.*, p. 584 ; et Pléiade, p. 1570.

du pathétique dans son dénouement, Corneille s'était ingénié, avec beaucoup d'audace, à introduire dans l'intrigue originale une action épisodique liée à un personnage inventé : alors que la peste sévit à Thèbes, un oracle, énoncé par l'ombre de Laïus, demande que le régicide soit racheté par son propre « sang ». Seule enfant connue de Laïus, Dircé, qui se trouve sans le savoir être la sœur d'Œdipe, est d'abord reconnue comme la victime désignée par l'oracle ; par amour pour elle, Thésée se fait passer à partir de l'acte III pour le fils cru mort de Laïus et de Jocaste – celui-là même que l'on reconnaîtra finalement, au dénouement, être le seul Œdipe. L'ambiguïté sémantique de l'oracle (dont Racine s'est à l'évidence souvenu dans *Iphigénie*)[27], autorise ainsi un jeu de réinterprétation à la faveur duquel Corneille a su distribuer et renouveler le pathétique tout au long de la pièce ; l'introduction de l'épisode, loin d'apporter seulement à la pièce une intrigue amoureuse dont l'original grec était absolument dépourvu, complique encore le drame œdipien d'un conflit politique, puisque les amours de Thésée, prince athénien, et de Dircé, seule héritière légitime de Laïus jusqu'au dénouement, constituent une menace pour le trône d'Œdipe. Nul doute que Racine ait médité l'invention cornélienne, et soupesé les variantes que l'introduction d'un épisode dans une structure empruntée à une tragédie grecque autorise. On pourrait pousser sans peine l'analyse, et souligner que dans la pièce de Corneille le personnage épisodique sert à dissimuler jusqu'au dénouement l'identité de la victime véritable, alors que dans l'*Iphigénie* racinienne, c'est le personnage éponyme qui occupe le devant de la scène jusqu'à ce que le personnage épisodique soit reconnu comme coupable. *Iphigénie* de Racine, c'est un peu l'anti-*Œdipe*.

En quoi le traitement racinien de l'épisode se distingue-t-il du modèle classique, ou cornélien ? Si l'on s'en tient à la synthèse élaborée par J. Scherer[28] à partir des différentes poétiques de l'âge classique, au premier rang desquelles les *Discours* de Corneille, la doctrine de l'unité d'action, et donc de la nécessaire unification de l'action principale et de l'action secondaire ou épisode, s'énonce selon quatre critères.

Critère d'inamovibilité – On ne doit pas pouvoir supprimer l'intrigue secondaire « sans rendre partiellement inexplicable l'intrigue principale ». De fait, on ne peut résumer l'intrigue d'*Iphigénie* sans mentionner Ériphile. Le personnage inventé par

---

27. Comme l'a souligné l'auteur des *Remarques* qui procède à la comparaison pour conclure à la supériorité de Corneille, Pléiade, p. 798 *sq.* ; GF, p. 170 *sq.*.
28. *La Dramaturgie classique en France*, Paris, Nizet, s.d.; rééd. 1986, p. 103.

Racine s'avère indispensable non seulement au dénouement mais au
nœud de la pièce. Dès la scène 1 de l'acte I, avant même son entrée
en scène, l'existence d'Ériphile sert la vraisemblance du stratagème
d'Agamemnon, qui incite Arcas à appuyer de vive voix la lettre
invitant Iphigénie et Clytemnestre à rebrousser chemin (vv. 150-
155 *sq.*) :

> Je leur écris qu'Achille a changé de pensée,
> Et qu'il veut désormais jusques à son retour
> Différer cet hymen que pressait son amour.
> Ajoute, si tu veux, que des froideurs d'Achille
> On accuse en secret cette jeune Ériphile
> Que lui-même captive amena de Lesbos [...]

Et c'est bien la présence d'Ériphile qui assure le succès, même à
contretemps, de la ruse d'Agamemnon : à la scène 4 de l'acte II,
Clytemnestre n'a pas d'hésitation à imputer à celle qu'elle pense être
la « rivale » d'Iphigénie le revirement supposé d'Achille (vv. 653-
656). Localement, Ériphile s'avère pour le dramaturge une
« utilité » bien commode : Achille, tenue dans l'ignorance par
Agamemnon, ne peut apprendre que d'Ériphile la raison de l'arrivée
inopinée d'Iphigénie et de son départ précipité (II, 7). À l'autre
extrémité de la pièce, c'est à l'action d'Ériphile que l'on doit,
semble-t-il, le principal rebondissement qui précipite la pièce vers
son dénouement : c'est elle qui, dans l'intervalle des actes IV et V,
ébruite le projet de fuite d'Iphigénie; on est alors au bord de la
guerre civile (V,1, vv. 1498-1501). Mais on verra qu'il n'est pas si
facile de dire en quoi consiste exactement l'*action* d'Ériphile.

　　Critère de continuité – L'épisode doit « prendre naissance dès
le début de la pièce » et se poursuivre jusqu'au dénouement. Le
personnage d'Ériphile, on l'a vu, est mentionné dès la scène
d'exposition. Elle entre en scène *à peu près* en même temps
qu'Iphigénie, à l'acte II, même si c'est pour garder le silence ;
Racine a pris soin de lui donner une fonction dans ce premier
entretien entre Agamemnon et sa fille : c'est d'abord à la présence
de la princesse étrangère qu'Iphigénie impute la froideur
d'Agamemnon. Ériphile enfin est présente – et pour cause – au
dénouement, dont elle est finalement la véritable héroïne. On aura
cependant à se demander quel sens revêt non seulement le fait que le
personnage épisodique soit placé hors scène tout au long de l'acte V,
mais encore tenu littéralement en lisière de l'acte IV, où elle figure
seulement à la scène 1 et à la scène 11 et dernière, *s a n s
communiquer* avec aucun autre personnage que sa confidente Doris,
au prix de d'une rupture (au moins) de la liaison des scènes.

Critère de nécessité – Le développement de l'épisode, comme celui de l'action principale, doit découler des données de l'exposition selon un enchaînement nécessaire des faits, « sans introduction tardive d'événements dus au hasard », fait encore valoir J. Scherer ; la reconnaissance en Ériphile d'une « autre Iphigénie » est sans doute un coup de théâtre – et une solution dramatique proprement inédite – mais le ressort n'apparaît pas comme arbitraire ; il a été en effet soigneusement annoncé, donc rendu d'avance vraisemblable (soit « motivé »), par un Racine assez conscient de l'audace de son invention. Il vaut la peine d'énumérer ces différentes annonces. L'histoire d'Ériphile, qu'aucun des personnages ne peut exactement ignorer, même si l'identité de la princesse demeure voilée, nous est régulièrement rappelée (I, 1, vv. 150-155 déjà cités; IV, 4, v. 1281 *sq.*) : nul doute que Racine ait voulu ainsi « acheminer » le dénouement, et atténuer l'horreur que l'image récurrente du sacrifice d'Iphigénie pouvait susciter dans l'esprit du spectateur.

Il y a mieux : tous les personnages semblent animés de pressentiments à l'égard de la princesse étrangère. Ainsi d'Agamemnon face à Achille, dès la scène 2 du premier acte (vv. 337-342) :

> Que dis-je ? Les Troyens pleurent une autre Hélène
> Que vous avez captive envoyée à Mycène.
> Car, je n'en doute point, cette jeune beauté
> Garde en vain un secret que trahit sa fierté;
> Et son silence même, accusant sa noblesse,
> Nous dit qu'elle nous cache une illustre princesse.

Il est encore plus clair, dès la scène 4 (vv. 345-348), que le « destin » d'Ériphile est entre les mains de ce personnage invisible qui s'est fait l'interprète des dieux pour condamner *par ailleurs* Iphigénie : Calchas.

> [Iphigénie] amène cette jeune Ériphile,
> Que Lesbos a livrée entre les mains d'Achille,
> Et qui de son destin, qu'elle ne connaît pas,
> Vient, dit-elle, en Aulide interroger Calchas.

Mieux encore, Clytemnestre est explicitement animée du désir, tout autant que du pressentiment, d'un *autre* dénouement.

> Il faudra que Calchas cherche une autre victime (III, 6, v. 946)

> Un oracle dit-il tout ce qu'il semble dire ? (IV, 4, v. 1266)

Ériphile, de son côté, dès son entrée en scène, se sait elle-même sous le coup d'un autre oracle, et ne fait pas mystère des raisons de sa venue en Aulide où elle vient consulter Calchas, seul dépositaire du secret de sa naissance (II, 1, vv. 424-430) :

> Remise dès l'enfance en des bras étrangers,
> Je reçus et je vois le jour que je respire,
> Sans que mère ni père ait daigné me sourire.
> J'ignore qui je suis; et pour comble d'horreur,
> Un oracle effrayant m'attache à mon erreur,
> Et quand je veux chercher le sang qui m'a fait naître,
> Me dit que sans périr je ne puis me connaître.

Avec les répliques qu'il prête à son personnage inventé, Racine introduit donc délibérément du *jeu* entre la trame de la pièce et le texte du spectateur, au point qu'Ériphile semble douée d'une véritable prémonition de son destin ; toute la première scène de l'acte IV porte les marques de cette ironie tragique (vv. 1125-1126) :

> Non, te dis-je, les dieux l'ont en vain condamnée :
> Je suis et je serai la seule infortunée.

Résumons l'information que Racine fait ainsi circuler : on soupçonne qu'Ériphile est de sang royal ; on devine les raisons de sa présence en Aulide et le rôle que Calchas est appelé à jouer dans la révélation de son identité ; elle se sait elle-même sous le coup d'un oracle fatal ; et, *last but not least*, on connaît l'existence d'une fille d'Hélène et de Thésée dont l'identité est encore inconnue : Calchas l'a « mille fois » répété (v. 1283).

Et c'est peut-être mille fois de trop : comment se fait-il que personne ne songe, tout le temps du drame, à « recouper » ces différentes informations ? Pour s'épargner des frayeurs inutiles, il eût été plus court d'aller trouver Calchas... Comme l'auteur des *Remarques sur Iphigénie* déjà cité se plaît à le souligner, le traitement racinien de l'épisode malmène quelque peu la vraisemblance[29] :

> Calchas n'avait pas si bien gardé le secret que le père
> de Doris, et Clytemnestre le marque en ces vers, en
> parlant d'Hélène à Agamemnon [v. 1280 *sq.*].
> *Avant qu'un nœud fatal l'unit à votre frère,*
> *Thésée avait osé l'enlever à son père.*

---

29. Pléiade, p. 804 ; GF, p. 173.

> *Vous savez, et Calchas mille fois vous l'a dit,*
> *Qu'un hymen clandestin mit ce prince en son lit,*
> *Et qu'il en eut pour gage une jeune Princesse,*
> *Que sa mère a cachée au reste de la Grèce.*
> Calchas savait plus encore, car il n'ignorait pas que cette fille du sang d'Hélène avait été nommée Iphigénie. Il le dit dans la dernière scène de la pièce [v. 1751 *sq.*].
> *Thésée avec Hélène uni secrètement,*
> *Fit succéder l'hymen à son enlèvement :*
> *Une fille en sortit, que sa mère a celée,*
> *Du nom d'Iphigénie elle fut appelée.*
> *Je vis moi-même alors ce fruit de leurs amours,*
> *D'un sinistre avenir je menaçai ses jours.*
> Je ne m'arrête pas à remarquer le peu de vraisemblance qu'il y a que l'enlèvement d'Hélène ayant été public, son mariage avec Thésée et la naissance d'Ériphile aient pu être ensevelis dans un si profond secret, qu'on l'ait élevée dans des sentiments de princesse, et qu'elle ait été reconnue en cette qualité, sans que qui que ce soit ait démêlé cette intrigue. Mais j'admire que Calchas ayant prononcé l'oracle qui demandait qu'une fille du sang d'Hélène fût sacrifiée, et l'ayant désignée sous le nom d'Iphigénie, il se soit opiniâtré à demander le sang de la fille d'Agamemnon, et qu'il ne se soit souvenu pendant un si long temps qu'Hélène avait une fille appelée Iphigénie, qu'il avait lui-même menacée d'une mort violente. Comment s'imaginer qu'il n'ait fait aucune réflexion que la déesse demandait plutôt le sang de cette fille d'Hélène que la fille d'Agamemnon ? Voilà un devin de malheureuse mémoire, de ne la rappeler pas au spectacle cruel des déplaisirs d'Agamemnon.

On voit ici encore que la lecture « classique », qui interroge les possibles qu'autorisait le texte, mais qu'il a refusés, ne diffère pas d'une réécriture (il reste possible d'imaginer le texte autrement qu'il n'est).

Notre critique souligne encore que Calchas n'est pas le seul à manquer ainsi de mémoire, et si l'on est attentif à tous les moments de la pièce où il est question d'Ériphile, on reste un peu surpris que nul n'ait pu anticiper le dénouement :

> Ce roi n'en avait pas davantage [de mémoire] lui-même de ne se souvenir pas que Calchas lui avait parlé tant de fois de cette fille d'Hélène de laquelle

> sans doute il ne lui avait pas caché le nom. On
> répondra que c'était un mystère ; je l'avoue, et des
> plus impénétrables. Mais je ne blâme point Calchas
> en qualité de devin ; je ne parle point des choses
> qu'il pouvait savoir par inspiration ; je ne touche
> qu'à la connaissance particulière qu'il avait de la
> naissance et du nom de cette fille d'Hélène, dont il
> avait « mille fois » entretenu Agamemnon, et dont
> il avait parlé si publiquement que Clytemnestre, qui
> le reproche à Agamemnon, ne l'ignorait pas, et que
> plusieurs autres Grecs pouvaient le savoir. Mais d'où
> vient que Calchas est le seul entre les Grecs qui
> connaît Ériphile ? C'est qu'il devait dénouer la pièce.

C'est tout l'arbitraire de l'invention racinienne qui se trouve ainsi
dénoncé. On peut en outre s'interroger sur ce qui a logiquement
précédé le lever de rideau – la spéculation n'est pas vaine : elle
consiste ici encore à jouer avec des possibles effectivement inscrits
dans le texte.

> Enfin, comment se peut-il faire que pendant le séjour
> d'Ériphile à Argos, auprès de Clytemnestre, pendant
> le voyage en Aulide, pendant tout le cours de la
> pièce, Clytemnestre, Iphigénie et tous les Grecs
> n'aient pas eu le moindre soupçon qu'Ériphile était
> cette fille d'Hélène élevée en secret ? Ils avaient
> devant leurs yeux une jeune princesse qui ignorait sa
> naissance et qui était de l'âge de cette fille d'Hélène.
> On la croyait d'un sang illustre, parce qu'elle le
> croyait elle-même, et personne n'approfondit la
> chose, personne n'y fait réflexion. Il faut supposer
> trop de choses pour être persuadé que tout ce que
> Monsieur Racine dit de cette princesse soit
> vraisemblable.

Au vrai, les véritables motivations de Calchas, dont on a en effet
quelque peine à penser qu'il n'ait pas au moins opéré quelques
recoupements, ne sont pas si claires...

Critère de subordination dynamique – C'est ici la pierre
angulaire du dogme de l'unité d'action, que B. Louvat et moi-même
avons proposé de réinterpréter en termes de « concurrence » et non
d'unification synthétique[30]. L'action secondaire, notait simplement
J. Scherer, doit exercer une influence nécessaire sur le déroulement
de l'intrigue tout en lui restant subordonnée. En quoi l'action

---

30. Art. cit., p. 463.

d'Ériphile influence-t-elle *exactement* l'action principale ? Peut-on seulement dire qu'elle a prise sur le cours des événements ? Elle est certes régulièrement animée du désir d'agir :

> Je n'accepte la main qu'elle m'a présentée
> Que pour m'armer contre elle, et sans me découvrir,
> Traverser son bonheur que je ne puis souffrir.
> (II,1, vv. 506-508).

> Et si le sort contre elle à ma haine se joint,
> Je saurai profiter de cette intelligence
> Pour ne pas pleurer seule et mourir sans vengeance.
> (II, 8, vv. 764-766).

> Je ne sais qui m'arrête et retient mon courroux,
> Que par un prompt avis de tout ce qui se passe,
> Je ne coure des dieux divulguer la menace,
> Et publier partout les complots criminels
> Qu'on fait ici contre eux et contre leurs autels.
> (IV, 1, vv. 1128-1132).

Mais ce projet politique, qui voudrait « contre Achille armer Agamemnon », pour semer la discorde dans les rangs de l'expédition grecque en la détournant de Troie (vv. 1133-1140), est sans cesse différé, jusqu'à l'extrême fin de l'acte IV :

> Ah ! je succombe enfin.
> Je reconnais l'effet des tendresses d'Achille.
> Je n'emporterai point une rage inutile.
> Plus de raisons. Il faut ou la perdre ou périr.
> Viens, te dis-je. À Calchas je vais tout découvrir.
> (vv. 1488-1492).

Cette décision d'Ériphile, qui fait d'elle un personnage détestable dont le châtiment satisfera l'exigence de justice du spectateur, intervient au plus mauvais moment : elle est le résultat d'un manque d'information ou plutôt d'une mauvaise interprétation du revirement d'Agamemnon. À la scène 8 de cet acte IV, Agamemnon a pris deux résolutions : il s'abandonne sans plus « rougir » à son amour paternel (« Qu'elle vive »), mais il ne veut pas pour autant paraître céder devant les menaces d'Achille ; la seule solution pour accorder l'exigence affective et le rôle politique consiste à favoriser la fuite d'Iphigénie tout en interdisant désormais le mariage avec Achille (« elle vivra pour un autre que lui », v. 1460). Face à Clytemnestre et Iphigénie, dans la scène 10, Agamemnon ne dévoile que le versant affectif de cette double résolution ; présente à la scène, Ériphile en ignore donc le versant politique, et interprète le dessein du père comme un « effet des tendresses d'Achille », c'est-à-dire comme un aveu de faiblesse politique de la part d'Agamemnon. Venue trop tard et entée sur une erreur d'interprétation, la décision d'Ériphile ne peut pas être en prise sur l'action principale. De fait, il n'est même pas sûr qu'elle modifie le rapport de force politique entre Achille et Agamemnon : ce qui émerge, dans l'intervalle des actes IV et V, c'est un troisième pôle : le peuple, soulevé par Calchas. Plus que l'action d'Ériphile, c'est le pouvoir de Calchas qui s'avère donc déterminant. Le rôle d'Ériphile se limite seulement à vendre la mèche : un simple « confident » aurait pu suffire[31].

L'art de Racine, dans *Iphigénie* comme dans *Bérénice*, consiste ainsi à disposer une interaction *possible* entre l'action principale et l'épisode sans jamais l'inscrire pleinement dans la syntaxe dramatique : le « deuxième fil » pourrait venir plusieurs fois venir « traverser » le premier (l'action principale), mais, à peine « projeté », ce possible est tenu aux marges du texte théâtral. On en verra une preuve dans l'exploitation du thème de la rivalité amoureuse, accentué dans le seul acte II : a-t-on suffisamment remarqué que le principal intéressé, Achille, continue d'ignorer

---

31. Dans le commentaire qu'il consacre à *Iphigénie*, le fils du dramaturge, Louis Racine, résume ainsi les critiques adressées à l'épisode d'Ériphile, moins « heureux » que la Préface veut bien le dire :
« [Jusqu'à l'acte II] Racine n'a presque d'autre gloire que d'avoir suivi pas à pas son original. Mais je suis contraint de parler ici d'une princesse qu'il amène avec Iphigénie, et qu'il nomme Ériphile. Il assure, dans sa préface, que sans cet heureux personnage, il n'eût osé entreprendre cette tragédie, parce qu'il ne n'eût pu se rendre [*i.e.* se déterminer] à souiller la scène par le meurtre horrible de la vertueuse Iphigénie. Cette Ériphile n'avait point paru sur le théâtre d'Athènes, et plusieurs critiques prétendent que les Athéniens n'y avaient rien perdu. Tout personnage, disent-ils, qui n'est point essentiel à la tragédie, est condamnable, parce que tout ce qui ne concourt pas nécessairement à l'action principale la ralentit. Que vient faire ici Ériphile ? Elle vient entretenir sa confidente de ses malheurs et de son amour pour Achille. Personne ne prend intérêt à ses malheurs; son amour touche aussi peu le spectateur, qu'il touche Achille lui-même; elle ne fait que détourner l'attention qu'on a pour Iphigénie, qui seule est digne de l'attirer. Il est vrai que sa mort épargne le chagrin de voir celle d'Iphigénie; mais quand le poète aurait fait mourir Iphigénie, il n'aurait fait que suivre l'autorité de la fable, comme il l'a suivie dans la tragédie d'Hippolyte (*Phèdre*), où la scène est souillée par le meurtre également horrible d'un prince vertueux, la victime plus innocente d'une calomnie atroce. Voilà ce que plusieurs critiques sévères ont dit sur le personnage d'Ériphile, je ne veux ni approuver, ni réfuter leur jugement. » (*Comparaison de l'*Iphigénie *d'Euripide avec l'*Iphigénie *de Racine*, par M. Racine fils, *Mémoires de l'Académie des Belles-Lettres*, t. VIII, p. 228, lue en 1727, publiée en 1733; [in :] Le P. Brumoy, *Théâtre des Grecs*, Paris, Cussac, 1785-1787, t. VII, p. 284.). Un silence assez éloquent chez un « commentateur » habituellement plus soucieux de la mémoire de son père que d'orthodoxie poétique...

jusqu'au dénouement qu'il a été l'enjeu d'une rivalité entre Iphigénie et Ériphile ? Si « l'heureuse invention » d'Ériphile autorise Racine à donner un autre dénouement au sujet d'*Iphigénie*, c'est moins peut-être parce qu'Ériphile anime une véritable action secondaire, que parce qu'elle introduit dans l'espace dramatique une autre pièce : sa propre tragédie, issue de son incapacité à agir. De l'acte II au dénouement, deux pièces pourraient se jouer en même temps, si la concurrence n'était inégale : parce que le sujet d'*Iphigénie* doit trouver une issue heureuse, l'histoire d'Ériphile doit devenir une tragédie.

Comme Dircé dans *Œdipe* ou Antiochus dans *Bérénice*, Ériphile est en quête de sa propre scène, d'un espace dramatique dont elle puisse être la véritable héroïne : cette volonté du personnage – mais aussi l'impossibilité pour l'épisode de se constituer en pièce – c'est ce que nous nommons ici encore son complexe. On lira donc maintenant la tragédie virtuelle d'Ériphile, sans laquelle, notait déjà R. Barthes, « *Iphigénie* serait une très bonne comédie »[32].

Les scènes d'exposition du premier acte comportent, on l'a vu, plusieurs allusions au personnage épisodique (vv. 237-242) : parmi les possibles mis en place, certains sont directement liés à Ériphile, à sa beauté, sa fierté et à son « secret ». De telles prolepses font signe déjà vers le dénouement, mais peut-être tout autant vers l'acte II : princesse sans doute « illustre », cette « jeune beauté » forme avec Achille un couple plausible ; c'est le prétexte même de la ruse d'Agamemnon, mais c'est aussi le ressort qui charpente tout l'acte II. C'est donc au deuxième acte que commence la tragédie d'Ériphile.

Comme toute tragédie authentique, la pièce d'Ériphile requiert une scène d'exposition, sous la forme d'un entretien entre l'héroïne tragique et sa confidente. On comprend mieux ainsi que Racine ait dû faire entrer le personnage épisodique *avant* Iphigénie[33]. Cette

---

32. *Sur Racine*, 1960 ; rééd. Le Seuil, 1963, coll. « Points », p. 109.
33. La question préoccupait Voltaire, moins sévère à l'égard de l'épisode racinien que le fils du dramaturge : « C'est avec une adresse bien digne de lui que Racine, au second acte, fait paraître Ériphile avant qu'on ait vu Iphigénie. Si l'amante aimée d'Achille s'était montrée la première, on ne pourrait souffrir Ériphile sa rivale. Ce personnage est absolument nécessaire à la pièce, puisqu'il en fait le dénouement; il en fait même le nœud : c'est elle qui, sans le savoir, inspire des soupçons cruels à Clytemnestre, et une juste jalousie à Iphigénie; et par un art encore plus admirable, l'auteur sait intéresser pour cette Ériphile elle-même. Elle a toujours été malheureuse, elle ignore ses parents, elle a été prise dans sa patrie mise en cendres : un oracle funeste la trouble, et, pour comble de maux, elle a une passion involontaire pour ce même Achille dont elle est captive. » (*Dictionnaire philosophique*, t. I (*Questions*

scène 1 de l'acte II met en place un ressort structurel qui a fait ses preuves : dans cette captive qui avoue son amour pour son vainqueur, on reconnaîtra sans trop de surprise le thème des « amants ennemis », l'un des schèmes dramatiques les mieux représentés dans les tragi-comédies de la période antérieure, mais encore dans *Andromaque* (1667), le premier grand succès de Racine. Il y a là la matrice d'une pièce possible, un dilemme entre l'amour et le sentiment patriotique ou politique, susceptible de bien des inflexions pathétiques. Ériphile reste en scène tout au long de cet acte II, et l'on assiste au déploiement d'un autre système actantiel : Iphigénie, héroïne de l'autre tragédie, est ici l'opposant dans la tragédie d'Ériphile. Au point d'intersection des deux systèmes, on trouve bien sûr Achille, et c'est sur le thème de la rivalité amoureuse que vont s'articuler les deux pièces. Il y a cependant cette dissymétrie entre les deux, qu'Ériphile demeure un personnage isolé ; elle ne peut trouver un allié que dans la personne de Calchas, ce qu'elle ne parviendra jamais véritablement à comprendre.

Racine, au demeurant, pousse assez loin la construction en parallèle des deux « fils » et la mise en concurrence des deux pièces : les deux héroïnes ont toutes deux deux raisons de venir en Aulide (croyant se rendre sur les lieux de son mariage, Iphigénie rejoint l'autel du sacrifice; venue consulter Calchas sur son identité, Ériphile espère surtout retrouver Achille) ; aucune des deux ne maîtrise véritablement les motifs de sa présence ; toutes deux sont sous le coup d'un oracle. Ériphile, en apparence, en sait plus qu'Iphigénie : elle connaît l'oracle qui la menace, mais elle ignore, tout autant qu'Iphigénie, le sacrifice exigé par Diane et la ruse d'Agamemnon. À la fin de cette première scène, Ériphile, qui vient d'avouer son amour pour Achille, énonce en des termes encore assez vagues le dessein qui l'anime, résolution essentiellement négative liée à l'annonce du mariage d'Iphigénie et d'Achille : « *traverser* son bonheur que je ne puis souffrir ». La passion d'Ériphile est donc d'abord une passion désespérée.

Dans la scène suivante, Ériphile assiste en pure spectatrice au premier entretien entre Iphigénie et Agamemnon. On comprend que Racine lui ait fait garder le silence : un dialogue à trois aurait nui à l'extraordinaire tension dramatique de ce premier face à face entre le père et la fille. Comment comprendre alors la fonction du personnage épisodique dans la scène ? Du point de vue de la tragédie d'Iphigénie, cette fonction est assez mince : Iphigénie est tentée un moment d'imputer à la présence de la princesse étrangère la

---

sur *l'Encyclopédie*, deuxième partie, 1770), *Œuvres complètes*, Garnier, 1878. Art. « Art dramatique », p. 408).

froideur de son père (vv. 561-565) – et l'on peut même penser que cette unique mention, dans le dialogue, d'une Ériphile spectatrice est précisément destinée à « habiller » ce que sa présence silencieuse peut avoir d'artificiel. La scène, en revanche, a une fonction dans la tragédie d'Ériphile : spectatrice de cette scène de famille à laquelle elle est radicalement étrangère, au point de ne pas avoir son mot à dire, le personnage trouve une nouvelle confirmation du complet « bonheur » d'Iphigénie, aimée d'Agamemnon comme elle l'est d'Achille, et donc un motif supplémentaire de jalousie, comme en témoigne la tirade d'Ériphile à la scène 3.

La scène suivante laisse les deux princesses face à face. Sur le plan de l'action principale, c'est un peu une scène « pour rien », et le dialogue dramatique cède la place à l'inoubliable évocation poétique par Iphigénie du « chemin » d'Aulide. La fonction de la scène est avant tout dilatoire : il s'agissait pour Racine de donner le temps à Clytemnestre d'une rencontre, hors scène, avec Arcas qui peut alors lui remettre la lettre initialement destinée à lui faire rebrousser chemin.

« Ma fille, il faut partir » : tels sont les premiers mots de la reine dans la scène 4, qui résonnent comme un coup de théâtre au sein de la tragédie d'*Iphigénie*, mais qui forment aussi bien le véritable nœud de la pièce d'Ériphile. Cette dernière est d'ailleurs la seule à réagir par une exclamation (v. 637), quand Iphigénie garde le silence. C'est que sa pièce à elle peut occuper désormais tout l'espace dramatique, comme Clytemnestre en fait d'ailleurs l'amer constat (vv. 653-656). Avec le départ de la reine, la tragédie d'*Iphigénie* abandonne la scène à une autre pièce, dont on voit désormais clairement le *sujet* : comment une captive parviendra-t-elle à se faire aimer de son vainqueur ?

La scène suivante, qui laisse les deux « rivales » face à face, est l'exacte antithèse de la scène 3 dont la véritable fonction, on le comprend mieux maintenant, était précisément d'autoriser les effets de ce chassé-croisé : c'est désormais une Ériphile triomphante qui s'impose devant une Iphigénie totalement désespérée. Celle qu'Iphigénie appelait encore à la scène 3 « belle Ériphile », se voit ici froidement apostrophée par la même Iphigénie (« Madame »), puis qualifiée de « perfide » et enfin de « cruelle ». Au demeurant, le chassé-croisé, libre encore de tout enjeu tragique, s'écrit comme une petite scène de comédie, où s'imposent les mots de la rivalité amoureuse et de la jalousie féminine[34]. Et c'est bien sur le

---

34. Voltaire (art. cit., p. 394) soulignait sans complaisance cette « étrangeté » de la scène : « la jalousie d'Iphigénie, causée par le faux rapport d'Arcas, et qui occupe la moitié du second acte, paraît trop étrangère au sujet et trop peu tragique ».

« triomphe » d'Ériphile que s'achève le dialogue, comme le reconnaît Iphigénie (v. 711), qui ne peut pardonner à sa rivale de l'avoir entraînée dans une pièce où elle n'a qu'un mauvais rôle à jouer (vv. 694-700) :

> Voilà donc le triomphe où j'étais amenée.
> Moi-même à votre char je me suis enchaînée.
> Je vous pardonne, hélas ! des vœux intéressés,
> Et la perte d'un cœur que vous me ravissez.
> Mais que sans m'avertir du piège qu'on me dresse,
> Vous me laissiez chercher jusqu'au fond de la Grèce
> L'ingrat qui ne m'attend que pour m'abandonner,
> Perfide, cet affront se peut-il pardonner ?

C'est maintenant Iphigénie qui se trouve acculée aux vaines menaces (« Ce même Agamemnon à qui vous insultez, / Il commande à la Grèce, il est mon père, il m'aime... », vv. 716-717), et finalement à la fuite, avec l'arrivée d'Achille qu'elle abandonne à sa rivale sans même entendre le trouble de son amant (scène 6)

L'espace dramatique est donc désormais libre pour le drame d'Ériphile : à la scène 7, Ériphile est seule face à Achille, et tous les espoirs lui semblent permis. On a ici changé de pièce. Mais ce n'est pas le chassé-croisé des scènes précédentes qui perturbe le bouillant Achille : Achille ignore tout, non pas tant du supposé « triomphe » d'Ériphile, mais de la tragédie d'Iphigénie elle-même, de la perspective du sacrifice et de la ruse d'Agamemnon. Ériphile est ainsi la première à comprendre que le coup de théâtre de la scène 4 cachait un stratagème. Et le vers 743 sonne le glas de ses espérances en ramenant brutalement sur le devant de la scène la tragédie d'Iphigénie : « Vous m'en voyez encore plus épris que jamais », confesse ingénument Achille. À peine esquissée, la pièce d'Ériphile est impitoyablement rejetée hors de la scène. Et c'est ici, comme dans *Bérénice*, un tragique proprement racinien : une suspension des possibles pathétiquement traduite en impuissance. La « honte » d'Ériphile dans la scène suivante vient signifier que sa pièce à elle a déjà trouvé son terme, deux scènes seulement après son nœud. En quoi Ériphile se révèle un personnage entièrement tragique parce que totalement désespéré. Car il ne faut pas se méprendre sur le pressentiment qui l'anime dans cette même scène (« ou j'aime à me flatter / Ou sur eux quelque orage est tout prêt d'éclater », vv. 759-760) : elle ne nourrit pas d'autre espoir que celui de la vengeance en même temps que la conscience d'une mort certaine.

> On trompe Iphigénie ; on se cache d'Achille;
> Agamemnon gémit. *Ne désespérons point*;

> Et si le sort contre elle à ma haine se joint,
> Je saurai profiter de cette intelligence
> Pour ne pas pleurer seule et *mourir sans vengeance*.

Et c'est précisément ici que Racine se sépare d'un Corneille : là où l'auteur d'*Œdipe* aurait su donner à Ériphile de nouvelles raisons d'espérer, en aménageant la possibilité de nouvelles interférences entre l'action principale et l'épisode, Racine ne fournit à son personnage épisodique que des raisons de mourir. L'alternance bonheur/malheur ne concernera plus désormais que la seule Iphigénie, sans conséquence pour la tragédie d'Ériphile. Celle-ci demeurera profondément étrangère au « fil » de l'action principale, qu'elle ne « traversera » à vrai dire qu'une fois – pour y trouver la mort. On peut le dire autrement : Ériphile ne viendra hanter la pièce d'*Iphigénie* que pour y chercher le visage de sa propre mort.

L'acte IV, où Ériphile se trouve « isolée » dans la première et la dernière scène, témoigne de la difficulté éprouvée par Racine à intégrer désormais le personnage épisodique à l'action principale. Mais auparavant l'acte III aura laissé place à des « retrouvailles » entre les deux rivales. C'est à la scène 4, au moment où toute menace semble conjurée pour Iphigénie qui retrouve ici Achille, qu'Ériphile découvre le rôle auquel elle est désormais cantonnée, ou plutôt qu'elle renoue avec la situation qui était la sienne au lever de rideau de l'acte précédent – c'est là le signe que sa pièce s'est trouvée purement et simplement annulée. Cette scène 4 forme une nouvelle antithèse avec la scène 4 de l'acte II, en annulant donc tout le bénéfice de l'intervalle.

	ACTE II, SCÈNE 1-3	ACTE II, SCÈNE 4-6	ACTE III, SCÈNE 4
IPHIGÉNIE	heureuse	malheureuse	heureuse
ÉRIPHILE	malheureuse	heureuse	malheureuse

Au reste, la scène 4 obéit peut-être à une visée strictement fonctionnelle : il s'agissait pour Racine de donner du temps à la préparation de la « cérémonie » ; de plus, il fallait qu'Ériphile soit déjà en scène lors de l'arrivée d'Arcas pour l'annonce d'un nouveau coup de théâtre. La solution racinienne pose en outre un problème : la scène oblige à supposer qu'Iphigénie et Ériphile se sont réconciliées dans l'intervalle des actes II et III, mais étant donné les termes dans lesquels elles se sont quittées, on est un peu surpris de les voir arriver main dans la main… Ériphile assume dans cette scène nulle autre fonction que de permettre à Iphigénie, puis à Achille de faire preuve à son égard de « générosité ». Au passage, se trouve esquissée pour Ériphile la possibilité d'échapper à sa tragédie : Achille consent à la délivrer et l'autorise à quitter Aulis pour rejoindre Lesbos, si bien que les révélations d'Arcas lors de la scène 5, qui font basculer la pièce d'*Iphigénie* dans le registre tragique, résonneront pour elle aussi comme une condamnation.

Car, dans la scène suivante qui voit Arcas révéler à Iphigénie, Clytemnestre et Achille la vérité de la cérémonie, Ériphile ne *peut* plus reprendre espoir : la chaîne de renversements et de symétries que nous avons esquissée, l'interaction entre l'action principale et l'épisode qu'un Corneille aurait pris plaisir à prolonger, est définitivement rompue ; en d'autres termes, le malheur d'Iphigénie ne fait plus désormais le bonheur d'Ériphile. L'exclamation d'Ériphile « Ô ciel ! quelle nouvelle ! » ne nous laisse pas même rêver à une action possible : tout est déjà joué pour elle depuis la scène 7 de l'acte II. Ériphile quitte d'ailleurs la scène pour vivre sa tragédie solitaire, en abandonnant l'espace théâtral à Achille : c'est une autre rivalité, politique celle-là, qui vient occuper la place du motif de la rivalité amoureuse lié à un épisode avorté.

Lorsqu'on découvre Ériphile seule en scène avec sa confidente au lever de rideau de l'acte IV, on sait donc à quel point le personnage se trouve marginalisé : les premiers mots de Doris actualisent, certes, le motif de la jalousie, mais c'est pour mieux donner à comprendre qu'Ériphile est désormais jalouse du *malheur* d'Iphigénie. Un tel paradoxe, que rien ne viendra plus démentir, fonde le tragique propre du personnage épisodique : Ériphile se révèle ici habitée d'un désir de tragique, qui confine à une sorte de clairvoyance sublime. Elle est la seule, à ce moment de la pièce, à ne pas croire pas au sacrifice d'Iphigénie (vv. 1113-1126), contredisant l' « horreur » du dénouement prévisible :

> Hé quoi ? ne vois-tu pas tout ce que l'on fait pour elle ?
> On supprime des dieux la sentence mortelle;
> Et quoique le bûcher soit déjà préparé,
> Le nom de la victime est encore ignoré :
> Tout le camp n'en sait rien. Doris, à ce silence,
> Ne reconnais-tu pas un père qui balance ? [...]
> Non, te dis-je, les dieux l'ont en vain condamnée :
> *Je suis et je serai la seule infortunée.*

Il n'est pas de meilleure façon de dire que la seule tragédie à laquelle Ériphile accepte de croire, c'est la sienne propre. Racine, comme on sait, devait finir par lui donner raison.

Dira-t-on qu'avec les deux répliques suivantes, et le projet politique qu'Ériphile avoue « méditer » (« contre Achille armer Agamemnon »), l'action épisodique se trouve relancée ?

Techniquement possible, l'interférence de l'action principale et du deuxième « fil » restera lettre morte : les derniers mots d'Ériphile signalent que son « rêve » politique est toujours à l'état de projet ; il lui faut encore « consulter », non Calchas en qui elle trouverait peut-être son meilleur allié, mais ses « fureurs » (v. 1444). La tragédie d'Ériphile, comme celle d'Antiochus, est faite de ces hésitations.

La rupture de liaison, entre les scènes 1 et 2 de ce quatrième acte, vient d'ailleurs signifier qu'Ériphile demeure en marge de la pièce d'*Iphigénie* sans avoir prise sur l'action. Cette première scène n'a pas de fonction dramatique vraie, comme le soulignait déjà l'auteur des *Remarques sur Iphigénie*[35] :

> Je ne sais si la faute que Monsieur Racine fait contre les règles du Théâtre à l'ouverture du quatrième Acte, mérite une remarque ; parce que je crois qu'il n'y a personne qui ne s'en soit aperçu. La première Scène de cet acte n'a aucune liaison avec la deuxième, *ainsi on pourrait la supprimer sans rien ôter de l'action.*

Il faut dire que d'une certaine manière la scène 1 de l'acte IV appartient encore à l'acte III. Si Racine a choisi de la faire figurer au lever de rideau de l'acte IV, au prix d'une rupture de liaison, c'est sans doute pour faire peser une menace supplémentaire sur l'ensemble de cet acte et sur les hésitations d'Agamemnon. Mais l'acte IV est l'acte d'Achille, dont le poids politique constitue le deuxième pôle de la pièce – et l'acte V, qui verra l'émergence du pôle religieux et populaire, ne sera pas davantage celui d'Ériphile, contrairement à ce qu'une lecture trop rapide pourrait laisser croire, mais bien celui de Calchas.

On ne retrouve Ériphile, pour sa dernière scène, qu'à l'autre extrémité de l'acte IV ; la rupture de liaison est ici évitée par un artifice qui permet d'introduire le personnage épisodique et sa confidente dès la scène 10 : elles entrent en scène en même temps

---

35. Pléiade, p. 808. C'est aussi l'avis du P. Pierre Brumoy, dans ses *Réflexions sur Iphigénie*, imprimées dans la seconde édition de son *Théâtre des Grecs* (1785-1787), où il se livre à un examen comparé des *Iphigénie* d'Euripide, de Rotrou, de Racine, et d'un dramaturge italien, Ludovico Dolce (1551) : « La nécessité de remplir une tragédie française d'événements l'a [Racine] pour le moins engagé à imaginer l'épisode d'Ériphile, que l'envie d'épargner aux spectateurs les prodiges de la biche substituée à Iphigénie. [...] Dans l'acte quatrième, la nécessité de faire jouer l'épisode d'Ériphile a contraint Racine de faire pour cette jalouse princesse une scène entièrement détachée du reste; car Clytemnestre paraît d'un côté du théâtre, tandis qu'Ériphile s'en va de l'autre, sans autre raison de venir ou de s'en aller » (éd. cit., t. VII, p. 252 et p. 263).

qu'Iphigénie et Clytemnestre, sans que leur présence soit d'ailleurs
véritablement motivée. Toujours est-il que la dernière scène de l'acte
voit Ériphile se décider enfin à l'action (« Plus de raisons ») pour
« tout découvrir » à Calchas ; le mot par lequel Ériphile énonce
cette décision est d'ailleurs assez significatif : « Ah ! je succombe
enfin » (v. 1489). C'est aussi le moment où elle est la plus mal
informée (structurellement, elle est restée à l'acte III) : rappelons
que ce passage à l'acte (si l'on ose dire) se faisait au plus mauvais
moment et se fondait sur une mauvaise interprétation de la décision
incomplètement annoncée par Achille à la scène 10, (il disait
seulement son choix affectif – sauver Iphigénie – sans en énoncer la
contrepartie politique – interdire à Iphigénie d'épouser Achille,
lequel serait ainsi devenu idéalement « disponible » pour Ériphile).
La fonction que remplit le personnage épisodique dans l'intervalle
des actes IV et V – ébruiter la fuite d'Iphigénie – aurait parfaitement
pu échoir à un personnage secondaire : Ériphile n'est finalement ici
que le double antithétique d'Arcas, qui à l'acte III trahissait pour la
bonne cause la ruse d'Agamemnon. Mais cette « ingratitude »
d'une princesse étrangère à l'égard de sa famille d'accueil fera d'elle
le personnage « odieux » dont le dénouement a besoin[36].

Dans le récit d'Ulysse, qui rapporte un dénouement que Racine,
comme avant lui Euripide ou Rotrou, a préféré situer hors scène par
« bienséance »[37], on sait que c'est Ériphile que Calchas nomme
finalement comme la victime désignée par Diane. Mais a-t-on bien
noté que son geste, le suicide par lequel elle devance le « bras de
Calchas », demeure très exactement inexpliqué ? Il faut, certes,
faire la part de la vraisemblance éthique, idéologiquement marquée,
selon laquelle un personnage « méchant » ne peut être convaincu de
sa faute sans désirer sa mort. Il reste qu'Ériphile trouve ici la scène
tragique qu'elle n'a cessé de poursuivre ou d'anticiper : elle aura
vécu une tragédie solitaire à laquelle nul n'aura rien compris, en
accomplissant le seul acte, en endossant le seul rôle que le drame
d'Iphigénie lui auront finalement consentis.

On s'est tenu jusqu'ici à une analyse poétique ou
« génétique » des « variantes » raciniennes du sujet d'*Iphigénie*,
fidèle en cela à la fois à la lecture classique des textes théâtraux dont
témoignent les *Remarques sur Iphigénie* et à la leçon de méthode

---

36. *Cf.* les répliques d'Ægine et Clytemnestre, à la scène 4 de l'acte V, lorsque la
trahison d'Ériphile est révélée : Ériphile y devient un « serpent inhumain » ou un
« monstre ».
37. Pour la discussion des théoriciens du XVIIIᵉ siècle (Voltaire, La Dixmétrie, Saint-
Foix) sur la valeur de ce dénouement par récit, on se reportera au « dossier » de notre
édition de la pièce (GF, p. 189 *sq.*).

délivrée par les travaux de G. Forestier. Si l'on admet que l'épisode, en quoi réside d'abord l'invention racinienne, doit être pensé à la manière d'une seconde pièce, dont la concurrence avec l'action principale demeure chez Racine seulement *virtuelle* (la tragédie d'Ériphile est faite de son incapacité à agir), on peut s'attacher maintenant à en analyser les lignes de fuite pour promouvoir non plus une description mais une interprétation de la pièce. Dans *Iphigénie* comme dans *Bérénice*, les ruptures de liaison signalent peut-être l'existence, dans le texte dramatique, d'un texte fantôme qui hante la structure sans jamais parvenir à entrer en scène : ce sixième acte d'*Iphigénie*, c'est celui où le personnage épisodique rencontrerait d'abord en Calchas un allié objectif avant de reconnaître en lui un cynique manipulateur. D'un point de vue structurel, la scène 1 de l'acte IV appartient encore, avons-nous dit, à l'acte III : au lieu de « consulter » ses seules fureurs (v. 1144), c'est Calchas qu'Ériphile aurait pu aller trouver. Dès l'intervalle des actes III et IV aurait pu alors se jouer l'émergence de ce troisième pôle auquel Ériphile avait la *possibilité* de s'intégrer. Ce texte « absent » dans la tragédie racinienne, c'est celui qu'anime en effet le personnage qui demeure constamment invisible : Calchas.

Ainsi s'indique également une relecture théologico-politique de la pièce[38] : la scène finale révèle que Calchas savait tout, même le vrai nom d'Ériphile. Calchas sait tout depuis le début ; peut-être n'a-t-il caché la vérité que pour semer la discorde entre Achille et Agamemnon, et pour mieux asseoir son propre pouvoir en divisant les chefs politiques de l'expédition grecque. Mais Calchas et Ériphile auraient pu se reconnaître, l'espace de deux actes, un intérêt commun et contracter une alliance : « couper » Achille d'Agamemnon, c'était pour Calchas garder l'ascendant sur l'expédition grecque, pour Ériphile, empêcher le mariage d'Iphigénie et tenter de conquérir Achille…

Au demeurant, Calchas est le seul garant du sacrifice final : il est, avec Racine, seul à dire qu'Ériphile doit mourir. Un éditeur

---

38. Cette relecture est esquissée, sur d'autres présupposés que les nôtres, par J.-P. Collinet, dans « Racine et ses personnages invisibles » ([in :] *The Equilibriul of wit. Essays for O. de Mourgues*, Lexington, French Forum Publishers, 1982), qui reconnaît dans la structure de la pièce une ellipse à double foyer : « [Le foyer] visible est constitué par Agamemnon. [...] L'autre foyer, invisible, est représenté par le grand-prêtre. Toute l'action repose sur l'affrontement de la puissance royale et de l'autorité religieuse. Il suffirait de prendre Calchas pour centre visible, au lieu du roi, de retourner la pièce comme un vêtement, [...] pour qu'apparaisse une autre tragédie qu'*Iphigénie* contient en creux ». Cette pièce possible, c'est déjà, pour J.-P. Collinet, l'histoire d'*Athalie*, l'ultime tragédie de Racine. *Cf.* également J.-M. Apostolidès, « La belle aux eaux dormantes » (*Poétique*, 58, 1984).

d'Euripide, qui commentait le dénouement racinien, le notait assez placidement dans les années 1780[39] :

> On pourrait peut-être dire sur cela, pourquoi Calchas sachant tout ne déclarait-il pas plutôt le secret, et pourquoi en est-il cru si aisément sur parole, lui que les chefs ne ménagent pas trop dans la pièce ? Mais ce serait peut-être aussi une chicane ; il faut se prêter à l'enchantement du théâtre ; et après tout, cela est bien imaginé le mieux du monde pour nos mœurs.

Un siècle plus tôt, à l'âge de la rhétorique, l'auteur anonyme des *Remarques sur Iphigénie* était moins indulgent, et ne se laissait pas prendre à « l'enchantement du théâtre » :

> [On voit] dans la dernière scène de cette tragédie une nouvelle manière de victime plus extraordinaire qu'Iphigénie. Cette princesse obéissait à ses parents ; l'oracle et Agamemnon voulaient sa mort ; elle donnait sa tête en fille entièrement soumise aux volontés de son père. Mais Ériphile va bien plus loin. Elle s'avoue fille de parents qu'elle n'a jamais connus, sur la bonne foi de Calchas qui va lui ôter la vie. Elle prend la place de sa rivale qu'on allait sacrifier. Elle n'a pas le moindre doute de ce que Calchas lui dit. Elle n'évite point le coup. Elle n'attend point que le sacrificateur la saisisse. Elle se frappe elle-même ; et tout cela s'exécute en un instant. Voilà, Monsieur, la catastrophe la plus surprenante du monde. Tandis que Monsieur Racine fera de semblables dénouements, il sera très assuré qu'on ne pourra les prévoir, et que les spectateurs en seront toujours surpris.

---

39. Le P. Pierre Brumoy, *Le Théâtre des Grecs*, éd. cit., p. 263.

Jean-Claude Ranger
(Université de Nantes)

LA MER ET LE TRAGIQUE
DANS LES TRAGÉDIES DE RACINE

« Les grands lieux tragiques, écrit Roland Barthes, sont des terres arides, resserrées entre la mer et le désert, l'ombre et le soleil portés à l'état absolu. »[1] Il lie ainsi la mer et le tragique, comme si ce dernier ne pouvait faire l'économie de la mer.

C'est sur le caractère obligé et sur la nature exacte de ce lien que j'aimerais ici m'interroger.

*

Ce qui frappe en effet, tout d'abord, c'est la présence presque constante de la mer dans les tragédies d'un homme qui ne l'a pas connue dans sa vie. La géographie y est sans doute pour beaucoup, et la mer est évidemment absente d'*Esther*, dont « la scène est à Suse, dans le palais d'Assuérus »[2], d'*Athalie*, dont l'action se situe à Jérusalem, de *la Thébaïde*, qui prend place dans cette province grecque fermée à la mer qu'est la Béotie, ou même de *Britannicus*, malgré la proximité et l'importance d'Ostie et des relations qu'elle permet avec l'ensemble du monde méditerranéen à l'époque de Néron. Mais ce sont là exceptions qui confirment la règle, et *Andromaque*, *Bajazet*, *Bérénice*, *Mithridate*, *Iphigénie* et *Phèdre* se déroulent toutes en des lieux que baigne la mer, qu'il s'agisse de la mer Egée, de la mer Ionienne, de la mer Noire, du Bosphore ou de la Méditerranée. *Alexandre* même, bien que les conquêtes du héros résultent de chevauchées terrestres plus que de batailles navales,

---

1. R. Barthes, *Sur Racine*, Paris : Seuil, 1960, p. 15.
2. Racine, *Œuvres complètes*, t. I, p. 814, Paris : Gallimard, Pléiade, 1950.

mentionne à deux reprises la mer, ou plutôt l'Océan :

> l'Océan troublé vous verra sur son onde
> Achever quelque jour la conquête du monde[3],

prédit Cléophile au conquérant, et Alexandre lui fait écho :

> Si près de l'Océan, que faut-il davantage
> Que d'aller me montrer à ce fier élément
> Comme vainqueur du monde [...] ?[4]

La mer n'est donc pas pour lui une force redoutable, mais bien la limite suprême, cet Océan qui entoure le monde habité (οἰκουμένη) et qui peut seul lui apporter la consécration qu'il recherche. C'est dire que la mer n'a ici rien de tragique, mais qu'elle contribue à la gloire du héros, prenant une valeur que je me permettrais d'appeler panégyrique[5]. Son rôle n'est pas très différent de celui qu'elle joue dans les poèmes religieux de Racine, où la mer n'est évoquée que comme un monument à la puissance de Dieu, qui

> [...] fixant sur son pas la terre balancée,
> La sépara des flots[6]

ou

> Posa sur un double pôle
> La terre au milieu des mers[7],

peupla « les mers profondes » de « tant d'animaux »[8], à moins que par son mouvement perpétuel, qui ne garde nulle forme, elle ne soit l'image de la précarité des choses humaines :

> Malheureux l'homme qui fonde
> Sur les hommes son appui !
> Leur gloire fuit, et s'efface
> En moins de temps que la trace
> Du vaisseau qui fend les mers.[9]

---

3. Racine, *Alexandre*, III, vi, 917-918.
4. Racine, *Alexandre*, V, i, 1322-1324.
5. Même si le mot est normalement un nom en français, l'usage grec autorise, je pense, à lui donner valeur d'adjectif.
6. Racine, *Hymnes traduites du bréviaire romain*, Mardi, Vêpres, v. 3-4.
7. Racine, *Cantiques spirituels*, IV, 33-34.
8. Racine, *Hymnes traduites du bréviaire romain*, Jeudi, Vêpres.
9. Racine, *Cantiques spirituels*, IV, 3-7.

Mithridate est la meilleure illustration, je crois, de l'importance politique et stratégique de la mer. La pièce se déroule « à Nymphée, port de mer sur le Bosphore Cimmérien, dans la Taurique Chersonèse », nous apprend la didascalie qui précède le texte[10]. C'est dire qu'elle se situe à l'une des extrémités du monde civilisé, entourée de marais qui en rendent l'accès difficile et du fond desquels Mithridate, qu'on croyait vaincu, a su plus d'une fois « ramener la terreur »[11]. Le seul accès est donc par mer, comme on le voit bien par les arrivées successives de Pharnace, comme le rapporte Arbate à Mithridate :

> Seigneur, depuis huit jours l'impatient Pharnace
> Aborda le premier au pied de cette place[12],

de Xipharès :

> Arbate loin du bord l'est allé recevoir[13],

de Mithridate :

> Princes, toute la mer est de vaisseaux couverte,
> Et bientôt, démentant le faux bruit de sa mort,
> Mithridate lui-même arrive dans le port[14],

et des Romains :

> De Romains le rivage est chargé
> Et bientôt dans ces murs vous êtes assiégé.[15]

L'attaque vient de la mer, et la fuite aussi se fait par la mer :

> Sortant de mes vaisseaux, il faut que j'y remonte.
> Quel temps pour un hymen qu'une fuite si prompte ![16]

soupire Mithridate auprès de Monime.

> Ses vaisseaux en tous lieux se chargent de soldats[17],

---

10. Racine, *Œuvres complètes*, t. I, p. 604.
11. Racine, *Mithridate*, III, i, 770.
12. Racine, *Mithridate*, II, iii, 483-484.
13. Racine, *Mithridate*, I, iv, 334.
14. Racine, *Mithridate*, I, iv, 328-330.
15. Racine, *Mithridate*, IV, vii, 1449-1450.
16. Racine, *Mithridate*, III, v, 1046-1047.
17. Racine, *Mithridate*, IV, i, 1157.

confirme Phœdime à la princesse, avant que Mithridate, revenu presser Monime de l'épouser, n'ajoute :

> Tandis que mes soldats, prêts à suivre leur roi,
> Rentrent dans mes vaisseaux pour partir avec moi,
> Venez, et qu'à l'autel ma promesse accomplie
> Par des nœuds éternels l'un à l'autre nous lient.[18]

Mais cette fuite, empêchée par la mutinerie des soldats, séduits par Pharnace, dont

> Les uns avec transport embrassent le rivage,
> Les autres qui partaient s'élancent dans les flots[19]

et par l'arrivée des Romains, fait bientôt place à la fuite de ceux-ci, effrayés à la vue du roi :

> déjà quelques-uns couraient épouvantés
> Jusque dans les vaisseaux qui les ont apportés[20],

et bientôt taillés en pièces par Xipharès :

> j'ai vu de toutes parts
> Vaincus et renversés les Romains et Pharnace,
> Fuyant vers leurs vaisseaux, abandonner la place.[21]

C'est dire que tout mouvement – et Dieu sait si la pièce en est pleine ! – se fait par la mer, qu'il faut bon gré mal gré faire entrer dans ses calculs. Mithridate entend bien avoir des vaisseaux toujours prêts à sa disposition :

> Bientôt dans des vaisseaux sur l'Euxin préparés,
> J'ai rejoint de mon camp les restes séparés[22],

s'applaudit-il devant Arbate, avant de confier à Monime et Xipharès :

> Mes vaisseaux qu'à partir il faut tenir tout prêts
> [... ... .]

---

18. Racine, *Mithridate*, IV, iv, 1273-1276.
19. Racine, *Mithridate*, IV, vi, 1428-1429.
20. Racine, *Mithridate*, V, iv, 1585-186.
21. Racine, *Mithridate*, V, iv, 1614-1616.
22. Racine, *Mithridate*, II, iii, 453-454.

> Dans ce même moment demandent ma présence.[23]

Guerre, diplomatie, puisque pour l'ambasssade de Pharnace auprès des Parthes aussi « les vaisseaux sont tout prêts »[24], passent par la mer et sa maîtrise, comme on le voit dans les projets grandioses qu'expose Mithridate à ses fils :

> Doutez-vous que l'Euxin ne me porte en deux jours
> Aux lieux où le Danube y voit finir son cours ?[25]

> Demain, sans différer, je prétends que l'Aurore
> Découvre mes vaisseaux déjà loin du Bosphore.[26]

Tout pouvoir vient ainsi de la mer et s'exerce sur elle, comme le montrent aussi bien Mithridate s'imaginant devant Monime qu'il entend toucher :

> Vaincu, persécuté, sans secours, sans Etats,
> Errant de mers en mers, et moins roi que pirate[27],

que Xipharès se rappelant

> des rives du Pont aux rives du Bosphore,
> Tout reconnut mon père[28],

ou que Pharnace offrant à Monime :

> Prêts à vous recevoir, mes vaisseaux vous attendent,
> Et du pied de l'autel vous pouvez y monter,
> Souveraine des mers qui vous doivent porter.[29]

La mer apparaît ainsi avant tout comme un espace neutre, une donnée géostratégique qu'on ne peut négliger et dont l'utilisation astucieuse garantit le pouvoir. Tout comme la nature de Descartes, dépouillée des qualités qui faisaient son charme et ses pouvoirs à l'époque de la Renaissance, la mer n'apparaît plus comme une force ou un élément, mais comme un facteur abstrait dont il faut tenir compte dans ses équations. C'est dire que le tragique, si tragique il y

---

23. Racine, *Mithridate*, II, v, 622 ; 625.
24. Racine, *Mithridate*, III, i, 950.
25. Racine, *Mithridate*, III, i, 797-798.
26. Racine, *Mithridate*, III, i, 855-856.
27. Racine, *Mithridate*, II, iv, 562-563.
28. Racine, *Mithridate*, I, i, 76-77.
29. Racine, *Mithridate*, I, iii, 240-242.

a – et l'on sait que ni Goldmann, ni Barthes, qui appelle *Mithridate* « une tragédie rectifiée »[30], ne seraient prêts à l'accorder –, ne saurait naître d'elle.

*

Il arrive pourtant que la mer soit plus que cette étendue indifférenciée et que sa distance soit l'incarnation même de l'espace qui sépare les êtres. C'est ainsi que Cléofile se plaint à Alexandre, brûlant de partir pour de nouveaux exploits :

> Tant d'Etats, tant de mers qui vont nous désunir
> M'effaceront bientôt de votre souvenir[31]

annonçant le soupir désolé d'Hermione au moment où elle trame le meurtre de Pyrrhus :

> Je n'ai donc traversé tant de mers, tant d'Etats,
> Que pour venir si loin préparer son trépas,
> L'assassiner, le perdre ?[32]

et, plus encore, les vers déchirants de Bérénice à Titus, qui vient de trouver enfin le courage de lui signifier sa volonté de la quitter :

> Dans un mois, dans un an, comment souffrirons-nous,
> Seigneur, que tant de mers me séparent de vous ?[33]

La mer se fait ici plurielle (*tant de mers*), pour mieux dire l'infinie étendue du désespoir. Oreste rappelle à Pylade de la même façon :

> Tu vis mon désespoir, et tu m'as vu depuis
> Traîner de mers en mers ma chaîne et mes ennuis[34],

vers qui par le sens (*traîner*), le rythme accentuel (22224), les allitérations et les assonances (*traîner*, *chaîne* ; *mers en*, *mes en* ; *mers*, *mers*, *mes*), rend sensible la monotonie de cette « mer toujours recommencée »[35], dont l'immensité figure si bien, visuellement, l'ennui[36]. La mer est ainsi source de souffrances par

---

30. R. Barthes, *Sur Racine*, p. 108.
31. Racine, *Alexandre*, III, vi, 915-916.
32. Racine, *Andromaque*, V, i, 1427-1429.
33. Racine, *Bérénice*, IV, v, 1113-1114.
34. Racine, *Andromaque*, I, i, 43-44.
35. P. Valéry, *Le Cimetière marin*, v. 4.
36. A prendre bien sûr ici au sens du XVIIe siècle.

la distance qu'elle instaure entre des êtres qui s'aiment, une distance que suggère le pluriel :

> En public, en secret, contre vous déclarée,
> J'ai voulu par des mers en être séparée[37],

avoue Phèdre à Hippolyte. Mais, on le voit bien par ce dernier exemple, cette distance ne s'instaure que pour autant que le personnage le permet (*Comment souffrirons-nous*, dit Bérénice) ou même le recherche (*J'ai voulu*, dit Phèdre). Tout comme « l'Orient désert » où Antiochus et Bérénice vont se perdre à nouveau, la mer est moins la source que la figure de la solitude, l'expression spatiale du désespoir. Ce n'est pas là un usage tragique, mais bien lyrique, et déjà romantique, de la mer, pur réceptacle, où le personnage projette ses sentiments, renforçant par cette extériorisation le pathétique de la pièce.

« La mer [qui] vient battre les murs » de Buthrote, en Epire[38], et qui la sépare de Troie pour toujours est là pour rappeler à Andromaque et aux Grecs les traversées qui scellèrent le sort de Priam et des siens. Hermione revoit avec un ravissement qu'elle voudrait faire partager à Cléone les « vaisseaux tout chargés des dépouilles de Troie »[39], Oreste feint de craindre en Astyanax un nouvel Hector :

> Peut-être dans nos ports le verrons-nous descendre
> Tel qu'on a vu son père, embraser nos vaisseaux
> Et, la flamme à la main, les suivre sur les eaux[40],

un Hector qui réveillerait les pires moments de la guerre de Troie pour les Grecs

> Qui cent fois, effrayés de l'absence d'Achille,
> Dans leurs vaisseaux brûlants ont cherché leur asile.[41]

Pyrrhus est prêt, pour l'amour d'Andromaque, à contenir une expédition punitive des Grecs, analogue à celle qu'ils lancèrent contre Troie :

> dussent-ils encore, en repassant les eaux,

---

37. Racine, *Phèdre,* II, v, 601-602.
38. Racine, *Andromaque*, III, i, 792.
39. Racine, *Andromaque*, II, i, 466.
40. Racine, *Andromaque*, I, ii, 162-164.
41. Racine, *Andromaque*, III, iii, 842-843.

Demander votre fils avec mille vaisseaux,
Coûtât-il tout le sang qu'Hélène a fait répandre,
Dussé-je après dix ans voir mon palais en cendres,
Je ne balance point[42].

Plus que tout autre élément, la mer apparaît ainsi dans *Andromaque* comme le réceptacle de la mémoire, qui permet l'affleurement du passé dans le présent.

*

Mais elle est tout aussi bien ouverture sur un avenir de liberté et de bonheur. C'est du moins ce que rêve Oreste, dans son désir de fuir « un rivage à [s]es vœux si funeste »[43] en emmenant Hermione, ainsi soustraite au charme de Pyrrhus :

qu'Hermione rendue
Perde à jamais tes bords et ton prince de vue[44]

est le vœu qu'il adresse emphatiquement à l'Epire, un vœu que le roi ne semble guère disposé à contrarier – « Tous nos ports sont ouverts et pour elle et pour lui »[45], déclare-t-il à Phœnix, son gouverneur – et qu'Hermione elle-même semble vouloir exaucer, puisque ses derniers mots sont, lorsqu'elle a arraché à Oreste la promesse de tuer Pyrrhus :

Et que tous nos vaisseaux soient prêts pour notre fuite.[46]

Recommandation superflue ! Pylade rassurait son ami, dès le début du troisième acte :

Nos vaisseaux sont tout prêts, et le vent nous appelle.[47]

La mer est une invitation au voyage, au départ loin des troubles et des batailles. Andromaque elle-même rêve de « quelque île déserte [où] cacher » Astyanax[48] et Arsace assure Antiochus, tout prêt à fuir vers son Orient natal :

Des vaisseaux dans le port armés en diligence,

42. Racine, *Andromaque*, I, iv, 283-287.
43. Racine, *Andromaque*, I, i, 5.
44. Racine, *Andromaque*, II, iii, 601-602.
45. Racine, *Andromaque*, I, iii, 255.
46. Racine, *Andromaque*, IV, iii, 1254.
47. Racine, *Andromaque*, III, i, 790.
48. Racine, *Andromaque*, III, iv, 878.

> Prêts à quitter le port de moments en moments,
> N'attendent pour partir que vos commandements.[49]

Pour Acomat, de même, la mer, qui ouvre sur le large, représente une possibilité de fuite, un recours contre l'adversité :

> Déjà, sur un vaisseau dans le port préparé,
> [...]
> Je méditais ma fuite aux terres étrangères[50]

– recours qu'il propose à Atalide, accablée par la mort de Bajazet :

> Et jusqu'au pied des murs que la mer vient laver,
> Sur mes vaisseaux tout prêts je viens vous retrouver.[51]

Peut-être le mot « laver » suggère-t-il plus encore une promesse de purification et de recommencement, après toutes les feintes, après tous les crimes que les murs du sérail enferment et symbolisent tout à la fois.

Hippolyte, lui aussi, rêve de partir loin de Trézène et de fuir ainsi Phèdre qui le hait et Aricie qu'il se défend d'aimer :

> Le dessein en est pris : je pars, cher Théramène

est le premier vers de la tragédie, un vers auquel font écho bien d'autres, où résonnent les mots « partir » et « départ »[52]. La mer lui paraît, à lui aussi, un espace libre de tragédie. Mais c'est plus encore dans *Iphigénie* que la mer est espoir et promesse de « conquêtes »[53] et de gloire, une gloire que symbolisent « les poupes couronnées » dont Ulysse évoque le retour pour mieux persuader Agamemnon de sacrifier sa fille :

> Voyez de vos vaisseaux les poupes couronnées
> Dans cette même Aulide avec vous retournées
> Et ce triomphe heureux qui s'en va devenir
> L'éternel entretien des siècles à venir.[54]

*

---

49. Racine, *Bérénice*, I, iii, 72-74.
50. Racine, *Bajazet*, III, ii, 872 ; 874.
51. Racine, *Bajazet*, V, xi, 1719-1720.
52. Racine, *Phèdre,* I, i, 138 ; I, iv, 332 ; II, ii, 463 ; 507 ; II, iii, 564 ; 569 ; II, iv, 578 ; II, v, 584 ; II, vi, 721 ; 735 ; III, i, 797-798..
53. Racine, *Iphigénie*, I, i, 29.
54. Racine, *Iphigénie*, I, v, , 385-388.

Mais la mer ne permet pas la fuite qu'elle promet, c'est une barrière qui retient captifs Hippolyte, Agamemnon et l'armée grecque en partance pour Troie. Ulysse emploie à son propos l'expression paradoxale de « mer toujours fermée »[55] – au moins pendant la durée de la tragédie, car il est possible qu'Osmin et Acomat, Oreste et Pylade fuient par la mer, et Antiochus et Bérénice repartiront de Rome pour leur Orient natal (mais n'est-ce pas là une mort spirituelle ?), l'armée grecque s'empressera de gagner Troie à l'issue de la tragédie. La mer reste donc un au-delà rêvé, un horizon aussi présent qu'inaccessible, aux bords duquel on reste condamné, sous peine de périr. Les profondeurs de la mer engloutissent en effet qui s'y risque, Œnone :

Dans la profonde mer Œnone s'est lancée[56] ;

Et les flots pour jamais l'ont ravie à nos yeux[57] ;

Elle s'en est punie et fuyant mon courroux,
A cherché dans les flots un supplice trop doux[58],

ou les Grecs revenant de Troie, sous lesquels la mer, cédant aux imprécations prophétiques de Clytemnestre, « ouvrira [...] des abîmes nouveaux »[59]. La mer retient aussi l'esclave « qu'un ordre [...] / a fait précipiter dans le fond de l'Euxin »[60], comme Acomat l'avoue à Osmin.

La mer ne se contente pas de refermer sur qui s'y aventure. Elle « vomit »[61] des êtres qui apportent la catastrophe, comme Oreste auquel Hermione déclare après le meurtre de Pyrrhus :

Tu m'apportais, cruel, le malheur qui te suit[62].

Orcan, venu exécuter Bajazet et Roxane sur les ordres d'Amurat :

Et, quoique sur la mer la porte fût fermée,
Les gardes, sans tarder, l'ont ouverte à genoux[63],

55. Racine, *Iphigénie*, I, ii, 185.
56. Racine, *Phèdre*, V, v, 1466.
57. Racine, *Phèdre*, V, v, 1468.
58. Racine, *Phèdre*, V, vii, 1631-1632.
59. Racine, *Iphigénie*, V, iv, 1684.
60. Racine, *Bajazet*, I, i, 79-80.
61. Racine, *Iphigénie*, V, iv, 1686; *Phèdre*, V, vi, 1515.
62. Racine, *Andromaque*, V, iii, 1566.
63. Racine, *Bajazet*, III, viii, 1098-1099.

Mithridate et les Romains débarquant successivement à Nymphée, Pâris venu enlever Hélène, Achille allant ravager Lesbos et enlevant Eriphile, la flotte grecque partie dévaster Troie. C'est de la mer que vient dans *Phèdre* tout ce qui concourt à la catastrophe : Phèdre ramenée de Crète par Thésée séduit, puis amenée d'Athènes à Trézène auprès d'Hippolyte qu'elle y avait fait exiler ; les vaisseaux qui apportent la nouvelle de la mort de Thésée au moment précis où Œnone consternée par l'aveu de Phèdre était prête à accepter sa mort, lui redonnant la volonté et les arguments nécessaires pour persuader la reine de vivre et de voir Hippolyte ; Thésée lui-même, à l'instant précis où Phèdre et Hippolyte, encore bouleversés par leur entrevue, ne peuvent que montrer leur émoi et accréditer ainsi l'accusation que la reine n'a pas la force d'interdire à Œnone de lancer contre Hippolyte ; le monstre enfin qui cause la mort du jeune prince. Ainsi la mer, qui instaure une circulation à sens unique, ne permettant que l'arrivée des bourreaux et assurant le huis-clos tragique, a partie liée avec la mort et joue un rôle dramatique de premier ordre.

Mais si la mer, qui s'interpose entre les Grecs et Troie, paraît la cause première de la tragédie d'*Iphigénie*, comme Ulysse le rappelle à Achille :

> à nos vaisseaux la mer toujours fermée
> Trouble toute la Grèce et consume l'armée[64],

elle ne devient un obstacle infranchissable qui retient toute l'armée que par l'effet des vents :

> Ces vents, depuis trois mois enchaînés sur nos têtes,
> D'Ilion trop longtemps vous ferment le chemin[65],

constate Arcas. Mais le repos forcé des Grecs à Aulis est survenu de façon trop brutale et inattendue, Agamemnon le rappelle à Arcas, pour ne pas être surnaturel :

> Tu te souviens du jour qu'en Aulide assemblés,
> Nos vaisseaux par les vents semblaient être appelés.
> Nous partions ; et déjà par mille cris de joie
> Nous menacions de loin les rivages de Troie.
> Un prodige étonnant fit taire ce transport :
> Le vent qui nous flattait nous laisse dans le port.
> Il fallut s'arrêter, et la rame inutile

---

64. Racine, *Iphigénie*, I, ii, 185-186.
65. Racine, *Iphigénie*, I, i, 30-31.

> Fatigua vainement une mer immobile.[66]

« Miracle inouï », dit le vers suivant, qui oblige à consulter les dieux, dont le devin Calchas donne ainsi la réponse :

> Pour obtenir les vents que le sort vous dénie,
> Sacrifiez Iphigénie.[67]

Les vents manifestent donc le « courroux »[68] du ciel, à moins que ce ne soit sa « secrète envie »[69]. Ils sont un signe des dieux, et peut-être plus encore. Arcas, éveillé par son roi bien avant le lever du jour, s'étonne :

> Les vents nous auraient-ils exaucés cette nuit ?
> Mais tout dort, et l'armée, et les vents, et Neptune.[70]

« Neptune » signifie tout aussi bien la mer, et « les vents » Eole. En entendant le mot « exaucés », repris par Achille tout heureux d'annoncer à Clytemnestre le proche départ que Calchas a prédit :

> Neptune et les vents, prêts à nous exaucer,
> N'attendent que le sang que sa main va verser[71],

on ne peut guère avoir de doute sur leur nature divine. Dieux et éléments ne semblent faire qu'un, comme le montrent les imprécations de Clytemnestre, qui se sent abandonnée de tous, et de sa fille même, résolue à accepter son propre sacrifice :

> Quoi ! pour noyer les Grecs et leurs mille vaisseaux,
> Mer, tu n'ouvriras pas des abîmes nouveaux ?
> Quoi ! lorsque, les chassant du port qui les recèle,
> L'Aulide aura vomi leur flotte criminelle,
> Les vents, les mêmes vents, si longtemps accusés,
> Ne te couvriront pas de ses vaisseaux brisés ?
> Et toi, Soleil, et toi, qui dans cette contrée
> Reconnais l'héritier et le vrai fils d'Atrée,
> Toi, qui n'osas du père éclairer le festin,
> Recule, ils t'ont appris ce funeste chemin.[72]

---

66. Racine, *Iphigénie*, I, i, 43-50.
67. Racine, *Iphigénie*, I, ii, 621-662.
68. Racine, *Iphigénie*, I, ii, 218 ; 219.
69. Racine, *Iphigénie*, I, ii, 209.
70. Racine, *Iphigénie*, I, i, 7-9.
71. Racine, *Iphigénie*, III, iii, 839-840.
72. Racine, *Iphigénie*, V, iv, 1683-1692.

Vents et mer retrouvent ici un rang de divinités autonomes, tout comme le soleil, gratifié d'une majuscule. Mais à cette imprécation succède presque immédiatement le cri :

> Barbares, arrêtez,
> C'est le pur sang du Dieu qui lance le tonnerre...
> J'entends gronder la foudre, et sens trembler la terre.
> Un Dieu vengeur, un Dieu fait retentir ces coups.[73]

Arcas le confirme :

> N'en doutez point, Madame, un Dieu combat pour vous[74],

mais il revient à Ulysse, qui en fut le témoin, d'expliquer la genèse et de décrire les phases de ce qu'il faut bien appeler un miracle :

> A peine son sang coule, et fait rougir la terre,
> Les Dieux font sur l'autel entendre le tonnerre ;
> Les vents agitent l'air d'heureux frémissements,
> Et la mer leur répond par ses mugissements ;
> La rive au loin gémit, blanchissante d'écume ;
> La flamme du bûcher d'elle-même s'allume ;
> Le ciel brille d'éclairs, s'entr'ouvre, et parmi nous
> Jette une sainte horreur qui nous rassure tous.[75]

La cause de ce trouble, qui affecte la mer, la terre et le ciel et les unit dans une commune plainte, est clairement rapportée aux dieux et son origine au sacrifice d'Eriphile, pour être précis : à l'instant même où son sang touche la terre. Raymond Picard peut bien parler d' « orthodoxie mythologique »[76], tant Racine retrouve ici de notations antiques : touchant le sol, le sang humain déclenche en tous les éléments mouvements et bruits qui sont l'expression de leur émoi et la preuve tangible de leur nature animée et sensible. Comme elle avait ouvert la tragédie, la nature la clôt ainsi, par ce bouleversement qui est théophanie, marque auguste de la satisfaction des dieux, et qui ne cause pas moins d' « horreur »[77] que leur colère passée. La mer n'est donc finalement ici que l'instrument docile des dieux, l'une de leurs nombreuses manifestations dans l'univers sensible.

---

73. Racine, *Iphigénie*, V, iv, 1696-1699.
74. Racine, *Iphigénie*, V, v, 1700.
75. Racine, *Iphigénie*, V, vi, 1777-1784.
76. Racine, *Œuvres complètes*, t. I, p. 1143, n. 1 à la p. 734.
77. Racine, *Iphigénie*, V, vi, 1732 ; 1784. Le mot « horreur » traduit sans doute le grec θάμπς frisson d'horreur sacrée.

En va-t-il de même dans *Phèdre*, et plus précisément dans le récit que nous fait Théramène de la mort d'Hippolyte ? Tout y part de la nature, mais d'une nature dont tous les éléments, mer, airs et terre, sont bouleversés par un cri à l'origine insolite :

> Un effroyable cri, sorti du fond des flots,
> Des airs en ce moment a troublé le repos ;
> Et du sein de la terre une voix formidable
> Répond en gémissant à ce cri redoutable.[78]

Le parallélisme tout à la fois sémantique et syntaxique des mots (*cri, voix, cri* ; *effroyable, formidable, redoutable* ; *du fond des flots, du sein de la terre*) que soulignent la reprise en écho du mot « cri » et le rejet du verbe « répond », rend manifeste l'universalité de la conjuration. Les mots « cri » et « voix », qui suggèrent un être animé (à la différence des mots βροντή et βρόμος dans le passage correspondant d'Euripide, qui n'évoquent que des bruits naturels), montrent que la nature, et donc la mer, n'est que le lieu de ce complot, qui la dépasse et renverse son ordre habituel.

> Cependant sur le dos de la plaine liquide
> S'élève à gros bouillons une montagne humide.
> L'onde approche, se brise, et vomit à nos yeux,
> Parmi des flots d'écume, un monstre furieux.[79]

La mer, de « plaine », devient « montagne », une montagne qui semble en proie à une ébullition ou à une éruption volcanique sous l'effet de quelque feu gigantesque (*s'élève à gros bouillons*). Les mots « dos » et « vomit » font de la mer un être animé et indiquent le caractère contre-nature de l'accouchement qui s'accomplit, préparant ainsi au miracle qu'est l'apparition du monstre : l'être qui surgit est en effet « taureau » par les « cornes », la « croupe » et les « mugissements », « dragon » par les « écailles jaunissantes » qui le recouvrent, les « replis tortueux » de sa croupe et sa « gueule enflammée »[80]. Cet aspect composite et sans exemple signe sa provenance et explique la terreur qui saisit tout l'univers :

> Ses longs mugissements font trembler le rivage.
> Le ciel avec horreur voit ce monstre sauvage ;
> La terre s'en émeut, l'air en est infecté ;

---

78. Racine, *Phèdre*, V, vi, 1507-1510.
79. Racine, *Phèdre*, V, v, 1513-1516.
80. Je me réfère ici aux vers 1517-1520.

Le flot, qui l'apporta, recule épouvanté.[81]

Cette émotion – au sens physique et spirituel, et les mots ici, comme souvent chez Racine, ont cette double valeur (*trembler*, *horreur*, *s'émeut*, *infecté*, *recule*) – qui s'empare de l'univers tout entier montre combien le monstre est étranger à la nature d'où il est sorti et qui le désavoue, manifestant ainsi sa sensibilité et son autonomie vis-à-vis des dieux et de leur volonté.

La mer devient ainsi acteur dans le drame qui se joue et au dénouement duquel elle contribue puissamment. Son rapport aux dieux n'en reste pas moins ambigu, puisqu'avec le monstre et les chevaux, écumants comme elle, elle est la manifestation visible du dieu Neptune, sans jamais toutefois se réduire à n'en être que le signe ou l'instrument, puisqu'elle recule d'horreur à la vue du monstre jailli de son sein et venu accomplir la promesse du dieu. C'est cette ambiguïté même qui donne selon moi à la mer dans *Phèdre,* et dans *Phèdre* seule, autonomie et profondeur et lui confère une valeur tragique.

*

On pourrait être tenté de croire que c'est parce qu'il a suivi de près ses devanciers que Racine accorde une telle importance à la mer dans les tragédies que sont *Iphigénie* et *Phèdre*. Or, contre toute attente, Agamemnon, résumant dans *Iphigénie à Aulis* d'Euripide les événements qui le placent devant le dilemme qui est le sien : sacrifier ou ne pas sacrifier Iphigénie ? ne mentionne pas même la mer, se contentant d'évoquer, de la manière la plus abstraite qui soit, le résultat qui découle de son calme : l'impossibilité de naviguer (ἀπλοία)[82]. Ménélas et Achille sont un peu plus explicites, mais ne s'attardent guère, mentionnant, l'un, l'absence de vent favorable[83], l'autre, les « souffles trop faibles » (λεπταὶ πνοαί)[84] sur l'Euripe. La mer qui ouvre le chemin de Troie n'est guère mentionnée que pour son silence[85] ou comme le « gonflement égéen » (Αἰγαῖον οἶδμα)[86] que la flotte pourra enfin franchir, à moins que ce ne soit comme « les flots humides où fut nourri Nérée »[87]. Ainsi n'apparaît-elle jamais comme la force menaçante et

81. Racine, *Phèdre*, V, v, 1521-1524..
82. Euripide, *Iphigénie à Aulis*, v. 88.
83. Euripide, *Iphigénie à Aulis*, v. 352.
84. Euripide, *Iphigénie à Aulis*, v. 813.
85. Euripide, *Iphigénie à Aulis*, v. 10.
86. Euripide, *Iphigénie à Aulis*, v. 1600.
87. Euripide, *Iphigénie à Aulis*, v. 948-949.

mystérieuse qu'elle peut être et qui suscite la crainte. Sans doute faut-il voir une explication de cet effacement dans le rappel obsédant des dieux, et plus précisément d'Artémis, dont la colère retient les Grecs à Aulis. La mer et les vents n'apparaissent ici que comme leurs instruments, dépourvus de toute autonomie – Iphigénie déplore que Zeus ait fait « souffler sur l'Euripe un vent contraire »[88], Calchas annonce qu'Artémis a agréé le sacrifice et « accorde un vent propice »[89] –, alors que dans l'*Iphigénie* de Racine, leur statut, on l'a vu, est nettement plus ambigu : le dieu est présent dans l'élément qui le manifeste.

La tragi-comédie de Rotrou ne laisse pas plus que la tragédie d'Euripide d'autonomie à la mer, puisqu'Agamemnon dit à sa fille et à sa femme :

> Mais où le ciel est juge il n'est point de puissance
> Qui ne doive à clos yeux souscrire à sa sentence.
> Si nous nous révoltons contre ses jugements,
> Son pouvoir contre nous arme les éléments :
> Un orage en la mer, un abîme en la terre,
> Un air contagieux, une foudre, un tonnerre,
> Des funestes arrêts dont les dieux sont auteurs,
> Aux défauts des mortels, sont les exécuteurs[90],

et lorsqu'Achille, las de son oisiveté forcée, implore l' « inconstant dieu des flots » et Thétis, sa mère, « autre divinité de ce noir élément » :

> Romps la tranquille paix des vents avec les eaux,
> Et jusques à Ténède amène nos vaisseaux[91],

il est clair que lui aussi ne voit dans la mer qu'un des moyens qu'ont les dieux de manifester leur puissance.

Mais la mer donne aussi à Rotrou l'occasion de beaux vers, qui se détachent comme une vignette. C'est ainsi qu'Amyntas, se rendant à la convocation nocturne du roi, s'émerveille :

> Qui vit jamais les vents à l'empire de l'onde
> Accorder une paix si calme et si profonde ?
> Du moindre mouvement l'eau ne se sent friser ;
> Zéphyre seulement ne l'oserait baiser,
> Et les mille vaisseaux qui couvrent cette plaine

---

88. Euripide, *Iphigénie à Aulis*, v. 1323-1324.
89. Euripide, *Iphigénie à Aulis*, v. 1556-1557.
90. Rotrou, *Iphigénie en Aulide*, IV, iii, in *Œuvres*, t. IV, Paris : Th. Desoer, 1820, p. 310.
91. Rotrou, *Iphigénie en Aulide*, III, iv, in *Œuvres*, t. IV, p. 294.

Ont pour leur plus grand vent celui de notre haleine.[92]

Les références au friselis de l'eau, au baiser de Zéphyre et à l'haleine préparent plus à un poème galant qu'à une tragédie, qui exige intensité et concentration, et l'on comprend mieux par ce contre-exemple que Racine s'interdise tout pittoresque, toute description qui détournerait de l'essentiel, préférant ne laisser deviner la présence de la mer que par sa mention même, ou par celle des « eaux » ou des « flots » qui la composent, des « bords » ou du « rivage » qui la limitent, des « vaisseaux » prêts à la parcourir. Toute précision tracerait en effet des formes, imposerait des limites, qui dépouilleraient la mer de sa grandeur et de son mystère, quand l'indétermination et l'absence de contours permettent à l'imagination de se donner libre cours et suscitent la crainte. Deux fois seulement, la mer semble acquérir une réalité sensible. Dans son récit des événements miraculeux qui ont sauvé Iphigénie, Ulysse note bruits et couleurs :

> Les vents agitent l'air d'heureux frémissements,
> Et la mer leur répond par ses mugissements ;
> La rive au loin gémit, blanchissante d'écume[93] ;

dans le récit de Théramène, la périphrase de « plaine liquide »[94] qui la désigne, pour n'être pas pittoresque, indique bien sa consistance et sa forme ; surtout les deux vers suivants :

> L'onde approche, se brise, et vomit à nos yeux,
> Parmi des flots d'écume, un monstre furieux[95]

peignent le mouvement même des vagues arrivant au rivage. Je suis tenté de croire que c'est pour mieux faire accepter le merveilleux que Racine caractérise ici la mer de façon presque pittoresque, en m'appuyant sur la thèse de Gaudon dans son article *Fantasmes* :

> Les détails concrets des scénarios fantasmatiques ne sont ni vains ornements ni voiles. Ils contribuent à faire, pour ainsi dire, le plein de réalité, jusqu'à acquérir la clarté aveuglante du surréel.[96]

---

92. Rotrou, *Iphigénie en Aulide*, I, iii, in *Œuvres*, t. IV, p. 260.
93. Racine, *Iphigénie* , V, vi, 1779-1781.
94. Racine, *Phèdre*, V, v, 1513.
95. Racine, *Phèdre*, V, vi, 1509-1510.
96. *Racine : théâtre et poésie*, Leeds : Francis Cairns, 1991, p. 214.

Curieusement, l'*Hippolyte* d'Euripide fait une bien plus large place à la mer que son *Iphigénie à Aulis*. Le récit du messager nous montre

> sur la grondante
> rive [...], surnaturelle,
> une vague qui prend appui sur le ciel et dérobe
> à mon regard la rive de Sciron ;
> elle cachait l'Isthme et le roc d'Asclépios.
> Puis la vague, gonflée et bouillonnant d' écume
> qu'elle projette à flots sous le vent de la mer,
> atteint jusqu'au rivage, où était le quadrige.
> Et dans les lames qui déferlent,
> la vague vomit un taureau, monstre sauvage.[97]

La comparaison avec le récit de Théramène montre combien Euripide s'attache beaucoup plus à la réalité physique de la mer et à son dynamisme : tous les éléments retenus contribuent à faire de la mer une force sauvage, terrifiante dans son énormité et à suggérer le caractère surnaturel de cette éruption. Car ce n'est pas tant la mer comme élément, qui disparaît totalement du texte après ces vers, que comme lieu d'une manifestation du dieu, qui accomplit la promesse faite à Thésée, qui retient l'attention du messager et d'Euripide. La mer joue ainsi un rôle dramatique d'importance, puisque la catastrophe qu'est la mort d'Hippolyte ne saurait avoir lieu sans elle. Mais auparavant déjà, le chœur le souligne dans le second stasimon, le voyage de la « barque crétoise aux ailes blanches »[98] qui amena Phèdre à Athènes était un premier pas vers la ruine. Là s'arrête pourtant le rôle dramatique de la mer, beaucoup moins développé, on le voit, que dans la pièce de Racine.

Je ne saurais malgré tout abandonner *Hippolyte* sans signaler l'orchestration des métaphores marines qui font de Cypris un courant marin irrésistible[99] et de Phèdre une femme à la mer[100], luttant pour en sortir à la nage[101], puis submergée[102], comme Hippolyte à son tour le sera[103]. Un regard sur le texte grec montrerait que, par les sons mêmes, la mer est présente dans ces métaphores.

La mer n'a guère d'existence propre dans *Phædra* de Sénèque :

---

97. Euripide, *Hippolyte*, v. 1205-1214.
98. Euripide, *Hippolyte*, v. 752.
99. ῥυῇ (Euripide, *Hippolyte*, v. 443).
100. κέλσαι (Euripide, *Hippolyte*, v. 140) ; cf. χειμάζομαι, v. 315.
101. ἐκνεῦσαι (Euripide, *Hippolyte*, v. 752).
102. ὑπέραντλος (Euripide, *Hippolyte*, v. 767).
103. ἀντλήσει (Euripide, *Hippolyte*, v. 898 ; 1049).

juste mentionnée avant l'imprécation de Thésée comme signe de la puissance crétoise[104] ou synonyme à peine moins abstrait de distance ou de danger[105], elle n'apparaît que pour accomplir la promesse de Neptune et n'est rappelée qu'en liaison avec le monstre dont elle est « grosse » (*tumidum... monstro*)[106], et qui cause la mort d'Hippolyte. La référence du chœur au « monstre des mers furieuses »[107], amoureux lui aussi, fait dans une lecture rétrospective, figure d'annonce de la catastrophe – et Phèdre comme Thésée souhaitent tous deux être dévorés par des monstres marins[108]. La mer s'efface ainsi devant le monstre, la nature devant le surnaturel.

Dans l'*Hippolyte* de Garnier, la mer n'est pas en elle-même une menace : Phèdre évoque avec nostalgie la Crète et ses ports, « caressés de l'onde »[109], image d'idylle plus que de tragédie, et si Egée se précipite de désespoir dans les flots qui porteront son nom, la mer n'en est nullement responsable. Elle est l'occasion ou le lieu, non la source, de la catastrophe. S'il arrive qu'on la mentionne comme métaphore abstraite du danger, elle n'est jamais que le jouet du vent ou de Neptune, oubliée dès que le monstre que le dieu en a fait surgir s'est élancé sur le rivage. Dépourvue de présence sensible, la mer n'est donc pas non plus dans cette tragédie la force agissante qu'elle sera chez Racine.

*

Ces trop rapides sondages montrent que Racine ne s'est pas contenté de reprendre le thème de la mer là où il l'avait trouvé dans les œuvres de ses prédécesseurs, mais qu'il l'a introduit et fortement développé dans la plupart de ses tragédies. Non pour les ressources poétiques qui devaient enchanter Baudelaire ou Saint-John Perse, pour les sensations ou les rêveries qu'elle suscite, mais pour les projets politiques et stratégiques qu'elle permet (*Mithridate*) ou les souvenirs qu'elle perpétue et qui ruinent toute tentative de rupture et de renaissance (*Andromaque*). Par l'ailleurs qu'elle représente, elle fait naître des espoirs de départ et de liberté qui ont tôt fait de se révéler illusoires, et accentue ainsi le pathétique. Plus souvent encore, elle crée un huis-clos étouffant et est source de catastrophes, se faisant acteur dramatique, un acteur dont il est bien souvent

---

104. Sénèque, *Phædra*, v. 85 ; 87 ; 149 ; 661.
105. Sénèque, *Phædra*, v. 241 ; 700 ; 931.
106. Sénèque, *Phædra*, v. 1016.
107. Sénèque, *Phædra*, v. 350-351, tr. Herrmann.
108. Sénèque, *Phædra*, v. 1159-1163 ; 1204-1206.
109. Garnier, *Hippolyte*, II, 387.

difficile de déterminer s'il est autonome ou s'il est l'une des figures de la transcendance. C'est parce qu'elle est une force aux contours mouvants, qui en fait au sein même de l'espace comme un au-delà de l'espace, insubstantiel, absolu, que la mer, sans rien perdre de sa présence ou de sa réalité, garde tout son mystère et peut prétendre à ce statut de figure, au sens pascalien (« Figure porte absence et présence »)[110], qui lui confère sa dignité tragique.

---

110. Pascal, *Œuvres complètes*, Paris : Gallimard, Pléiade, 1954, p. 1266.

Bernard Chédozeau
(Université de Montpellier)

LA TRAGÉDIE RACINIENNE ET L'HISTOIRE
L'utilisation de l'Histoire par Racine

1

Comment le spectateur d'une pièce racinienne devient-il le spectateur d'une pièce *tragique* ? Comment Racine nous constitue-t-il peu à peu en spectateurs du spectacle dans ce qu'il a de tragique ? Et plus encore comment les premiers spectateurs des premières représentations, les courtisans de Louis XIV par exemple, étaient-ils mis en situation d'assister à un spectacle tragique, et comment cette conscience était-elle constituée en eux ?

Peut-être peut-on trouver un embryon de réponse dans la relation que la tragédie racinienne entretient avec l'Histoire. Il semble en effet que plusieurs pièces de Racine fondent leur tragique sur une confrontation entre d'une part ce que rapporte l'histoire antique ou religieuse, et de l'autre une reconstitution complètement imaginaire et fantasmatique de l'univers des personnages juste avant la catastrophe qui va les emporter. Le tragique naît alors du rapprochement fulgurant entre ce qu'on appelle *le réel historique*, c'est-à-dire les événements désastreux que rapporte l'Histoire chez Tacite ou Suétone, ou dans l'Ancien Testament, et la construction imaginaire et hypothétique que l'auteur invente chez ses personnages.

Le tragique qui surgit se construit alors différemment chez le spectateur, chez le personnage et chez l'auteur. Ce qui caractérise *le spectateur*, c'est qu'il a lu l'Histoire : il connaît Tacite, Suétone et la Bible ; il sait que l'issue sera nécessairement catastrophique ; il ne peut pas ne pas être animé par l'effroi, un effroi sacré devant tant des comportements qui lui paraissent faits d'inconscience et de candeur inopportunes, et par la pitié pour ces gens qui lui ressemblent tant. A la lettre, le spectacle tragique de ces personnages qui se croient libres et qui agissent en conséquence au moment même où le précipice s'ouvre devant eux est, pour le spectateur qui sait et qui n'est pas en mesure d'être dupe quand même il le voudrait, un spectacle qui fonde un plaisir coupable certainement de sadisme et probablement de masochisme. Chez *le personnage*, la découverte de sa situation tragique est très différente, car à la différence du spectateur le personnage n'a pas lu l'Histoire qu'il est en train d'écrire ; la découverte du tragique est alors toujours douloureuse. Je pense enfin qu'il y a aussi une construction du tragique chez *l'auteur* lui-même. Racine est un bon lecteur de l'Histoire, et on est tenté de dire que chacune de ses pièces est comme une longue rêverie fantasmatique sur cette Histoire : il fait vivre par ses personnages, et il revit avec eux, un avenir radieux dont il sait qu'il est plombé par la catastrophe à la fois imminente et absolue que raconte la pièce ; et cette attitude de l'auteur suppose une bonne dose de férocité tant à l'égard du personnage qu'il voit se débattre sous son scalpel, qu'à l'égard du spectateur qu'il manipule sans pudeur, dans le cas éminent de l'ironie tragique.

2

Plusieurs pièces raciniennes peuvent s'analyser comme des relectures de l'histoire, ou plus exactement comme une rêverie qui consiste à prêter aux personnages une aspiration à la liberté et au bonheur au moment même de la catastrophe que l'Histoire enseigne comme étant le seul vrai réel. La pièce raconte fantasmatiquement ce que les personnages ont pu attendre du futur juste avant la catastrophe finale.

Dans les pièces qui s'appuient sur un récit historique tiré de l'histoire ancienne ou de l'histoire biblique, le poète nous situe ainsi juste avant les événements que rapporte l'histoire. Quelques exemples permettront de bien saisir cette analyse.

Dans *Bérénice*, le tragique est dans la conscience du lecteur-spectateur, qui a lu l'Histoire et qui voit bien que les personnages croient agir librement, alors qu'aucun doute ne peut planer sur l'issue de cette action « très fameuse dans l'histoire » (préface – du point de vue ici retenu, la lecture des préfaces est précieuse). Du point de vue des personnages, tout l'amour de Bérénice, tout l'appui que lui fournit Antiochus ne peuvent contrebalancer le poids du « devoir » chez Titus ; mais pour le spectateur, ces tentatives avortées se heurtent surtout aux nécessités du « vrai » historique.

C'est parce qu'ils écrivent l'histoire sans le savoir que, pour le spectateur-lecteur, Titus, Bérénice et Antiochus se trouvent dans une situation tragique – tragique parce qu'historique. Il ne faut pas hésiter à reconnaître là une réflexion, encore embryonnaire, sur le sens de l'Histoire : les pièces suivantes enrichiront cette structure.

Dans *Bajazet*, *Mithridate* et *Phèdre*, l'action est suspendue au fait que, pendant un temps que les lois du théâtre classique font dérisoirement bref (en particulier dans *Phèdre*), un héros plus ou moins mythique et tout-puissant, doté de vertus épiques et dangereux (et non un personnage de second plan comme le seraient par exemple Britannicus ou Bajazet), se trouve en situation d'être dépouillé par ses proches de ce qui lui est le plus cher, amour et pouvoir. Si dans *Mithridate* la mort du héros est annoncée formellement

> On nous faisait, Arbate, un fidèle rapport :
> Rome en effet triomphe, et Mithridate est mort
> > (*Mithridate*, I, 1),

ailleurs les personnages restent dans l'incertitude sur la réalité de la mort du héros :

> Et je puis ignorer tout ce qui s'est passé
> > (*Bajazet*, I, 1),

> Qui sait même, qui sait si le roi votre père
> Veut que de son absence on sache le mystère ?
> > (*Phèdre*, I, 1).

La situation est plongée dans d'épaisses ténèbres, et pourtant les personnages ne tiennent pas compte de ces mises en garde répétées ; un sentiment de malaise et d'inquiétude envahit le spectateur-lecteur : pourquoi ces personnages sont-ils si pressés ? Comment peuvent-ils se leurrer à ce point ? Pourquoi ne tiennent-ils pas compte des avertissements que leur prodiguent pourtant des confidents fidèles et avisés – leur double, peut-être, leur inconscient ?

Du fait de l'éloignement du héros les personnages de son entourage proche se croient libres, et les passions jusque-là contenues et par les droits légitimes de l'époux, et par l'oppression qu'il exerce comme héros (d'autres auraient dit *père*), éclatent avec force dans ces milieux étouffants : à la lettre, ses proches les plus intimes se partagent ses dépouilles de la façon la plus inconsidérée, sans même vérifier l'exactitude de la nouvelle ; ils jouent à être libres, à vivre librement. Le temps où le héros est cru mort définit pour eux un espace de liberté au cours duquel ils croient qu'ils pourront enfin s'accomplir – ce qui, d'un certain côté, suppose une naïveté que seule la rapidité de la pièce fondée sur le respect de l'unité de temps permet de faire accepter : le *narré* de *Mithridate* ferait sourire dans un roman où l'analyse psychologique prend le temps de se développer.

Le poète se hâte de faire revenir le héros, qui n'était pas mort (ou, dans *Bajazet*, il le fait représenter par le double menaçant qu'est Orcan). A la différence de ce qui se passerait dans un drame, ce retour ne déclenche pas la catastrophe ; il oblige les personnages (ce qui les définit comme personnages *secondaires*) à dissimuler ce que le retour de l'offensé transforme rétrospectivement en crime (« *Qu'avons-nous fait !* »), à repousser l'inévitable pour tenter de vivre comme auparavant. Les personnages qui ont gravement offensé l'absent tentent moins de trouver des solutions nouvelles que de revenir piteusement à la situation d'avant le péché, d'avant la faute. Malheureusement pour eux, le héros n'est pas et ne sera pas un personnage compréhensif, et ils le savent fort bien. L'absent revenu se venge sans pitié de ces subalternes qu'un Mithridate juge avec condescendance :

> S'il n'est digne de moi, ce piège est digne d'eux.

Le danger est d'autant plus menaçant que le héros se pare de pièce en pièce des prestiges du héros épique. Si Amurat reste encore d'un réel historique, il bénéficie déjà du flou du lointain et des prestiges d'un Orient mystérieux ; Mithridate est déjà plus mythique, surtout dans les couleurs que lui donne Racine ; mais on est en marche vers les pièces sacrées, et Thésée est pleinement un héros, un demi-dieu, être de l'action immédiate qui ignore réflexion, doutes et incertitudes – un Achille plus âgé – : qui pourrait s'étonner de la violence de ses réactions ? De quel poids le faible Bajazet pèse-t-il face à Amurat-Orcan ? Le rival de Mithridate n'est autre que Xipharès son fils bien-aimé, et il en est de même d'Hippolyte devant Thésée. Comment un Mithridate, un Thésée auraient-ils pu non seulement accepter mais même imaginer la rébellion, pis encore les amours de leurs proches ? En un sens, la situation qu'ils découvrent les choque plus qu'elle ne les désole. Après l'aveu-révélation, les personnages coupables se trouvent dans un état de totale impuissance, dans une situation d'infériorité absolue qui les prive *a priori* de toute chance de sortir du piège où ils se sont inconsidérément laissé prendre.

Ainsi, dans ce second type de tragédies, un enrichissement majeur est apporté par rapport aux pièces du premier groupe qu'étaient *Andromaque, Bérénice, Britannicus*. Certes, comme précédemment, le lecteur connaît l'histoire et la mythologie, et par conséquent la malheureuse issue de ce *narré*. Mais le sentiment tragique ne vient plus seulement de l'opposition entre les velléités des personnages et le poids d'une histoire au déroulement inexorable ; les personnages se prennent dans un piège qu'ils construisent involontairement eux-mêmes, en toute justice/injustice. Ils ont participé personnellement, et par leurs fautes et par leurs crimes, à la définition de la triste situation dans laquelle ils se découvrent plongés. Pendant le temps où le héros est cru mort, ces personnages ont fait *comme si* pleine liberté leur était rendue, comme s'il était définitivement assuré que le héros n'imposera plus sa loi ; en quoi ils ont commis une *erreur logique*, d'une part, que constate en le déplorant le spectateur-lecteur, et ils en seront logiquement et justement châtiés. D'autre part leurs seuls actes d'êtres libres consistent dans la mise à nu du héros, qu'ils dépouillent de ce qui le définissait à ses propres yeux comme aux leurs ; désormais le roi est nu, en quoi, au retour du héros, ils auront rétrospectivement commis *une faute* grave qui était pourtant d'abord une libération et un accomplissement dont ils sont injustement punis. Ils ont ôté le masque qui dissimulait leur vérité et leur raison d'être : ils ont cru pouvoir prendre la place du héros, être libres comme lui. Peut-on croire qu'ils jouent au héros ? Ils tentent au moins d'être les maîtres du jeu en une véritable revendication d'identité. L'originalité du schéma retenu par Racine est alors de fournir aux personnages un temps de liberté qu'ils exploitent inconsidérément et au terme duquel ils pourront ressentir le sentiment de culpabilité, source chez le spectateur d'un sentiment tragique nouveau.

La culpabilité apparaît donc comme facteur tragique. Ce sentiment était étranger aux personnages des premières tragédies, et il le sera à ceux du troisième groupe de pièces. Dans *Bajazet*, ce sentiment reste à l'état embryonnaire ; il n'y a pas à proprement parler d'instance culpabilisante. Roxane n'éprouve qu'un sentiment d'effroi face à Amurat représenté dans le personnage d'Orcan, et l'embarras de Bajazet, sa confusion, viennent plutôt d'un sentiment de fierté et de honte devant le triste rôle qu'il joue à l'égard de Roxane. En revanche, le sentiment de culpabilité est plus accusé chez Monime et surtout chez Xipharès, qui respecte et honore son père comme le fera Hippolyte. Enfin et surtout, les sentiments de honte et de culpabilité définissent la conscience de Phèdre, qui affronte, derrière le regard de son mari, celui des dieux et du destin.

Esther et *Athalie* sont proches l'une de l'autre. Des pièces précédentes, elles conservent le héros, Mardochée puis Joad, personnage fort qui se révèle désormais comme le représentant de

Dieu sur terre face à un autre héros, Aman puis Athalie-Mathan, qui
se veut libre, lui aussi, mais qui se découvre *in fine* porteur d'une
destinée à la fois contraire aux desseins universels de Dieu et
pourtant comprise et prévue par lui. En ce sens, les pièces sacrées
sont très nouvelles par rapport aux tragédies précédentes : elles font
découvrir à des personnages épiques leur statut de personnages
tragiques.

Certes *Esther* et *Atahlie* sont, d'abord et à vue humaine, des
conflits de personnages épiques. Mardochée et Aman dans *Esther*,
Joad et Athalie dans *Athalie*, se disputent un personnage-objet,
Assuérus dans un cas, le jeune Eliacin-Joas dans l'autre ; le succès
des uns implique la destruction des autres. Mais au-delà de ce
premier plan, au-delà des aspirations épiques par lesquelles ils sont
proprement humains et porteurs de valeurs terrestres, et peut-être
même du fait de la prééminence exagérée qu'ils accordent à ces
valeurs, en une vision manichéenne fortement teintée d'augustinisme
ces personnages sont de deux sortes. Les uns se découvrent être (en
partie à leur insu) des agents du Mal, des membres de la *cité terrestre*
(Aman et Athalie). La tragédie raconte comment ils veulent ignorer,
puis refusent de voir, et sont finalement contraints de reconnaître que
leurs adversaires, certes tout aussi épiques et héroïques qu'eux, sont
en fait les agents du Dieu qu'eux-mêmes combattent, des membres
de la *cité de Dieu* qui à ce titre jouissent d'une vision du monde et,
avec la grâce divine, *Dieu merci*, d'un pouvoir infiniment supérieurs
aux leurs. Les agents du Mal, qui ne sont que des hommes membres
d'une *massa damnationis* portés seulement au Mal et qui ne
disposent que de leurs propres forces, découvrent à leurs dépens
qu'ils ont en fait mené une lutte insensée contre un Dieu tout-
puissant.

Ainsi ces héros, ces êtres humains épiques se croient libres et
agissent en conséquence ; mais aux yeux du spectateur-lecteur qui a
lu la *Bible* et l'histoire sainte, comme dans les pièces précédentes il
avait lu l'histoire profane, ils sont seulement en train d'écrire
l'Histoire, une histoire datée et orientée, dont l'issue est connue et
irréversible ; et cette histoire est l'histoire même du salut du monde,
et d'abord du salut du spectateur-lecteur. Après l'interruption des
pièces du second groupe, les pièces sacrées confirment ainsi le retour
de l'histoire, mais d'une Histoire qui est l'histoire sacrée, histoire
d'un monde laborieusement en marche vers le salut, et histoire qui
concerne personnellement chacun des spectateurs supposés
chrétiens.

Ainsi qu'il s'agisse de personnages tirés de l'histoire profane,
comme dans *Bérénice* ou *Britannicus*, ou de l'histoire sacrée comme
dans *Esther* et *Athalie*, les personnages raciniens ont en commun

d'être représentés au début de la pièce en situation d'entière liberté *avant* les événements que l'histoire rapporte d'eux, *avant* les événements qui les figeront pour toujours en les définissant dans un être éternel. La représentation tragique racinienne présente ainsi des personnages *mis en situation de réécrire l'Histoire*, c'est-à-dire d'écrire une Histoire autre que celle que connaît le spectateur qui est aussi un lecteur, le lecteur de l'Histoire ; mais la connaissance que ce spectateur-lecteur a de l'Histoire ne lui laisse aucune hésitation sur l'issue finale.

3

Une autre caractéristique de cette construction imaginaire et fantasmatique dans laquelle se complaît Racine (et dont il rend le spectateur complice), c'est le fait qu'elle ne se borne pas à tenter de placer les personnages en situation de récrire une autre histoire que celle qu'enseigne l'histoire ; elle va jusqu'à les mettre dans une situation telle que, alors qu'ils vivaient antérieurement à la pièce une existence dont l'avenir était lui même menaçant, un événement libératoire fort inattendu leur donne au début de la pièce l'occasion d'espérer une vie qui leur permettra de satisfaire leurs rêves d'un *bonheur* jusque-là inaccessible. Comment ne pas noter de sadisme l'art d'un auteur qui ose inventer de représenter ces personnages (qui sont des jeunes gens) non seulement libres (ce qui est déjà cruel), mais en situation d'être *heureux* grâce à la liberté inattendue qui leur est offerte, alors qu'en fait tout est perdu ? Et comment qualifier les sentiments qu'éprouve le spectateur, qui sait que tout cela, qui n'a aucune réalité historique, qui est pleinement imaginaire, est interdit par les enseignements de l'histoire ? On soupçonne à la fois la profondeur, la complexité et les ambiguïtés du sentiment tragique chez l'auteur aussi bien que le spectateur-lecteur.

Les premiers vers d'Oreste sont fort clairs sur ce point :

> Oui, puisque je retrouve un ami si fidèle,
> Ma fortune va prendre une face nouvelle...

Et pour ne retenir que quelques autres exemples significatifs, comment oublier la lueur de liberté, certes, mais d'une liberté chargée d'un espoir de bonheur, d'un rêve d'épanouissement personnel, d'un immense soulagement, qui éclate lorsque les personnages apprennent que

> Rome en effet triomphe, et Mithridate est mort ?

ou lorsque Œnone annonce à sa maîtresse la mort de Thésée,

> Et ce malheur n'est plus ignoré que de vous.

La coloration pathétique de ce tragique naît ainsi de l'impertinence du sentiment de libération qu'éprouvent des personnages mis enfin en situation d'être libres et surtout *heureux* : aux yeux du spectateur-lecteur, cette attitude pathétique se colore d'une naïveté candide.

L'invention de telles situations (qui n'ont aucun répondant historique, et dans la mesure précisément où ces représentations mentales n'ont aucun fondement historique) révèle chez Racine d'étranges fantasmes. On pourrait d'ailleurs en dire autant des évocations du futur, avertissements, menaces, songes, que multiplie l'auteur, dont le spectateur saisit tout le sens, et dont les personnages devraient tenir le plus grand compte ; et de tout ce qui peut aussi prendre la forme de l'ironie tragique. Autant de scènes qui apparaissent comme d'une cruauté insupportable, et que Racine pourtant manie avec délices.

Comment l'histoire pourrait-elle s'écrire autrement que ce que nous en savons ? Nous savons fort bien, et les premiers spectateurs le savaient aussi, qu'Oreste est perdu en dépit de ses rêves de bonheur, qu'Amurat menace et que Bajazet et Roxane ne peuvent échapper au pouvoir du lointain Amurat, que Thésée ne saurait tarder à revenir et que Phèdre ne survivra pas avec son secret, qu'Eriphile, Aman ou Athalie ne peuvent l'emporter contre le Dieu caché. Et c'est ainsi que peu à peu nous sommes constitués en spectateurs d'un spectacle tragique que nous contemplons avec délices. De ce point de vue, la plupart des tragédies de Racine pourraient s'intituler *La Guerre de Troie n'aura pas lieu*. Mais qui a jamais cru que la guerre de Troie n'aurait pas lieu ? Quel spectateur-lecteur qui a lu Tacite, Suétone ou la Bible peut-il imaginer que c'est à tort que sa mère menace Néron :

> – Et ton nom paraîtra, dans la race future,
> Aux plus cruels tyrans une cruelle injure –
> (vv. 1691-1692),

que Titus, *volens nolens, invitus invitam*, ne renverra pas Bérénice, ou encore qu'Aman et Athalie ne seront pas brisés comme l'a annoncé le songe :

> Tremble, m'a-t-elle dit, fille digne de moi :
> Le cruel Dieu des juifs l'emporte aussi sur toi.
> Je te plains de tomber dans ses mains redoutables,
> Ma fille... (vv. 497-500).

4

Comme l'enseigne l'histoire, la fin est inévitable, inéluctable : en dépit des apparences, les personnages n'avaient aucune liberté d'agir à leur guise. Nous sommes pleinement spectateurs d'un spectacle tragique ; la liberté n'était qu'un rêve prêté par l'auteur. C'est que les personnages agissent *à leur insu*, ignorant une Histoire dont la connaissance leur aurait certainement été bien utile, et en particulier à Aman et à Athalie qui ne se seraient pas attaqués aussi inconsidérément au peuple juif et aux instruments du salut du monde. Dans tous les cas, par l'usage qu'il fait de l'histoire, Racine ruine exemplairement la prétention à la liberté. De plus en plus au fil des pièces (car il y a une forte évolution d'*Andromaque* à *Athalie*, et pourrait-on inverser l'ordre des pièces ?), et pleinement dans les pièces sacrées vers lesquelles tout converge, semble-t-il, Racine montre que l'homme agit sans savoir ce qu'il fait, que son statut est tragique parce qu'il se heurte en fait à une Histoire déjà écrite, qui ne peut plus être réécrite, et même à une histoire qui ne pouvait pas s'écrire autrement qu'elle l'a été : la liberté n'est qu'un mot, et malheureusement elle n'est même qu'un *leurre*, chiffon rouge qui attire à la mort. Sous-jacente à plusieurs pièces, cette hypothèse trouve sa pleine confirmation dans les tragédies sacrées. C'est ainsi qu'Histoire et tragique sont étroitement liés.

5

Par certains aspects, on est tenté de voir dans cette construction du tragique une réaction de refus face à la nouvelle conception de l'histoire qui s'impose alors.

A la suite du concile de Trente, les clercs catholiques ont proposé des ouvrages d'histoire de premier ordre, mais qui ont été par la suite récusés et volontairement oubliés pour diverses raisons qu'il est inutile de rapporter ici. Entre autres grandes découvertes comme celle de l'évolution en matière de dogme, de discipline et de morale, cette nouvelle Histoire a fait surgir les problèmes que soulève *la datation chronologique* de l'Ancien et du Nouveau Testament. Comme on le sait, la datation chronologique assigne une date à chaque événement rapporté par la Bible. Mais ce faisant elle exclut à la fois le passé symbolique qui pouvait se reconstruire : quand il est scientifiquement daté, le passé est définitivement écrit ; et surtout pour ce qui est de l'avenir, cette histoire datée ne permet plus de penser les *fins dernières*, les diverses finalités de l'existence si importantes dans l'anthropologie antérieure. Avec la datation chronologique disparaît la signification de l'histoire, le sens qu'elle avait dans l'anthropologie chrétienne médiévale. C'est la fin d'une histoire *à vivre*.

Or, en agissant comme ils le font naïvement en se croyant pleinement libres, les personnages des tragédies de Racine méconnaissent qu'il est une orientation de l'histoire, et, dans les dernières tragédies, qu'il existe un plan divin et des *fins dernières* dont ces pièces rappellent *con todo rigor* la réalité et le poids. Les songes, mises en garde, rêves et prophéties dont ils sont abreuvés sont pour les personnages raciniens autant d'avertissements dans lesquels le spectateur-lecteur ne voit que l'annonce de la suite des événements. Et Racine rappelle que, pour ce qui est de l'avenir, il existe des fins dernières et une orientation donnée par la Providence. La tragédie racinienne reposerait alors sur cette confrontation insoluble entre les anciennes histoire et mentalité traditionnelles et symboliques qui fondent les fins dernières et le sens de l'histoire, et la nouvelle histoire qui pour le passé se révèle incapable de reconnaître l'action et le doigt de Dieu, et qui est sans fins dernières.

6

Il y a pourtant beaucoup d'ambiguïté dans cette représentation de l'absurdité des attitudes par lesquelles ces personnages ont cru agir librement alors que tout était perdu, dans cette découverte finale que toute liberté est impossible en face du poids de l'Histoire. Dans le principe, on est tenté d'y reconnaître une vision augustinienne inspirée des analyses port-royalistes ; en fait, les dernières pièces invitent à une interprétation très différente, peut-être prométhéenne et faustienne.

On peut d'abord trouver dans l'usage que Racine fait de l'histoire une mise en œuvre de la vision augustinienne de l'histoire, y voir une illustration de ces analyses terrifiantes. L'augustinisme strict veut en effet que les hommes ne soient qu'une *massa damnationis* d'où seule peut les sortir la grâce efficace, celle qui non seulement leur fait vouloir le bien, mais qui produit elle-même l'effet attendu. De lui-même, l'homme n'apporte qu'une concupiscence orientée exclusivement au mal, et une concupiscence qu'il se transmet *a generatione in generationes*. Qui ne voit qu'à la façon de Phèdre, d'Aman ou d'Athalie (et peut-être déjà d'Eriphile), les hommes de la *massa damnationis* sont condamnés exclusivement au mal ? Qu'il apparaît difficile, et peut-être impossible, d'agir librement sans agir contre la volonté de Dieu ? Les tragédies posent la question de la valeur de tout acte humain : si l'Histoire est soumise à ce point à un dessein, peut-il y avoir une action libre de l'homme, et vouloir agir librement, n'est-ce pas nécessairement sortir du dessein de Dieu ? On rapproche souvent Racine et les Messieurs augustiniens de Port-Royal : c'est peut-être par ce biais de la peur de l'Histoire, si fréquent chez les clercs catholiques de la fin du siècle, que s'exprime chez Racine la croyance en une grâce efficace qui aurait manqué à Phèdre comme à Athalie. L'Histoire écrite, profane et surtout sacrée, montre en tout cas à quel point la liberté humaine peut n'être qu'un leurre. C'est toute une représentation de la prédestination qui se dessine ainsi. Dans les histoires moliniennes ou pélagiennes, l'homme est volontiers un héros coopérateur de Dieu dans l'histoire du monde ; mais dans les pièces de Racine, dans *Esther* et dans *Athalie*, peut-être déjà dans *Iphigénie* et dans *Phèdre*, l'Histoire fait rétrospectivement considérer comme un Destin inexorable et par là tragique ce qui était seulement cette prédestination que raconte l'histoire providentialiste. Racine écrirait alors conformément à la vision augustinienne.

Mais on peut se demander ce que veut réellement le poète dans cette vision sombre et pessimiste. Dans les pièces qui semblent le plus marquées par la vision augustinienne, on trouve à la fois des affirmations relevant d'une vision providentialiste de l'Histoire :

> – Impitoyable Dieu, toi seul as tout conduit ! -,

mais aussi d'admirables legs prométhéens et, dans la circonstance, d'esprit pélagien : ce sont les legs que font à leurs héritiers les meilleurs des personnages épiques. Ainsi de Mithridate mourant :

> … Venez, et recevez l'âme de Mithridate…

ou, mieux encore, d'Athalie transmettant à son petit-fils l'esprit même qui l'anime :

> … Fidèle au sang d'Achab, qu'il a reçu de moi…

Ainsi rencontre-t'on de héros en héros, de Mithridate ou Eriphile à Athalie et à Joas futur adversaire de Dieu, toute une lignée de perturbateurs de l'ordre providentiel, une lignée ininterrompue de héros qui s'expriment dans le conflit permanent entre la cité de Dieu et la cité des hommes.

L'ambiguïté est alors manifeste. Certes le péché et la culpabilité sont à entendre au sens augustinien le plus strict, comme le fruit mauvais de toute action d'un homme obstiné dans une affirmation de soi qui au sein de l'Histoire n'apparaît que comme une rébellion contre l'ordre divin. Mais comment ne pas voir que cette rébellion est le cri même de la liberté d'un homme qui se révolte à l'idée que, dans le dessein divin de salut, sa liberté n'est qu'un leurre. En d'autres termes, certes chez Racine tout ce que fait l'homme de lui-même est fruit du mal ; tous les hommes sont dans une *massa damnationis* ; et le seul agent ou moteur de l'histoire est Dieu par sa Providence. Mais dans le dessein d'un homme prométhéen qui se soucie fort peu du plan divin, ou qui le nargue, les révoltes que rapporte l'Histoire sont le lieu éminent de l'affirmation humaniste, du cri d'horreur et de la révolte de l'homme devant la condition qui lui est faite.

Ainsi s'il y a une Histoire, et il y a une Histoire, elle est certes chez Racine la preuve expresse de la pertinence de l'augustinisme ; mais elle est aussi d'une façon déjà gœthéenne et faustienne le socle même d'un humanisme de la révolte. Qu'en conclure sur la pensée profonde de « l'augustinien » Racine ? A-t-il conscience, et en tout cas qu'aurait-il pensé de telles interprétations méphistophéliennes de ses dernières pièces ?

7

Le tragique racinien se fonderait donc sur une histoire dont l'issue est connue ; la tragédie rapporterait une tentative, sans cesse répétée et enrichie de pièce en pièce, présentant le rêve d'une autre histoire que celle qui est rapportée dans les livres ; le sentiment racinien du tragique consisterait dans la prise de conscience par le spectateur et par le personnage de l'impossibilité et de l'absurdité de cette tentative.

Si ces analyses sont exactes, dès l'entrée en scène d'Oreste mais plus encore au fil des pièces, Racine est habité par le fantasme du poids d'une Histoire qui ne saurait se récrire. Ainsi se fonde une forme de tragique qui est la reconnaissance de la folie en même temps que de la nécessité de toute action qui se croit et se veut libre. A la fois Racine est le chantre d'un augustinisme qu'il a fort bien compris, et déjà l'apôtre d'un humanisme qui, de génération en génération, consiste dans la revendication d'une liberté fondatrice. Face à l'Histoire toute-puissante puisqu'elle est la voix de Dieu, l'auteur, le spectateur et le personnage sont frères dans une situation dont le tragique est par lui-même revendication de liberté. On ne saurait imaginer un tragique plus différent de celui de Shakespeare.

8
La nouvelle esthétique : Racine « *poète-missionnaire* »

Une esthétique originale naît ainsi, fruit à la fois des inquiétudes religieuses du poète, de sa culture historique, de ses interrogations dramaturgiques. Dans cette construction complexe, le spectateur-lecteur supposé chrétien est en effet placé dans une situation unique, qui fait de lui à la fois un Dieu omniscient, un spectateur consterné, mais aussi un chrétien qui participe du même sort que les personnages et qui s'interroge dès lors sur sa propre Histoire et sur le sens de sa liberté – sans que cette participation purement spectaculaire et de mise en garde soit du même ordre que la participation-fusion qui était celle des baroques. Avec cette participation d'effroi et de pitié, l'exploitation nouvelle de l'Histoire fonde chez le spectateur une étrange distanciation *ironique*. Ce nouveau spectateur n'est ni le spectateur du théâtre baroque, ni le spectateur du théâtre classique, mais un spectateur à la fois distancié et impliqué, selon une esthétique très originale qui ne sera pas reprise par la suite.

Dans ce qu'on est tenté de considérer comme le meilleur théâtre baroque, celui qui est peut-être allé au terme de ses ambitions, le Parnasse et le Calvaire ne font qu'un ; et ils ne font qu'un parce qu'à la différence de ce qui va s'introduire avec Port-Royal, puis avec les classiques, le Parnasse et le Calvaire ne sont pas distingués. Chez les auteurs baroques, l'autonomie d'une esthétique profane séparant nettement les deux domaines n'est peut-être pas encore née ; cette distinction sera un des apports majeurs de l'anthropologie classique, si peu religieuse, déjà si laïque. Un poète baroque comme La Ceppède ou un homme de théâtre comme Rotrou dans *Saint-Genest* entendent faire partager par le spectateur les vertus chrétiennes de leurs personnages et, au mieux et de façon idéale, provoquer une fusion d'*adhérence* entre les personnages que représentent les comédiens et les spectateurs présents dans la salle, fournir les conditions d'une *conversion* – ce qui, par parenthèse, explique les réserves et souvent l'hostilité de la critique laïque ultérieure à l'égard de cette anthropologie croyante.

Dans les *Théorèmes*, La Ceppède veut faire revivre par son lecteur, comme il les revit lui-même et peut-être à la façon des *Exercices* ignatiens, les épreuves du Christ dans sa Passion ; déjà A. d'Aubigné visait à susciter chez son lecteur, pour les lui faire partager, les passions qui l'animent. S'il y a spectacle chez La Ceppède, c'est un spectacle qui doit disparaître en tant que tel pour faire place, chez le spectateur, à une réactualisation, une assomption des souffrances du Christ. Il en est de même au théâtre.

La distanciation que suppose tout spectacle est faite pour être abolie. Dans *Saint-Genest*, Rotrou présente une conversion qui préparera peut-être chez le spectateur les voies de la grâce et de la conversion. Ces auteurs (dont les œuvres reposent souvent sur une conception plutôt molinienne de la grâce) sont des prédicateurs comme l'entend l'époque : ils prêchent aux fins d'une émotion de conversion, et pour cela ils entendent exténuer toute distanciation spectaculaire[1].

Cet idéal profondément naïf qui donne une signification existentielle à l'esthétique du spectacle est récusé d'abord par Port-Royal, puis pour des raisons différentes par l'esthétique classique. Les Messieurs refusent de fusionner Parnasse et Calvaire, spectacle et dévotion, et de mettre l'un au service de l'autre. A leurs yeux, le divertissement est nuisible, peut-être criminel, parce qu'il est peinture de la passion ; il ne peut peindre des vertus chrétiennes, mais seulement des passions mauvaises nées de la présence de la concupiscence dans le cœur de l'homme. Pour la première fois, et à l'image du calvinisme, le catholicisme accepte comme un partage des domaines du religieux et du laïc : au premier la dévotion et le Calvaire, au second l'art et l'esthétique, le Parnasse. Ce faisant, à la différence de ce qui se passait aux siècles précédents, le catholicisme court le risque de se priver des services de l'art. Un auteur inspiré des principes de Port-Royal n'envisage pas de transmettre la foi par les moyens d'une participation-fusion, d'une émotion suscitée par un spectacle que le spectateur assume en le revivant personnellement, comme ce pouvait être le cas chez Rotrou. Chez Racine, on ne trouve ni Théodore ni Saint-Genest, et on peut même dire que son théâtre profane est longtemps d'essence laïque, même quand le tragique en est profondément religieux comme dans *Phèdre*. Ce théâtre s'offre à tout spectateur, croyant ou non-croyant, et il a pour but moins d'engager dans la voie de la conversion que d'inviter à la méditation. Un nouveau spectateur se définit, et ce de deux points de vue différents, tous deux fondés sur la lecture.

Le nouveau spectateur est d'abord un lecteur de l'histoire. Pour saisir pleinement le tragique du *narré* auquel il assiste, pour que le sentiment tragique puisse pleinement naître en lui, pour que soit favorisée cette intériorisation qui caractérise l'évolution de l'époque, il est nécessaire que le spectateur connaisse l'histoire rapportée. Il n'est pas besoin de revenir sur ce point.

Mais un autre changement s'opère : les pièces sont faites pour

---

1. Sur tous ces points, voir B. Chédozeau, *Le Baroque*, Nathan Université, 1990. Les analyses qui suivent renvoient à « Ultramontains, anglicans et gallicans devant *Athalie* », dans *Revue d'Histoire littéraire de la France*, 1990-2, pp. 165-179, et à « La dimension religieuse dans quelques tragédies de Racine : " Où fuir ? " », *Œuvres et critiques*, « Présences de Racine », XXIV, 1 (1999), pp. 159-180.

être vues *et* pour être lues. Dans la première moitié du siècle, le théâtre baroque est presque exclusivement joué, au point qu'il est parfois indissociable de la représentation (ainsi de la comédie des deux théâtres du Bernin ou, en France, de *L'Illusion comique*) ; lorsque des pièces sont publiées (des milliers en Espagne), c'est pour constituer le répertoire des troupes ambulantes et non la bibliothèque d'éventuels lecteurs. Ce théâtre exubérant, essentiellement spectaculaire et expressionniste, représentant des situations extrêmes, des moments paroxystiques (crimes, meurtres, viols), des personnages excessifs et violents, s'adresse aux sens et au corps, à une imagination excitée par ce qui est vu et entendu ; de telles pièces perdent beaucoup à être seulement lues. Or, très tôt en France, des pièces sont publiées à la fois pour le répertoire des comédiens, et pour être lues indépendamment de la représentation. On ne saurait trop insister sur la différence des deux perspectives et sur l'apport majeur de cette transformation d'un destinataire qui, de simple spectateur, devient et le spectateur et le lecteur des pièces de théâtre ; il n'est plus indispensable d'assister à leur représentation, la pièce peut être seulement lue. Les relations entre l'auteur, l'acteur et le lecteur en sont profondément modifiées en ce que la participation demandée du spectateur est moins existentielle que dans le baroque, plus ludique peut-être, en tout cas plus distanciée, plus intellectuelle, plus spéculative et analytique, fort peu corporelle. Cette évolution participe de l'intériorisation qui signale le théâtre classique français.

9

Les dernières pièces raciniennes, *Esther* et *Athalie*, sont comme un mixte des deux esthétiques en ce qu'elles reprennent les perspectives d'enseignement du baroque tout en adoptant l'idéal classique d'intériorisation et de distanciation : *Athalie* a ainsi des aspects baroques. Le spectateur est un acteur personnellement concerné par un *narré* religieux, mais c'est d'une façon très nouvelle en ce qu'il assiste à l'écriture de l'histoire chrétienne du monde. Cette esthétique originale et complexe est restée sans lendemain : le *poète-missionnaire* a échoué dans sa mission, s'il l'a vraiment assumée.

Iphigénie se comprend déjà selon des perspectives religieuses – Eriphile et Iphigénie sont l'objet de la volonté des dieux – ; mais enfin, même alors le spectateur n'est pas personnellement touché par le fait religieux : en quoi l'octroi des vents nécessaires à la flotte voguant vers Troie peut-il concerner le spectateur du XVIIe siècle ? Dans *Esther* et dans *Athalie*, en revanche, se définit pour le lecteur un statut nouveau qui a valu à Racine des railleries clairement résumées dans l'appellation de « poète-missionnaire ». D'une façon entièrement différente de celle des baroques et de la façon la plus nouvelle, Racine rend au théâtre une fin religieuse et au spectateur un statut chrétien.

Les pièces sacrées n'envisagent ni ne proposent la fusion des spectateurs et des personnages représentés ; elles ne connaissent même pas la participation les rapprochant les uns des autres (la nouvelle Histoire datée et non-répétitive interdit une telle entreprise). Esther, Mardochée, Eliacin ou Joad restent bien loin du spectateur qui, à aucun moment, n'est invité à se confondre avec eux. De ce point de vue, la distanciation classique reste entière jusqu'à la fin : ces pièces sont d'abord des spectacles. Mais il y a dans les tragédies sacrées comme un appel à la conscience du spectateur, dont il est sous-entendu qu'il est chrétien et catholique. La représentation rapporte un événement historique unique dans le temps, exemplaire peut-être, mais en aucun cas typique ; elle ne propose pas un exemple d'acte qui pourrait être revécu dans sa singularité. En revanche, la pièce exprime le risque que court l'homme qui se croit libre, alors qu'il est impliqué dans une Histoire orientée par un dessein de Dieu. Aman et Athalie peuvent agir en êtres libres ; mais l'Histoire est providentialiste, téléologique et orientée à la Rédemption du genre humain ; malgré qu'ils en aient, Aman et Athalie seront balayés sans ménagement.

En quoi le spectateur-lecteur est-il concerné par une telle « re-présentation » ? Il ne l'est certainement pas par une éventuelle assimilation, « adhérence » aux personnages saints que sont Mardochée ou Joad, comme c'était le cas dans les bonnes pièces baroques ; il n'y a pas chez Racine de sens figuratif ou typique. Ces personnages sont hors normes, et la distanciation n'est pas moindre que dans les pièces précédentes. Si le spectateur-lecteur chrétien est concerné, si ces pièces contiennent un terrible enseignement, c'est, au contraire de ce qui se passait dans le théâtre baroque, par ce que ce spectacle a d'*historique* ; par le récit de la grave menace à laquelle, *grâce à Dieu*, il a échappé ; par l'avertissement empreint d'augustinisme qui l'invite à prendre conscience des limites qui sont celles de l'homme, dont la volonté profondément tarée est orientée exclusivement au mal par la concupiscence. On est ainsi tenté de dire que le spectateur-lecteur, lorsqu'il est chrétien, est à la fois *distancié* par sa croyance en une Histoire factuelle et événementielle orientée, et *impliqué* par sa condition de chrétien directement concerné par le narré de la pièce. Le spectateur-lecteur omniscient assiste au spectacle un peu à la façon de Dieu.

Dans les pièces sacrées, le spectateur-lecteur est encore concerné par le fait qu'à la mort d'Athalie le tragique ne disparaît pas, et que la menace en est renvoyé aux générations à venir. Déjà dans *Mithridate*, épique jusqu'à la fin, le héros ne mourait pas sans transmettre le souffle qui l'anime à un fils qu'il institue son successeur. Mais cet héritage qui s'inscrit dans la mentalité de l'épopée, ce legs d'une grande pensée, ne revêt pas la lourde signification qui est la sienne dans *Athalie*. Dans cette pièce, en effet, le tragique sacré renvoie d'âge en âge à la condition tragique de l'homme aspirant à la liberté. Jamais le héros épique qu'est Athalie, symbole éminent de l'homme moderne, n'accepte de croire que l'Histoire est déjà écrite par Dieu, et qu'elle ne peut pas être vécue autrement que selon les desseins de la Providence. Les volontés libres de l'être épique se transmettent de génération en génération, entre hommes (ou femmes) qui, peu soucieux des fins dernières et du plan de Dieu, affirment la légitimité de leur revendication personnelle :

> Que dis-je, souhaiter ! Je me flatte, j'espère…

L'Histoire racinienne est ainsi le lieu permanent du conflit de la volonté humaine et de la volonté divine ; il n'y a pas de *Fiat !* chez ces êtres animés par un vouloir-vivre indomptable, jusqu'à la mort indompté, et qu'ils transmettent soigneusement à leurs descendants. Dans cette lecture providentialiste de l'Histoire, les pulsions individualistes d'un puissant *Wille* schopenhauerien, plus certainement d'une *libido* augustinienne, sont confrontées à une autre Volonté toute-puissante, la Volonté d'un Dieu caché qui dans une perspective de salut impose sa direction à l'Histoire du monde. Au *Fiat !* du chrétien s'oppose l'autonomie d'un Héros parfaitement conscient et lucide

> – Un homme tel que moi ne saurait obéir -,

Cette lutte insensée est au centre d'une Histoire qui, chez Racine, ignore le rôle des groupes et, héritage baroque, ne connaît, n'affirme et n'exalte que l'individu.

On ne saurait trop souligner l'originalité de ces représentations. Tout en restant fidèle à la volonté de Port-Royal qui entend distinguer Parnasse et Calvaire, le « poète-missionnaire » n'en soumet pas moins la scène aux visées de la religion. C'était une grande nouveauté que la condamnation port-royaliste du théâtre, et comment ne pas voir que séparer l'art et la dévotion revient à laïciser purement et simplement un art dramatique qui, chez les auteurs dits classiques, ignore absolument le religieux (quand il ne le dénonce pas) ? Racine a-t-il pressenti le danger ? Il a en tout cas proposé dans *Esther* et dans *Athalie* un spectacle de théâtre qui pouvait ne pas choquer ses amis augustiniens qui se disaient les Amis de la Vérité ; mais son entreprise archaïque ne rencontrera guère d'écho, et de surcroît elle se heurtera à des considérations de politique générale.

10

Il y a ainsi plusieurs foyers de lecture du tragique racinien, tant du côté du personnage que chez le spectateur. A la différence des pièces du théâtre baroque plus molinien et plus extériorisé, la tragédie racinienne peut n'être pas vue en représentation, mais seulement être lue ; elle invite moins à la conversion qu'à la réflexion méditative sur les bienfaits de la Providence en face du Mal en l'homme.

Chez le personnage, le sentiment tragique apparaît (pour être immédiatement refusé) dans la soudaine et tardive prise de conscience de s'être jeté, en dépit des mises en garde, pressentiments et prémonitions, dans un piège qui s'est refermé, et qui ne pouvait pas ne pas se refermer. Pour le spectateur de cette douloureuse et intérieure prise de conscience, et comme en parallèle, le sentiment tragique repose d'abord sur l'évidence qu'il ne pouvait en être autrement puisque l'Histoire sacrée le voulait ainsi avant même le début de la représentation, et que, par conséquent, l'aspiration des personnages à une liberté complète était historiquement absurde. Mais pour ce même spectateur sorti du théâtre, le sentiment tragique naît aussi et peut-être surtout de la question que posent ces tragédies sacrées : y a-t-il une possibilité pour l'homme de construire l'Histoire ? Existe-t-il donc un Dieu pour qui l'action humaine n'est qu'une absurdité, comme l'est pour le spectateur-lecteur l'action des personnages dramatiques ? Tout est-il organisé hors de la portée et des pouvoirs d'une action humaine responsable ? N'y a-t-il pour l'homme que culpabilité dans une pleine responsabilité ? Là repose, dans ce sentiment tragique élargi à des dimensions universelles, le plus bel enrichissement du théâtre racinien.

De pièce en pièce, le sentiment tragique s'infléchit, et s'enrichit en ce qu'il parvient à impliquer de plus en plus profondément un spectateur supposé lettré et chrétien. Dans toutes ces pièces, les personnages se sentent d'abord miraculeusement placés dans une situation nouvelle qui les libère en les rendant désormais libres et responsables de leurs actes. Deux situations se présentent. Ou bien c'est d'une façon inattendue et inespérée que la situation de liberté leur permet d'échapper à l'étouffement ; c'est le cas des pièces depuis *Andromaque* jusqu'à *Phèdre*, l'enrichissement consistant en ce que ces personnages sont mis en garde d'une façon de plus en plus claire contre les menaces qui pèsent sur eux, et ce jusqu'à la charge héréditaire de Phèdre,

> La fille de Minos et de Pasiphaé.

Ou bien il s'agit, dans *Iphigénie* et dans les pièces sacrées, de personnages épiques, sans états d'âme, qui ont toujours voulu se croire libres et qui, seulement au seuil de leur défaite, comprennent le sens prométhéen d'une vie qui ne s'achève d'ailleurs pas avec eux. Leur action et leur échec est alors symbolique de l'Œuvre humaine, et en un geste admirable ces héros puissants et forts savent s'élever à la condition d'eux-mêmes et de leur histoire pour s'égaler à un adversaire divin :

> Impitoyable Dieu, toi seul as tout conduit !

Tout augustinien qu'il soit, et même s'il voit en Athalie une de ces âmes plongées dans la *massa damnationis*, Racine semble comprendre admirablement l'exigence peut-être pélagienne qui anime Athalie, autant peut-être qu'il comprend les angoisses de Phèdre. Sentiment et vision tragiques sont alors ceux du poète lui-même.

11

De là naît la force de l'ironie tragique, moment de connivence entre l'auteur et le spectateur par-dessus les personnages, peut-être aussi moment de connivence de l'auteur et du spectateur-lecteur avec Dieu même, en un spectacle et en une vision qui soulignent la solitude du personnage. Il est en effet, dans presque chaque pièce, des moments où la revendication de liberté éclate inopportunément et, pour le spectateur, d'une façon poignante, des moments où la pièce bascule dans le tragique. Cette ironie donne une forme sensible, palpable presque, au tragique dont est porteuse la nouvelle Histoire, qui pour le spectateur-lecteur a figé le passé, l'a rendu intangible et, si l'on ose dire, inutilisable. Comme l'histoire sacrée, l'histoire profane et la mythologie ne présentent que des morts déjà englués par l'Histoire au moment même qu'ils l'écrivent sans le savoir.

On peut, certes, citer le propos d'Agamemnon à Iphigénie :

> Vous y serez, ma fille (v. 578),

mais ce mot trop facile abuse du pouvoir de l'ironie tragique. Plus
sérieusement, on peut rappeler la joie inopportune d'Antiochus
croyant, à la fin de *Bérénice*, à la constitution heureuse du couple de
Titus et de Bérénice :

> Oui, Madame, vers vous j'ai rappelé ses pas.
> Mes soins ont réussi, je ne m'en repens pas.
> Puisse le ciel verser sur toutes vos années
> Mille prospérités l'une à l'autre enchaînées...
>
> (vv. 1461-1464).

Et comment Œnone peut-elle lancer ces mots si imprudents qui
fondent toute la catastrophe de *Phèdre* :

> Un père en punissant, Madame, est toujours père :
> Un supplice léger suffit à sa colère...?
>
> (vv. 901-902).

Plus profond, l'*a parte*, méditation presque élégiaque, qui ouvre
Andromaque :

> Ma fortune va prendre une face nouvelle,
> Et déjà son courroux semble s'être adouci.

Comme mises en garde contre leurs imprudences et leurs actes
inconsidérés, les personnages recevaient les avertissements, les
songes (largement hérités de la mentalité baroque et à tout prendre
bien superficiels). Mais le spectateur-lecteur est au balcon du
theatrum mundi, aux côtés de l'auteur et de Dieu ; par-dessus
l'action, grâce à l'ironie tragique un dialogue direct s'établit entre le
Dieu de l'Histoire, l'auteur et le spectateur-lecteur. L'ironie tragique
est le médiat par lequel l'auteur, par la voix du malheureux
personnage, informe le spectateur-lecteur de ce qui précisément *ne va
pas se produire*, et lui confirme (à supposer qu'il ait pu en douter),
qu'en dépit du spectacle c'est bien l'Histoire qui a raison et qui va se
vérifier. Dans ces inopportuns appels au secours, dans ces
affirmations proprement tragiques, dans ces mésinterprétations d'une
situation trop difficile, Dieu, l'auteur et le spectateur-lecteur savent
reconnaître et entendre tout l'absurde de la condition humaine, en
face d'un personnage ignorant et, de plus, dépourvu de la grâce – de
toute grâce. Dans l'ironie tragique, le spectateur ne se laisse pas
tromper par ces espoirs fallacieux qu'interdit la connaissance de la
mythologie et, plus largement, de l'Histoire – en quoi ces
manifestations d'une joie insupportable offrent un spectacle
proprement sadique.

Ici encore, *Athalie* reste la pièce maîtresse en ce qu'elle renverse en un sens prométhéen l'habituelle ironie tragique racinienne. L'ironie tragique revêt parfois des aspects naïfs ou frustes ; mais elle peut devenir grandiose lorsqu'en un fantasmatique renversement elle devient une mise en garde, un défi que cette fois Athalie renvoie à Dieu lui-même :

> On verra de David l'héritier détestable
> Abolir tes honneurs, profaner tes autels,
> Et venger Athalie, Achab et Jézabel.

Inimaginable chez Phèdre qui ne connaît d'ironie que sur elle-même, l'ironie que manie Athalie renvoie le tragique à la fois à Dieu, dont les desseins seront contrariés jusqu'à la fin des temps, et à l'homme qui jusqu'à la fin des temps est condamné à être ramené à l'Ordre des desseins de Dieu. Peut-être est-ce la raison pour laquelle, jusqu'au siècle dernier, avant le recul des perspectives chrétiennes et l'affirmation du primat tragique de *Phèdre*, *Athalie* était tenue pour le chef-d'œuvre de Racine.

1 2

Si ces conclusions sont fondées, on peut dire qu'il y a chez Racine comme un fantasme profond de montrer les limites de la liberté humaine à partir de l'impossibilité d'écrire une histoire autre que celle que rapportent les historiens profanes et religieux du siècle. Chez les meilleurs esprits religieux du temps, c'est la nostalgie d'une histoire symbolique et mystique qui s'exprime ; chez Racine, c'est la découverte des implications tragiques d'une histoire qui peut ne plus garantir la liberté humaine – ou bien, plus théologiquement, c'est la reconnaissance dans la nouvelle histoire d'un lieu où se vérifient les exigences de l'augustinisme le plus strict, celui de la *massa damnationis* qui damne sans rémission les enfants morts sans baptême, celui de la réprobation positive de ceux qui n'ont pas cette grâce efficace qui non seulement donne le vouloir mais *qui fait faire*. Le spectateur est alors ému de pitié et de compassion pour des personnages qui sont à l'image de sa propre condition, des frères de malheur, source des valeurs de morale sociale dont le tragique est évidemment porteur.

Avec les esprits religieux du temps héritiers de l'ancienne anthropologie symbolique et mystique, Racine semble avoir de la peine à accepter le passé trop défini et l'absence de futur de la nouvelle histoire érudite et savante : une histoire décisive qui montre

que le passé ne pouvait pas être autrement, un passé désormais figé
et mort ; et une histoire sans avenir, sans futur, sans fins dernières.
La tragédie racinienne est, pour ce qui est du passé, un des modes
d'expression de ces angoisses devant l'éviction de l'ancien univers
mental chrétien ; pour ce qui est des angoisses face à un futur sans
direction, à un futur que la nouvelle histoire savante ne peut penser
mais dont la tragédie rappelle les exigences, peut-être faut-il en
trouver une autre expression dans le tour millénariste et
apocalyptique du mouvement des convulsionnaires (et du
mouvement des camisards ?), qui crient leur besoin profond de fins
dernières.

Tout se passe non pas comme si Racine cherchait à approfondir
la signification de la représentation théâtrale, mais comme si cette
représentation était l'écho de ses propres évolutions intérieures dans
le sens d'un approfondissement religieux qui, pour ce qui peut en
être connu, concilie paradoxalement les soucis du courtisan, le retour
à l'augustinisme strict, l'appel d'une dévotion qui n'ignore pas les
attraits de l'ultramontanisme. Ces perspectives rendent leur sens aux
analyses qui, sans exclure le conditionnement social, rapprochent
l'œuvre et l'homme.

Cet enrichissement repose sur le lien de plus en plus fort établi
entre tragique, historique et religieux, en une synthèse admirable que
la laïcisation ultérieure empêchera de saisir dans sa plénitude.
Reprenant un événement historique lourd de sens, la tragédie raconte
comment, par un *malentendu* (S. Kierkegaard[2]) qu'établit l'art du
poète exploitant une même structure de fond, des personnages se
croient libres et agissent en tant que tels , la *péripétie* révèle et brise
ce malentendu pour rendre à l'histoire son cours normal, celui que
rapportent les historiens. Le *narré* proprement dit pose ainsi la
question de la possibilité et de la pertinence de l'acte libre, et en
général celle de l'existence même de la liberté.

Ces enrichissements invitent à distinguer le sentiment tragique
du personnage et celui du spectateur ; ils ne coïncident que
tardivement. Chez le personnage, l'expérience du tragique n'en
suppose pas toujours la claire conscience ; le sentiment du tragique
n'est pas atteint par le personnage médiocre (les hommes en
particulier étant souvent ou falots ou épiques), et en dépit d'évidentes
exceptions, il est plutôt le fait des héroïnes raciniennes, si attachantes
dans leur clairvoyance et leur fermeté, si *fortes* dans leur découverte
de la situation tragique qui les emporte. Mais le grand apport racinien
concerne le sentiment tragique chez le spectateur-lecteur. Ce n'est

---

2. *Etapes sur le chemin de la vie*, Gallimard, 1975, p. 337 : « Du malentendu en
tant que principe tragique et tragi-comique, d'après l'expérience ».

d'abord que le fruit d'une conscience historique consternée devant les erreurs et les fautes de personnages qui ignorent que leur histoire est écrite. Mais dans les tragédies sacrées, le sentiment tragique est celui de tout chrétien dont le sort est suspendu à l'issue heureuse de la pièce ; un personnage de la *massa perditionis* plongé dans un *malentendu* pouvant empêcher le salut du monde, découvre la gravité de son erreur et de sa faute ; se convertira-t-il, accédera-t-il à la conversion, à la *métamorphose* pour le terme grec, en latin à la *transfiguration* chrétienne qui le sauverait ? Il s'obstine dans son choix et refuse le salut par le sursaut humaniste d'une revendication de liberté prométhéenne. Ne jouissant pas de la grâce du salut, mais aussi et surtout la refusant positivement, ces personnages épiques renouvellent en eux le péché originel et pèchent à l'image d'Adam, à l'instar de tous les hommes que ne sauve pas la grâce divine. La volonté de Dieu s'est imposée et le salut du monde est obtenu, mais la liberté humaine est également préservée. Le sentiment tragique est alors étendu à l'histoire du cosmos, et la conscience tragique élargie à chaque spectateur. « *De te narratur fabula* ». Il y a pourtant une grave limite à cette construction tragique, historique et religieuse : elle suppose un spectateur qui partage sur le sujet des fins dernières les angoisses existentielles d'un chrétien du XVIIᵉ siècle ; que l'inquiétude chrétienne fléchisse, et de ce point de vue le sentiment tragique devient plus difficilement perceptible.

Enfin comment ne pas constater que la tragédie racinienne se fait peu à peu l'écho des choix fondamentaux d'un poète et des chrétiens engagés dans les conflits religieux et politiques du temps ? Certes, cette perspective peut, tant par les options supposées chrétiennes chez le lecteur que par le renvoi à des choix gallicans ou ultramontains controversés, altérer la lecture universelle de la tragédie. Mais l'ampleur de la vision historique du sujet n'en subsiste pas moins, donnant au sentiment tragique un élargissement cosmique rarement égalé.

Dans les *Etapes sur le chemin de la vie*[3], S. Kierkegaard écrit qu'à la différence de l'auteur comique le poète tragique « s'appuie sur l'historique, sur l'idée que son héros a réellement accompli ses prouesses », et cela même « s'il prend des libertés avec

---

3. Gallimard, 1975, pp. 353-354 (*Lettre au lecteur*, § 3, « Le tragique a un plus grand besoin de l'historique que le comique »). Le philosophe exploite ensuite cette idée dans des perspectives religieuses, le type religieux dans *l'expérience* « présume la synthèse du tragique et du comique dans la passion » (p. 359). Sur le sujet tragédie et histoire, Kierkegaard renvoie à Lessing, *La Dramaturgie de Hambourg*, art. 14, 19, 23, 88 et 91.

l'histoire » ; « le tragique cherche abri auprès de l'historique ».
Quelque sens et portée qu'on donne à cette analyse, elle paraît à la
base d'une lecture de la tragédie racinienne dont le lien avec l'histoire
semble être de plus en plus fort au fil des pièces.

Jean Deprun
(Université de Paris I)

EN MARGE D'UN PROPOS D'ANTOINE ARNAULD : PHÈDRE ET SES « FAUTES PRÉCÉDENTES »

Une clepsydre invisible nous mesure les minutes : l'orateur se bornera donc à commenter cinq mots.

S'il faut en croire Louis Racine, Arnauld aurait donné sur la moralité de *Phèdre* l'avis suivant :

> Il n'y a rien à reprendre au caractère de sa Phèdre, puisque par ce caractère il nous donne cette grande leçon, que lorsqu'en punition de fautes précédentes Dieu nous abandonne à nous-mêmes et à la perversité de notre cœur, il n'est point d'excès où nous ne puissions nous porter, même en les détestant.[1]

« En punition de fautes précédentes » : qu'est-ce à dire ? Toutes réserves étant faites sur l'authenticité de ces paroles (Louis Racine a pu amplifier, voire gauchir, les souvenirs de Boileau[2]), l'histoire des idées a droit de regard sur elles, car elles nous renseignent au moins sur la pensée de Louis Racine, auteur de *La*

---

1. *Mémoires contenant quelques particularités sur la vie et les ouvrages de Jean Racine,* Lausanne et Genève, 1747, Seconde Partie, dans Racine, *Œuvres Complètes*, éd. R. Picard, Bibl. de la Pléiade, 1950, t. I, pp. 49-50.
2. « La scène qui précède et cette réflexion d'Arnauld sont fort invraisemblables », écrivait en 1950 Raymond Picard, dans Racine, *ibid.*, t. I, p. 1048. Georges Forestier note pour sa part que ce retrait de grâce « en punition de fautes précédentes » est « une conception étrangère au jansénisme » dans Racine, *Œuvres Complètes*, éd. G. Forestier, Bibl. de la Pléiade, 1999, t. I, p. 1048. Nous reviendrons plus loin sur le « molino-jansénisme » de modérés tels que Nicole et Louis Racine.

Religion et de *La Grâce*. Or, Jules Lemaitre notait qu'elles posent un problème. « Nous ne voyons pas du tout, disait-il, en punition de quelles fautes précédentes Phèdre est entraînée au péché »[3]. Lemaitre pense évidemment à des fautes personnelles et c'est bien sur ce terrain qu'il faut nous placer. On voit mal, en effet, comment un chrétien pourrait imputer à Phèdre les fautes de sa mère, oubliant en cela les leçons de l'Évangile[4]. Dira-t-on qu'il s'agit de la faute originelle ? Si tel était le cas, l'expression « fautes précédentes » serait bien mal choisie. « Précédentes » évoque une antériorité proche et « fautes », au pluriel, la série de faux pas dont tout parcours individuel est semé. Du reste, dans une page trop peu remarquée, Louis Racine lui-même nous aiguille en ce sens. Les *Mémoires sur la vie et les ouvrages de Jean Racine*, parus en 1747, furent suivis en effet, cinq plus tard, *de Remarques sur les tragédies de Jean Racine* où plus de cent pages portent sur *Phèdre*. Arnauld y est crédité de propos identiques à ceux des *Mémoires*, mais Louis Racine y joint un fragment de Bossuet, tiré du *Discours sur l'Histoire universelle* et donné (« M. Bossuet dit de même... ») comme consonant à l'avis d'Arnauld. Transcrivons-le à notre tour.

> L'un des plus terribles effets de la vengeance divine est *lorsqu'en punition de nos péchés précédents* (souligné par nous) elle nous livre à notre sens réprouvé, en sorte que sourds aux sages avertissements, nous sommes prompts à croire tout ce qui nous perd, pourvu qu'il nous flatte.[5]

Racine fils connaissait-il déjà ce texte quand il rédigeait les *Mémoires* ? C'est probable. A-t-il, consciemment ou non, calqué sur lui le discours d'Arnauld ? Le lecteur le présumera sans doute comme nous. Louis Racine aurait, dans ce cas, changé « péchés », terme chrétien, en « fautes », notion neutre. Que Bossuet soit ou non la source de Louis Racine, que tout l'épisode soit ou non une « forgerie », un fait demeure : Bossuet, dans les lignes citées par Racine fils, pensait à des fautes personnelles (« nos péchés »). C'est donc bien de ce côté qu'il faut chercher, si nous voulons lever l'objection de Jules Lemaitre. Remontons, pour ce faire, le temps, à la recherche de fautes commises par Phèdre avant l'aveu incestueux.

---

3. *Jean Racine*, Paris, Calmann-Lévy, 1908, p. 268.
4. Voir par exemple Jean, 9, 1-3 : l'aveugle-né n'est pas puni parce que ses parents auraient péché. Cf. dans l'Ancien Testament l'enseignement d'Ezéchiel, 18, 1-32 sur la rétribution individuelle.
5. Bossuet, *Discours sur l'histoire universelle*, II, ch. 21 ; cité par Louis Racine, *Remarques sur les tragédies de Jean Racine*, Amsterdam, Marc-Michel Rey, 1752, t. II, p. 120.

Louis Racine – qui l'eût dit ? – sera ici notre premier guide. Pour lui, Phèdre fut d'abord coupable d'avoir cherché à revoir Hippolyte. « C'est depuis cette visite qu'elle est devenue criminelle »[6]. Sa démarche, fondée en principe sur l'intérêt de son fils, l'a placée dans l'occasion prochaine du péché. Là fut sa faute initiale, l'aveu n'étant qu'une « funeste suite »[7] de ce premier écart. Précisons d'ailleurs que celui-ci fut, en fait, double : rompre une solitude protectrice, affronter la plus périlleuse des présences[8]. Ainsi se justifierait, au cœur même de l'action tragique, le pluriel (« fautes ») prêté au pseudo-Arnaud.

Ne peut-on remonter plus haut ? Dans ses *Aspects de Racine*, Jean Pommier scrute le passé plus lointain de la Reine. Fut-elle toujours sans reproche dans sa conduite envers son beau-fils ? Indulgent pour divers « péchés véniels »[9] imputables aux mœurs aristocratiques de l'époque, il l'est moins pour « la persécution de marâtre qui chassa le jeune homme »[10]. Oui, vraiment, Phèdre osa alors « opprimer et noircir l'innocence »[11].

Certes, pourrait-on répondre, il y eut faute dans l'un et l'autre cas, mais ces fautes n'étaient pas des crimes. Elles étaient d'ailleurs l'envers et, si l'on ose dire, la rançon d'actes en eux-mêmes louables : recommander son fils au nouveau souverain, écarter une présence tentatrice. La faute disqualifiante eut lieu, croyons-nous, plus haut encore dans le temps et plus loin dans l'espace. En clair : Phèdre commit à Naxos, sur la personne de sa sœur Ariane, un crime moral lorsqu'elle séduisit Thésée et se laissa – ou se fit – enlever par lui. Qui nous l'assure ? Phèdre elle-même, dans l'*Ariane* de Thomas Corneille (1672), pièce que Racine n'avait pu ignorer : le rôle-titre était joué par la Champmeslé et Jean Pommier a relevé deux échos textuels d'*Ariane* dans *Phèdre*[12].

---

6. *Remarques*, t. II, p. II, p. 124. Ce texte semble avoir échappé à l'attention de Lemaitre.

7. « Qu'une première faute a de funestes suites, et de quoi pouvons-nous devenir capables, lorsqu'au lieu d'éviter toutes les occasions qui peuvent réveiller en nous la passion que nous voulons surmonter, nous nous laissons entraîner par de mauvais conseils à ces occasions ! » (L. Racine, *ibid.*) Ces mauvais conseils sont évidemment ceux d'Œnone à Phèdre.

8. « Enfermée dans sa solitude, elle était résolue à y mourir. Elle en est sortie, c'est sa première faute ; elle a consenti à voir Hippolyte, c'est la seconde » (*Ibid.*)

9. *Aspects de Racine*, Paris, Nizet, 1966, p. 214.

10. *Ibid.*, p. 216.

11. Cf. le vers 893 de *Phèdre* et le commentaire de Jean Pommier, *loc. cit.* : « J'ai le regret de le dire, ce ne serait pas la première fois. »

12. *Aspects de Racine*, p. 198 et 401.

Laissons la Phèdre « cornélienne » qualifier elle-même ses actes et dater son crime lors du récit qu'elle fait au prince Pirithoüs :

> L'amour que j'ai pour lui <Thésée> me noircit peu vers elle.
> Je l'ai pris sans songer à le rendre infidèle ;
> Ou plutôt j'ai senti tout mon cœur s'enflammer,
> Avant que de savoir si je voulais aimer.
> Mais si ce feu si prompt n'eut rien de volontaire,
> Il dépendait de moi de parler ou me taire.
> *J'ai parlé, c'est mon crime*, et Thésée applaudi
> À l'infidélité par là s'est enhardi[13].

Thomas Corneille ne fut-il qu'un habile pasticheur, prenant au gré des modes le ton de son aîné, celui de Racine ou de Quinault, voire de Molière ? On l'a dit et nous n'en disconvenons pas. Reste que dans ce cas précis résonne l'accent du grand frère, chantre de la volonté, fût-ce dans le mal[14]. Tirons maintenant la plus simple des conséquences : si Racine avait en mémoire ce « Prologue à Naxos », comment ne pas entendre dans l'immortel distique « Ariane, ma sœur... », en contrepoint du texte, la voix du remords[15] ?

Remords : nulle part, dans *Ariane*, Phèdre n'emploiera ce mot. Faut-il penser qu'en disant : « c'est mon crime » elle fanfaronnait ? Les textes ne permettent pas non plus de le dire[16]. Très clair, en revanche, est le remords de Phèdre dans l'*Hippolyte* de Bidar, créé à Lille en 1675[17]. Dès le lever du rideau, cette Phèdre-ci, qui n'est encore que fiancée au roi d'Athènes, confesse sa mauvaise conscience :

> Oui, Barsine, il est vrai. J'aime à te le redire.
> Tu vois depuis longtemps comme Phèdre soupire.
> De cette chère sœur le cruel souvenir

---

13.   *Ariane*, a. III, sc. I. *Poèmes dramatiques de T. Corneille*, Paris, G. de Luyne, t. V, p. 36. (Nous soulignons.) cf. *Aspects de Racine*, p. 399.
14.   Dans son article sur *Théodore*, Lemaitre saluait en Corneille « le poète de l'hypertrophie de la volonté, de l'énergie poussée jusqu'à la férocité et de l'orgueil poussé jusqu'au délire » (*Impressions de théâtre*, t. V, p. 110).
15.   Voix fort bien perçue par Jean Pommier, *op. cit.*, p. 399 et 401.
16.   Pensant à la douleur qu'Ariane ressentira de son fait, la Phèdre « cornélienne » soupire : « Dieux, quelle en souffrira ! Que d'ennuis ! que de larmes ! / J'en sens naître en mon cœur les plus rudes alarmes. / Il voit avec horreur ce qui doit arriver. / *Cependant, j'ai trop fait pour ne pas achever* » (*Ariane*, a. IV, sc. V ; éd. citée, t. V, p. 62 ; nous soulignons). Hésitation passagère, sans vrai repentir.
17.   On en trouvera le texte intégral dans le précieux recueil d'Allen G. Wood : *Le Mythe de Phèdre. Les Hippolyte français du dix-septième siècle*, Paris, Champion, 1996.

> Me frappe à tout moment et vient m'entretenir.
> Thésée en fut l'auteur, ce roi si magnanime
> M'a rendue en fuyant complice de son crime.[18]

L'aveu n'est fait ici qu'à une confidente. Dans la scène qui suit, c'est à Thésée lui-même que Phèdre parle et le mot « remords » franchit alors ses lèvres. Thésée ayant cyniquement dit : « On ne se souvient plus de l'amour d'Ariane », elle lui réplique :

> Je sens naître, il est vrai, quelque trouble en mon cœur,
> Oui, Seigneur, quand je songe à cette tendre sœur.
> Un dur remords me touche, et plus l'instant approche,

(Entendons : l'instant du mariage).

> Plus je crois l'entrevoir qui me fait ce reproche
> *Que c'est moi qui la perds, qui lui donne la mort,*
> *Que je lui vole tout.* Quoi ! me troublé-je à tort ?
> Seigneur, si vous m'aimez, s'il est vrai que votre âme
> Ait brillé jusqu'ici d'une si pure pure flamme,
> Au nom de cette amour, au nom de cette ardeur,
> Différons notre hymen, tant que de cette sœur
> Je n'entende plus rien.[19]

Ce repentir halluciné cache, en fait, une manœuvre. Phèdre, en l'affichant, biaise et ruse, visant à échapper au père pour mieux se donner au fils. C'est Hippolyte qu'elle aime, le reste n'est que prétexte et instrument[20]. Lecteur et spectateur en prendront acte, mais se souviendront qu'un crime eut lieu à Naxos, par les soins de Thésée et de Phèdre.

Ajoutons, pour faire bonne mesure, que la Phèdre de Pradon (rencontre ou emprunt thématique ?) usera exactement de la même ruse. Simple fiancée de Thésée, elle cherche comme dans Bidar à faire différer la date du mariage pour rester libre d'épouser Hippolyte. À même problème, même solution : rappeler la faute commise envers Ariane et alléguer – variante propre à Pradon – l'imminence d'une intervention crétoise :

> Mon frère arme, Seigneur, déjà sa flotte est prête,
> Tout ce grand appareil menace votre tête.
> Il vous traite déjà d'injuste ravisseur,
> Aenarus avec eux vient pour venger ma sœur.

---

18. *Hippolyte*, a. I, sc. I ; *Le Mythe de Phèdre*, éd. citée, p. 257.
19. *Ibid.*, a. I, sc. II ; éd. citée, p. 263.
20. Barsine a clairement conseillé cette tactique à Phèdre dans la scène d'ouverture.

> Oui, dans l'île de Naxe Ariane trahie
> Lui doit donner la main pour prix de votre vie.
> *Phèdre fut cause, hélas, de cette trahison,*
> *C'est ma fatale main qui détruit ma maison,*
> Tout mon sang à la fois, et père, et sœur, et frère,
> Sont armés contre nous d'une juste colère.
> Songez, Seigneur, songez à chercher du secours,
> Différez notre hymen encor de quelques jours.[21]

Ariane, ici, a survécu, mais la faute de Phèdre demeure. Peut-être même s'aggrave-t-elle dans cet horizon d'embrasement naval. Dans la balance de Thésée, l'ire d'un puissant voisin pèse sûrement plus lourd que ne pesaient chez Bidar les plaintes et menaces d'un fantôme.

Ces rappels étant faits – ils englobent, comme on voit, toute l'avant-tragédie – les cinq mots cités au départ prennent, croyons-nous, un surcroît de sens. Avant de se déclarer à Hippolyte, Phèdre a commis plus de fautes encore que Louis Racine ne l'a dit. Dans un passé déjà lointain, elle a persécuté son beau-fils ; dans un passé fondateur et primitif, elle a trempé dans le meurtre moral d'Ariane. Rien d'étonnant, vraiment, à ce que Dieu lui ait retiré sa grâce : c'est bien le molino-jansénisme dont nous parlions plus haut[22]. Pour Pascal, augustinien strict, c'est Dieu qui « quitte [l'homme] le premier[23]. » Racine fils, moins dur, met dans la bouche d'Arnauld une consultation de saveur plus « centriste ». Reconnaissons qu'il le fit avec adresse et dédions à son ombre ce renfort imprévu d'arguments.

---

21. *Phèdre et Hippolyte*, a. III, sc. II ; *Œuvres de Pradon*, Paris, Ribou, 1700, p. 181. (Nous soulignons.)
22. Voir plus haut notre note 2. Le terme fut, semble-t-il, forgé par Boileau ; cf. R. Picard, *La Carrière de Jean Racine*, Paris, Gallimard, 1956, p. 461, note *h*. Nicole, « janséniste malgré lui (H. Bremond) écrivait par exemple : Nous devons reconnaître humblement que la grâce de persévérance ne nous est point due ; que nous n'en serons jamais assurés en cette vie ; que les moindres péchés peuvent donner à Dieu un juste sujet de nous abandonner ; et qu'ainsi nous n'avons jamais sujet d'être en cette vie en pleine assurance » (*Instructions théologiques et morale sur le Symbole*, Paris et Bruxelles, Eugène Henry Trick, 1706, t. I, p. 345). « Les moindres », et à plus forte raison le crime dont Phèdre fut complice à Naxos.
23. « Ceux qui s'éloignent n'ont pas ce pouvoir sans lequel on ne s'éloigne pas de Dieu, et ceux qui ne s'éloignent pas ont ce pouvoir efficace. Donc ceux qui, ayant persévéré quelque temps dans la prière par ce pouvoir efficace, cessent de prier, manquent de ce pouvoir efficace. Et partant Dieu quitte le premier en ce sens. » (*Pensées*, Brunschvicg 514, Lafuma 774, Le Guern 753).

Christian Delmas
(Université de Toulouse-Le-Mirail)

NÉRON, SOLEIL NOIR

Il est constant que le plus purement poète de nos dramaturges était attiré par les fables tragiques de la Grèce antique, par les schèmes mythiques en général et les images archétypales : s'agissant de *Britannicus*, pièce romaine, on a évoqué à propos de Junie métamorphosée en vestale la poursuite de Daphné par Apollon, et rapproché les menées obliques de Néron d'Apollon-Soleil *loxias*. De fait, la représentation d'un souverain en astre solaire perdure des temps archaïques jusqu'au XVIIᵉ siècle ; dans le *Cosroès* de Rotrou le jeune prince Syroès est exalté en ces termes au détriment de son vieux roi de père :

> Comme un soleil levant le peuple vous regarde,
> Et ne pouvant souffrir celui qui vous retarde,
> Déteste de le voir si près de son couchant
> Traîner si loin son âge imbécile et penchant. (I, 3)

Cette représentation culmine comme on sait avec le Roi-Soleil, qui s'adjoint, plus qu'aucun de ses prédécesseurs, le rôle apollinien de protecteur des arts. De son côté, à la fin de l'acte IV, Racine rabat sur les débuts du principat de Néron les prestations poétiques et dramatiques de l'empereur, bien que postérieures, telles qu'elles sont pointées par Tacite. Mais ici, histrion plutôt qu'artiste en dépit des *suprema verba* – « *Qualis artifex pereo !* » que lui prête l'histoire –, le prince despotique inverse tragiquement le mythe apollinien en se révélant, en fait d'astre naissant, un « monstre naissant ». Dans *Britannicus*, l'enjeu dramatique autour du personnage pivot de Junie étant de savoir qui d'Agrippine ou de son fils est le foyer de l'empire et du monde, il m'apparaît que l'imagemère d'un Néron soleil noir est à la source de la problématique, dans la mesure où la rivalité qui structure le mouvement de l'intrigue est imaginée par référence au couple de luminaires astraux que sont le soleil et la lune.

Le couple astronomique soleil/lune

Ce couple est conçu comme un champ solidaire de forces antagonistes. Relevons préalablement le pouvoir naturel d'attraction exercé par le personnage solaire qu'est de soi un empereur. Auréolé de « l'éclat dont [il] brille » (v. 450), qui lui promet des « jours toujours sereins (v. 650), et dont on ne peut même « de loin soutenir la clarté » (v. 617), Néron est l'astre « tout puissant » (v. 214) qui, même caché, « voit » jusque dans les « cœurs » (v. 334, 679, 690) :

> Vous êtes en des lieux tout pleins de sa puissance.
> Ces murs mêmes, Seigneur, peuvent avoir des yeux.
>   (vv. 712-713)

Dans l' « ébloui[ssement] de sa gloire » les rois satellites gravitent autour de lui « au nom de l'univers » (vv. 101-102) : il est « de ce grand corps l'âme toute-puissante » (v. 96), et on les voit

> Attachés sur vos yeux, [honorés] d'un regard
> Que vous aurez sur eux fait tomber au hasard.
>   (vv. 453-454)

De même, au dire de Narcisse, on s'attend que Junie en tant que femme soit attirée par son rayonnement solaire (cf. v. 973 et 1550) ; à défaut, celle-ci reconnaît à quel point le rang d'impératrice « sur [elle] répandrait de splendeur » (v. 630), comme « Néron jeune encore [...] renvoyait. [à Agrippine] les vœux d'une cour qui l'adore » (vv. 91-92). C'est du reste à ce reflet lunaire que cette dernière, « derrière un voile invisible et présente » (v. 95), devait, quoique « sujette à [son] pouvoir », d'influer sur les délibérations du Sénat ; de même,

> Selon qu'il vous menace ou bien qu'il vous caresse,
> La cour autour de vous ou s'écarte ou s'empresse.
>   (vv. 1110-1112)

La tension tragique vient de ce que son *hybris* pousse Agrippine à contrarier l'ordre du cosmos en refusant ce qu'elle considère

comme « l'ombre » (v. 113) portée du pouvoir, dont elle se voit
en pratique « écartée » par Néron depuis son intronisation. Elle
entend de force se rapprocher physiquement de lui, vaincre la
« barrière » opposée par Burrhus, qui « *préside* » (v. 122)
désormais aux mouvements du prince, mais dont en V elle pense
qu'à son tour la « puissance *décline* » (v. 1603) tandis qu'elle croit
voir « [s]es honneurs *croître* » derechef (v. 90). Dès lors, dans
une phase ultime consacrant le renversement de l'ordre céleste,
Néron sous influence demeurerait pour toujours « dans sa
dépendance » (v. 196), réduit à ne « rien voir qu'il n'emprunte
[ses] yeux » (v. 161) – pur reflet d'Agrippine « par [s]a voix
dict[ant ses] volontés » (v. 1242), éclipsé par elle qui par le passé
l'a « appelé de si loin à l'empire » (v. 16) contre l'ordre naturel du
ciel, en dépit de ce que sa naissance

> Entre l'empire et [lui] avait mis de distance.
> (v. 1120)

Diminué de la sorte, il éprouve en effet qu'il « ne vi[t] qu'à demi »
(v. 1317), à juste titre selon elle puisqu'en sa qualité de mère c'est à
elle que « Néron doit le jour qu'il respire » (v. 15).

Concrètement, le mouvement de course-poursuite perpétuelle
qui anime la scène du théâtre jusqu'à l'inattendu « Tu peux sortir »
lancé finalement par Agrippine en V, 6, oppose de fait à la captation
dénaturée tentée par l'impératrice un Néron soumis malgré lui à son
ascendant, mais brûlant désormais de s' « affranchir de cette
dépendance » (v. 507) en la fuyant partout, dans l'espoir illusoire
« qu'elle [l']évite autant qu'[il] la fuit » (v. 510), alors même que
ses dérobades incitent au contraire sa mère à « le poursuivr[e]
d'autant plus qu'il [l']évite » (v. 123). Ainsi, le mouvement
dialectique d'attraction/répulsion qui structure le mouvement
scénique et la progression tragique apparaît en rapport étroit avec la
représentation astronomique qui préside à la conception du couple
Néron/Agrippine, par dérivation et déviation de l'image solaire
naturellement associée au principe monarchique.

À qui en douterait, qu'il suffise de rappeler l'emblématique
astrale dans l'iconographie monarchique. Dans le grand Carrousel
de 1662 qui consacre la prise du pouvoir par Louis XIV, autour du
roi en soleil avec sa devise *Nec pluribus impar*, la reine a pour
emblème la lune accompagnant le soleil, avec pour devise « *Eo
regerit unde accepit* – elle réfléchit vers le soleil l'éclat qu'elle en
reçoit », tandis que le Dauphin est « l'étoile du matin qui seule
brille en présence du Soleil monté sur son char ». À Agrippine
encore, mais aussi à Britannicus ou Junie pourraient être attribuées

d'autres devises du même programme de fête, qui vaut programme de gouvernement, justifié par la correspondance traditionnellement établie entre microcosme et macrocosme : ainsi celles du marquis de Coaslin en héliotrope, « *Splendor ab obsequio*, son éclat lui vient de sa soumission », du comte de Vivonne, sous un miroir réfléchissant les rayons du soleil, « *Tua munera jacto*, je ne fais que renvoyer tes bienfaits », et encore, au choix, « *Uno sole minor*, le soleil seul me surpasse en grandeur, sous une lune, pour Monsieur, frère unique du roi », ou, quelques années plus tard, telle devise pour un général commandant pour le roi, avec « une lune qui s'efface à la jonction du soleil, *Tibi se peritura reservat*, elle te réserve sa perte ». Mais voici aussi pour Junie : « *Hoc juvat uri*, on se plaît à être enflammé par lui » (il s'agit du phénix), et même en un sens pour Narcisse : « *Ut te soli explicet uni*, pour ne s'ouvrir qu'au soleil seul, sous un serpent relié en plusieurs tours, pour un ministre fort secret, qui ne se découvre qu'à Sa Majesté[1] ». À quoi on peut ajouter, en sens inverse, le cataclysme solaire dépeint en 1645 par l'avocat général Omer Talon défendant en présence du roi, contre ses empiétements lors d'un lit de justice, les prérogatives du Parlement, « dont le mouvement ne peut être interrompu sans crainte d'un accident funeste » pour l'État si, sous l'impulsion comme d'un nouveau Phaéton, « ce grand Astre y entre tout entier, parce qu'il détruit par son activité ce qu'il rencontre dans ses voies : il éteint la clarté des moindres luminaires, les astres qui pensent entrer en conjonction avec lui perdent leurs dignités, et sont consumés en sa présence : tant il est véritable qu'*il y a des distances et des intervalles* dans lesquels l'autorité des souverains agissant avec mesure, conserve leur puissance tout entière[2] ». Tout ceci pour confirmer que les représentations mentales contemporaines, encore largement accordées aux structures élémentaires de la psyché, éclairent les enjeux du théâtre classique.

Néron soleil noir

Le tragique particulier de *Britannicus* tient au fait qu'à la démesure d'Agrippine/lune qui se prétend « noircie » auprès du prince et entend « s'éclaircir » face à lui (vv. 1117-1118),

---

1. Devises empruntées pour la plupart à Nicole Ferrier-Caverivière, *L'Image de Louis XIV dans la littérature française de 1660 à 1715*, pp. 75-84, et Jean-Pierre Néraudau, *L'Olympe du Roi-Soleil*, Paris, Les Belles-Lettres, 1986, chap. 1.
2. O. Talon, *Mémoires*, Collection de Mémoires relatifs à l'histoire de France, M. Petitot éd., 2ᵉ série, Paris, 1827, t. I, pp. 451-452 (cf. O. Chaline, « De la gloire », *Littératures classiques* n° 36, 1999).

correspond la perversion de Néron/soleil, un soleil noir, et d'abord un faux soleil, qui éblouit d'un éclat trompeur.

De même que Britannicus s'imagine de Junie

> Que l'éclat d'un empire ait pu vous éblouir, (v. 973)

et bientôt détrompé comprend que

> Néron croit éblouir vos yeux de sa splendeur,
> (v. 1550)

l'empereur, « de sa grandeur [...] enivré », est « lui-même ébloui de sa gloire » (v. 98 et 100), qui le rend dépendant d'un flatteur comme Narcisse après avoir été dans un premier temps prisonnier de l'image renvoyée de lui par Rome (v. 1427sq). Pris dans un tel jeu de miroirs, lui-même se réduit à une image incertaine et floue sans source identifiable. Aussi bien ses voies sont-elles obliques, se cachant pour voir (II, 6), contraignant son rival à se cacher de lui (v. 926 et 1017), nourrissant quant à lui « une haine couverte » (v. 1507) qui recourra, non sans « mystère » (v. 1619), à l'arme couverte du poison, obtenu par la magie noire de Locuste (vv. 1394-98).

Comme l'a bien vu Marc Egeldinger[3], Néron est un « soleil noir », un être nocturne qui « choisi[t] la nuit pour cacher sa vengeance » (v. 1544) après avoir joui en esthète de l'enlèvement nocturne de Junie ; dans l'euphorie d'une illusoire réconciliation, Racine prête encore à Agrippine ces mots révélateurs :

> Cependant en ces lieux n'attendons pas la nuit.
> (v. 1606)

Ange des ténèbres plein d' « une malice noire » (v. 1600), il est au fond de lui-même d'une « tristesse obscure » (v. 319), un insomniaque dont les « sombres regards » (v. 380) sont un « triste présage » (v. 528) pour Junie, étreinte de nouveau à l'acte V d' « un noir pressentiment » (v. 1539). Le dénouement le laissera lui-même en proie à une crise de neurasthénie suicidaire :

> Et l'on craint, *si la nuit* jointe à la solitude
> Vient de son désespoir aigrir l'inquiétude, [...]
> Que sa douleur bientôt n'attente sur ses jours.
> (vv. 1759-60 et 1762)

---

3. Marc Eigeldinger, *La Mythologie solaire dans l'œuvre de Racine*, Genève, Droz, 1969, pp. 48-53.

Il a de fait

> Des fiers Domitius l'humeur triste et sauvage,
>
>   (v. 36)

son tempérament humoral est celui d'un mélancolique, prédisposé, selon la vision médicale encore prégnante du Saturnien, à défaut du génie de l'artiste, aux errements de la névrose. Néron est ainsi une incarnation du *soleil noir* de la mélancolie, bien connu de nous par Dürer et Holbein[4]. Mais plus près de Racine, chez Théophile de Viau, dans un climat magique d'hallucination morbide – « Un corbeau devant moi croasse... » –, les *impossibilia* traditionnels se fondaient également dans la vision d'un monde renversé :

> Le Soleil est devenu noir,
> Je vois la Lune qui va choir.[5]

La conséquence en est qu'après la vaticination oraculaire d'Agrippine évoquant sa future Érynie, la phase dépressive de Néron doit autant au remords qu'à la douleur d'avoir perdu Junie : sans doute,

> Le seul nom de Junie échappe de sa bouche.
> Il marche sans dessein, ses yeux mal assurés
> *N'osent lever au ciel* leurs regards égarés ;
>
>   (vv. 1756-58)

mais c'est que commence à se concrétiser la promesse d'Agrippine d'une poursuite réitérée, jusque dans l'au-delà :

> Ne crois pas qu'en mourant je te laisse tranquille.
> Rome, *ce Ciel, ce jour* que tu reçus de moi,
> Partout, à tout moment, m'offriront devant toi.
> Tes remords te suivront comme autant de Furies.
>
>   (vv. 1680-83)

Il est naturel que, face au brouillage des valeurs opéré par le « monstre naissant » qu'est Néron, Junie figure le pôle purement lumineux de la pièce, avec « sa *naissante* beauté » promise à « *croître* [avec ses] charmes » (v. 414 et 544). Contre la vraisemblance historique Racine choisit de préserver son intégrité en la vouant à la déesse Vesta, dont les vierges consacrées

---

4. Voir J. Kristeva, *Soleil noir. Dépression et mélancolie*, Gallimard, 1987.
5. Théophile, *Œuvres poétiques*, Première partie (1621), Ode XLIX.

> Gardent fidèlement le dépôt précieux
> Du *feu toujours ardent* qui brûle pour nos Dieux.
> (vv. 1745-46)

Cette nature proprement solaire est authentifiée par « le sang de [ses] aïeux qui brille dans Junie » (v. 228). Mais loin du clair obscur violent d'une scène nocturne caravagesque, son rayonnement propre, tamisé par le « nuage » de « quelques pleurs […] obscurci[ssant] ses yeux » (vv. 1574-75), émane de l'estompe du *tenebroso* d'une « obscurité » discrète, « conforme » aux malheurs d'une famille « éteinte » (vv. 612-614), dans la clôture propice du palais familial déserté, du temple de Vesta ensuite, hors desquels Néron se sent « exclu », « relégué » (vv. 545-546) comme loin du cœur de l'univers. Britannicus, au contraire, s'inscrit spontanément dans son orbite, de sorte qu'en dépit de doutes éphémères c'est en vain que Néron tentera de l'arracher à son attraction, car même dérobée à ses regards, il aspire de lui-même au « bonheur [de se] rapprocher [d'elle] » à nouveau (v. 693), tandis qu'au final elle le « laisse à regret éloigner de [s]a vue » (v. 1540), à jamais.

Banalisées, de telles métaphores pétrarquistes se sont dans la poésie galante dégradées en code de convention ; dans la *Rodogune* de Corneille les princes amoureux ne manquent pas de s'écrier :

> Rodogune a paru sortant de sa prison
> Comme un soleil levant dessus notre horizon. (I, 4)

Mais à un poète à la vive sensibilité comme Racine la métaphore revivifiée permet de renouer avec une vision astronomique du microcosme humain, dont à la Renaissance témoigne tel dizain de Maurice Scève :

> Comme des rais du Soleil gracieux
> Se paissent fleurs durant la Primevère,
> Je me recrée aux rayons de ses yeux,
> *Et loin, et près autour d'eux* persévère.
>   Si que le Cœur, qui en moi la révère,
> La me fait voir en cette même essence,
> Que ferait l'œil par sa belle présence,
> Que tant j'honore, *et que tant je poursuis* :
>   Par quoi de rien ne me nuit son absence,
> Vu qu'en tous lieux, malgré moi, je la *suis*.
> (*Délie*, CXLI)

Aussi chez Racine l'imagerie amoureuse s'organise-t-elle naturellement en réseau en relation avec le motif solaire consubstantiel à la puissance souveraine. Ses virtualités contraires, favorables ou pernicieuses, sollicitent d'autant mieux son imagination que les variations, à connotations célestes ou infernales, sur l'attrait et l'éclat du regard connaissent de son temps une actualisation concrète au théâtre des machines du Marais, avec ses divinités mythologiques largement humanisées, à mi-chemin de l'empyrée et des mortels[6]. Simultanément, l'anthropologie classique fait de la thématique baroque des faux-semblants à l'éclat décevant le lieu d'une réflexion renouvelée sur l'être et l'apparence, en termes d'imposture ou d'aveuglement au principe de réalité : comédien de soi-même affligé d'une personnalité à éclipses, Néron s'avère incapable, en mauvais *artisan*, d'atteindre à une autonomie réelle en référence avec le divin Auguste, qui sera, symboliquement, l'ultime recours de sa dernière descendante. En ce sens, *Britannicus*, avec son soleil noir monstrueux, participe, sans pour autant se couper des anciennes implications cosmiques, du recentrage sur l'homme de la conception du monde comme théâtre.

Racine poète de théâtre

Certes, à un autre stade de l'invention – disons à un autre niveau –, lorsqu'il s'agit de délimiter le champ de l'action, la mort de Britannicus, et de mettre celle-ci en intrigue conformément aux canons aristotéliciens, le personnage éponyme peut paraître le héros de la pièce. Cependant, selon la seconde préface, la « tragédie n'est pas moins la disgrâce d'Agrippine que la mort de Britannicus » : avec elle, par delà les questions de technique dramatique[7] pointe la question du sens de l'histoire, qui résulte du travail de l'imaginaire propre de Racine à partir de l'imagerie solidaire des noms de Néron et Agrippine, et dont Britannicus, personnage neuf au théâtre, se trouve singulièrement dépourvu. C'est dire à quel point chez un dramaturge à forte imprégnation baroque tel que Racine, la dimension poétique, loin de relever de quelque « broderie » au moment de la mise en mots, de l'*elocutio*, apparaît au contraire décisive au stade de l'invention. Lui-même notait en marge de son exemplaire d'Aristote que

---

6. Voir mon recueil *Mythologie et mythe dans le théâtre français (1650-1676)*, Genève, Droz, 1985, par ex. p. 277sq.
7. Voir la notice de la pièce dans l'édition de Georges Forestier du *Théâtre* de Racine, Gallimard, « Pléiade », 1999, p. 1407 et 1411.

> la poésie jet[te] son idée sur les noms qui lui
> plaisent, c'est-à-dire empruntant les noms de tels ou
> tels pour les faire agir ou parler selon son idée.[8]

Sans doute est-ce là simple glose de la *Poétique*, à propos du général qui « est le but que poursuit la poésie tout en attribuant des noms aux personnages[9] ». Mais au XVIIe siècle, on le sait, c'est au travers de catégories exogènes que se fait jour une pensée esthétique novatrice : l'important, plus que le contexte antique, est le déplacement d'accent auquel procède la glose personnelle. On est dès lors fondé à entendre « idée » au sens de *vision* globale du sujet, schème directeur concret encore indifférencié – presque *eidolon*, ou « fantôme » comme fait dire Molière, dans *L'Impromptu de Versailles*, de l'invention de ses personnages, « des fantômes proprement qu'il habille à sa fantaisie » (sc. 4), mannequins tout juste silhouettés qui laissent le champ libre à l'imagination créatrice[10].

Ainsi, l'imagerie solaire royale traditionnelle a suggéré autour du *nom* maudit de Néron (« je croyais que le nom seul de Néron faisait entendre quelque chose de plus que cruel », dit la préface) l'image inverse du « monstre naissant », en opposition à la « beauté naissante » de Junie, auréolée de la gloire du nom de son aïeul Auguste – dont l'image mythique statufiée, le « fantôme » en quelque sorte, a dans la pièce même failli s'imposer au prince, comme s'imposera à Titus dans *Bérénice* l'esprit de l'empereur Vespasien[11]. Qu'Agrippine, symétriquement, renverse la position de satellite lunaire associée à son statut définitif de reine-mère, et voilà constitué un système astronomique aberrant dont la dynamique conflictuelle, à la fois spatiale et morale, structure concrètement le mouvement de l'intrigue.

Car Racine, on l'a trop méconnu, est un homme de théâtre constamment attentif aux sollicitations de la scène, et un authentique poète de théâtre. Et c'est cette manière de transcendance poétique par rapport au rationalisme fonctionnel affiché par la dramaturgie

---

8. *Extraits de la* Poétique *d'Aristote*, dans Racine, *Œuvres complètes*, Gallimard, « Pléiade », vol. II, 1952, p. 924.

9. *Poétique*, 51b11, éd. R. Dupont-Roc et J. Lallot, Seuil, 1980, p. 65.

10. Ce point est précisé dans ma communication « Histoire et Mythe » au colloque tenu à l'Institut français du Royaume-Uni à Londres les 23-24 avril 1999 sur « Racine et l'Histoire » (Actes à paraître). Voir aussi mon article « Molière et la comédie fantasmatique », *Littératures classiques*, Supplément annuel, janvier 1993, pp. 61-62.

11. Voir à ce sujet ma communication « Bérénice comme rituel », dans *Racine, théâtre et poésie*, C. M. Hill éd., Leeds, Fr. Cairns Ltd, 1991 (repris dans *Racine et Rome*, S. Guellouz éd., Orléans, Paradigme, 1995).

classique qui précisément confère profondeur et universalité à son œuvre. Il valait peut-être, en ces temps de formalisme rhétorique et de dramaturgie structurale, de rappeler cette vérité première[12].

---

12. Cf. sur un plan plus général les conclusions de ma *Tragédie de l'âge classique (1553-1770)*, Seuil, 1994.

Christine Mc Call Probes
(Université de Floride - Tampa)

LA RHÉTORIQUE DES SENS ET LA CÉLÉBRATION DES SECRETS DE LA NATURE CHEZ RACINE POÈTE : SOLEIL ET MER

> L'œil du monde voit à regret
> Qu'il ne peut percer le secret
> De ces lieux pleins de charmes :
> Plus il y lance de clartés,
> Plus il leur donne d'armes
> Contre ses brûlantes beautés.
>
> (Ode III)[1]

Cette étude se propose d'explorer la rhétorique des sens dans ses rapports avec la nature célébrée par Racine, tels les bois dans les vers cités ci-dessus. Si Racine insiste que « la nature est inimitable » dans la première ode « Louange de Port-Royal en général » (strophe 7, p. 1006), il déploie son talent de poète et *rhétor* pour saisir la nature dans ses vers.

Ma communication s'inscrit dans le cadre des recherches que je mène depuis plusieurs années sur la nature et la poésie du dix-septième siècle[2]. Loin d'être le privilège des pré-romantiques du dix-huitième siècle comme Sainte-Beuve l'avait avancé en déclarant, « C'est de Rousseau que date chez nous... le sentiment de la

---

1. « Le paysage ou les promenades de Port-Royal-des-Champs », Ode 3 « Description des bois », strophe 7. Jean Racine, *Œuvres complètes*, éd. Raymond Picard (Paris, Gallimard, 1960), I : 1011. Les citations subséquentes seront indiquées dans le texte de l'article.
2. Voir mon étude dans *Bible et poésie de la Renaissance à l'âge classique*, éd. Pascale Blum (Paris, Champion, sous presse) et l'article « "Lieux de mémoire" dans la dévotion magdalénienne », dans *La Revue des Archives de l'Anjou* 1 (1997).

nature », le goût pour la nature est déjà vif au dix-septième siècle[3].

Je conçois l'étude comme une réponse à l'invitation de Racine :
« Mais allons dans tous ces beaux lieux / Voir, d'un regard plus
curieux, / Leur pompe renfermée » (Ode II, strophe 9, p. 1009).
Notre considération systématique des poésies diverses non-
dramatiques de Racine nous permettra de répondre aux questions
suivantes : Comment le soleil et la mer sont-ils évoqués, de quelles
significations sont-ils pourvus ? Comment le « miroir humide... /
Enchante[-t-il] et trompe[-t-il] tous les sens » (Ode IV, strophe 1,
p. 1012) ? Quel est le rôle propre aux images solaires et marines
qui renvoient à la Bible ? Telle l'image de « la palme qui croît aux
rives du Jourdain » (« La Nymphe de la Seine », strophe 19,
p. 967) ou de la Mer Rouge dans la prière du poète : « *Te duce
disruptas pertransiit Israel undas : / Hos habitet portus, te duce,
vera salus* » (« Ad Christum », p. 1028).

Dès la première évocation de la nature dans la série d'odes, le
monde physique est revêtu de signification théologique. Tout pâlit
auprès de la nature : l'art, l'architecture des « riches cités », les
« grands édifices/ Que s'élève la vanité », des palais même (Ode I,
strophes 2, 3, 4, pp. 1005-1006). Cette toile de fond pour les
méditations du poète, célébrée par ses « charmes et attraits »
(strophe 1), suggère à la fois l'innocence et la grâce. La première
qualité rappelle à la mémoire le jardin d'Eden où régnait l'innocence.
Le « siècle d'innocence » ainsi que « les délices des cieux »
renforcent la peinture du premier jardin dont Port-Royal reflète le
caractère idyllique (Ode III, strophe 1, pp. 1009-1010). La
deuxième qualité, la grâce, fait allusion d'une manière subtile, au
concept théologique au cœur de la pensée des docteurs de Port-
Royal et qui verra sa défense, une année après la composition des
odes, dans *Les Provinciales* de Pascal (1656-1657). L'on pourrait
penser que « la grâce » du paysage ne représente que ses charmes –
et Racine ne cesse de les détailler et de les louer : l'émail des
champs, les « lits dorés » des prés, les « beaux déserts », mais la
permanence et la fécondité de ce lieu sont signalées dans la
cinquième strophe de la première ode. Le poète dans une apostrophe
à la « solitude féconde » suscite l'admiration des « saints attraits,/
Qui ne s'effaceront jamais/ Que par l'écroulement du monde »
(p. 1006). Cette interprétation trouve sa confirmation dans l'ode
suivante, à la quatrième strophe où le poète reconnaît ce que le grand
temple signifie pour lui personnellement. L'admiration lyrique des
merveilles de la nature y rencontre celle du Créateur des merveilles,

---

3. Cité par Antoine Adam dans « Le sentiment de la nature au XVIIe siècle en
France », *CAIEF* 6 (1954) : 1.

ce qui oblige le poète à se consacrer au « doux Sauveur » :

> Je vois ce sacré sanctuaire,
> Ce grand temple, ce saint séjour
> Où Jésus encor chaque jour
> S'immole pour nous à son Père.
> Muse, c'est à ce doux Sauveur
> Que je dois consacrer mon cœur,
> Mes travaux et mes veilles :
> C'est lui de qui le puissant bras
> Fit toutes ces merveilles
> Qui nous fournissent tant d'appas. (Odc II, p. 1008)

Le soleil et la mer occupent la place d'honneur dans cette poésie et par leur prédominance et par leurs significations diverses et profondes. À certains endroits, Racine entrecroise ces éléments pour peindre la nature, tel l'étang, « ce beau tapis liquide... cristal des eaux », qui est orné de l'or reflété du ciel ainsi que de « l'émeraude des rameaux » (Ode IV, strophe 7, p. 1013). Il les entremêle à d'autres endroits pour représenter le pouvoir illimité de Louis, « son bras est craint du couchant à l'aurore. » Divers éléments de la nature appréciés par les sens, viennent à l'appui du lieu commun, « l'éclat... / ces fleurs odorantes, / Ces eaux bondissantes, / Ces ombrages frais » (« Idylle sur la paix », p. 976). Dans ces vers mis en musique par Lulli pour la fête de Sceaux (1685) le poète, se rappelant les victoires de Louis et la paix qu'apporta la Trève de Ratisbonne (1684), forme des vœux pour la santé et la vie du roi en exploitant l'imagerie de l'eau : « Que le cours de ses ans dure autant que le cours / De la Seine et de la Loire ! » (p. 977, 1177).

Considérons le soleil. Au propre, il offre au poète un moyen puissant de louer d'autres éléments de la nature ; au figuré, il lui donne une ressource précieuse pour ses hommages : à la fille de son cousin, Nicolas Vitart, aux rois, à Marie-Thérèse, et finalement à Dieu.

L'évocation du soleil atteste l'universalité de l'admiration du paysage de Port-Royal des Champs, « Le soleil vit-il dans son cours / Quelque si superbe séjour / Qui ne vous rende hommage ? », ainsi que la permanence de ses beautés, « Et tant que l'astre des saisons / Dorera sa carrière, / L'on verra l'or de tes moissons » (Ode I, pp. 1005-1006). Dans le premier cas, le soleil agit en témoin oculaire ; l'hyperbole et la personnification viennent à l'appui du lieu commun. Dans le second cas, c'est l'homme de tout temps qui « verra ». Le verbe « dorer » ainsi que le substantif « l'or » dans « l'or de tes moissons » renforcent l'appel à la vue. Si le paysage est perçu et dépeint à travers les sens, ce même

paysage et la nature, en général, ensorcellent ces derniers :
« l'onde, par ses bonds, / Charme les yeux et les oreilles... leurs
beautés [celles des bois] / Rendent nos yeux comme enchantés »
(strophes 6 et 7, pp. 1006-1007).

L'ode VII, celle des jardins, a reçu un traitement magistral par
Jean Dubu lors du colloque de juillet 1981 de l'Association
Internationale des Études Françaises[4]. Le sujet du colloque, « Les
Jardins et la littérature française jusqu'à la Révolution », suscita des
communications éclairantes et des débats stimulants. Josèphe
Jacquiot, l'auteur des *Médailles et jetons de Louis XIV*[5], rappela
aux congressistes que Racine, dans un projet de jeton sur le parc de
Marly, avait suggéré « que, quand le roi venait à Marly, il devenait
beaucoup plus aimable car il se récréait... en se promenant dans les
jardins »[6]. Philippe Hourcade insista sur la fonction sociale des
jardins de l'époque en distinguant les jardins royaux, les jardins des
particuliers, et les jardins publics[7]. Jean Mesnard, en commentant
les communications de Jean Dubu et de Marie-Odile Sweetser,
souligna le problème fondamental des « rapports entre nature et
culture ». Il avertit l'assemblée qu' « il ne faut pas croire que le
jardin soit la nature ! »[8]. Marie-Odile Sweetser qui présenta « Le
Jardin : nature et culture chez La Fontaine » a déclaré que « le
jardin... représente un triomphe de l'intelligence humaine sur les
forces brutes de la nature »[9]. Pierre Grimal, dont *L'Art des jardins*
(Paris, PUF, 1974) est cité par Sweetser, compare les jardins, « où
l'on apprend à *tricher* avec les lois de la Nature », aux œuvres d'art
comme la sculpture, la peinture, et les œuvres littéraires[10].

Dans l'Ode VII de Racine, (pp. 1018-1020), c'est la nature qui
a paré le jardin, bien que la déesse mythologique Pomone y ait mis
la main (le jardin ne présente « Que les fruits les plus précieux /
Qu'ait cultivés Pomone ») (strophe 6). Les pommes du jardin
égalent, dans leur beauté et leur goût, les pommes dorées du jardin
des Hespérides. Racine invoque les « Fabuleuses antiquités » leur
conseillant de ne plus se vanter des beautés de leurs pommes
(strophe 3). Si le poète fait appel au goût ici et à l'ouïe à la
conclusion de l'ode (« l'innocente musique des flûtes et des

---

4. Les *Actes* du colloque se trouvent dans le numéro 34 des *CAIEF* (1982).
5. Josèphe Jacquiot, *Médailles et jetons de Louis XIV d'après le manuscrit de
Londres*, 4 vols. (Paris, Klincksieck, 1970).
6. *CAIEF* 34 (1982) : 247.
7. *CAIEF* 34 (1982) : 247-248.
8. *CAIEF* 34 (1982) : 248.
9. *CAIEF* 34 (1982) : 60.
10. Grimal 7. Cité par Sweetser, « Le Jardin : nature et culture chez La Fontaine »,
CAIEF 34 (1982) : 60.

chalumeaux » salue la nuit tombante), c'est la vue qui prédomine. Le poète fait connaître ses impressions par le moyen du constant « je vois ». Dubu a trouvé que ces odes s'inspirent de Virgile et de *La Solitude* de Saint-Amant[11]. J'ajouterais que l'extase de Racine devant le jardin et ses fruits (la « pomme éclatante » qu'il compare à un « petit soleil », le « doux abricot sans pareil », strophe 3), rappelle *Le Melon* de Saint-Amant :

> Mes yeux, pourrai-je bien vous croire ?
> Suis-je éveillé ? Vois-je un jardin ?
> N'est-ce point quelque songe vain
> Qui me place en ce lieu de gloire ?
> (strophe 1, p. 1018)

L'extase du poète est si extrême qu'il n'a plus confiance dans ses sens. La suite des questions de la première strophe qui prépare la scène trouve sa réponse exacte et complète dans les descriptions des beautés vues et attestées par le poète dans les strophes successives.

Bien que « La Nymphe de la Seine à la Reine », la première œuvre imprimée du poète, soit une fable faisant appel aux mers et aux fleuves (le Tage, le Jourdain, les mers mythologiques), le soleil y joue un rôle central. Le mariage de Louis et de Marie-Thérèse en 1660 apportera du lustre aux rives de la Seine. Au moyen d'une série de comparaisons, métaphores, hyperboles, périphrases et prosopopées se rapportant au soleil, Racine établit le prix des « effets divers » de l'arrivée de Thérèse. Son trajet imitera celui du soleil, elle surpassera ce dernier, et le rival en sera jaloux :

> Une reine viendra sur les pas de la paix.
> Comme on voit le soleil marcher après l'Aurore,
> Des rives du couchant elle prendra son cours,
> Et cet astre surpasse encore
> Celui que l'Orient voit naître tous les jours.
> ....
> Vos yeux d'un nouveau jour peignirent l'horizon ;
> La terre sous vos pas devint même fertile.
> Le soleil, étonné de tant d'effets divers,
> Eut peur de se voir inutile,
> Et qu'un autre que lui n'éclairât l'univers.
> (strophes 7, 16, p. 964, 967)

Le poète renforce l'hyperbole solaire par son complément aqueux. La Seine reçoit « les tributs de cent fleuves divers ». Néanmoins,

---

11. Dubu, « Racine et les jardins » *CAIEF* 34 (1982) : 76.

c'est l'empire de la reine qui importe : « Mais de couler sous votre empire, / C'est plus que de régner sur l'empire des mers » (strophe 2, p. 963). Le sens qui prédomine est la vue, la nymphe de la Seine avait déclaré dès la première strophe que le feu des beaux yeux de Thérèse « doit éclairer... ces aimables lieux » (p. 963). Le sens figuré est présent dans l'éclat, « bientôt sur mon rivage / On verra luire de beaux jours » (strophe 3, p. 963). Si, comme le soleil, les yeux de Thérèse vont peindre l'horizon d'un nouveau jour, ceux de la nymphe vont le prédire : « Que je vois après vous de grâces et d'appas / Qui s'en vont amener une saison nouvelle ! » (strophe 3, p. 963). Une autre nymphe, celle de « La Renommée aux Muses », ode écrite en 1663, prend les filles de Mémoire à témoin de l'éclat de Thérèse. L'éclat comprend et sa beauté, et sa gloire ou sa renommée. La nymphe fait donc appel aux filles de Mémoire, leur demandant de voir et de reconnaître leur travail exquis, dont le résultat est plus étincelant que l'aurore :

> On vit venir Thérèse ; et sa beauté fit croire
> > Qu'elle venait des cieux.
> Vous même, en la voyant, avouerez que l'aurore
> > Jette moins de clartés.
> Eût-elle tout l'éclat et les habits encore
> > Dont vous la revêtez.
>
> (strophes 12, 13, p. 972)

Une imagerie semblable se trouve dans le sonnet qui célèbre la naissance de Marie-Charlotte Vitart, née le 17 mai 1660 (p. 1025). Aux hyperboles honorant ce nouveau-né, « belle Aurore » personnifiée et enjointe de rougir et de se cacher, « tout l'horizon » qui s'aperçoit des feux de « cet astre nouveau », se joint aux vœux du poète souhaitant à l'enfant une longévité et une beauté pérenne, « Toi qui dans ton matin parais déjà si grand, / Bel astre, puisses-tu n'avoir point de couchant ! / Sois toujours en beautés une aurore naissante ». Une allusion mythologique à Daphnis, une nymphe aimée d'Apollon, souligne l'imagerie de la lumière. Le poète souhaite que la fille ressemble à ses parents, rebaptisés ici et dans sa correspondance Daphnis et Amarante.

Les « Billets à Antoine Vitart » où Racine fait allusion à Apollon en signe de modestie, « Mais ce serait une imprudence / De vouloir que quand on commence / On n'écrivît rien que de bon, / Et qu'on vainquît même Apollon » (Billet I, p. 1022), affirme le rôle des sens dans l'inspiration. Le silence de son cousin est inconcevable, « Pouvez-vous manquer de sujets / En lieu plein de tant d'objets, / Où tous les jours mille merveilles / Frappent les yeux et les oreilles » (Billet II, p. 1024).

Les « Poésies Latines », les « Hymnes », et les « Cantiques spirituels » offrent une panoplie d'images solaires revêtues de signification théologique. Signifiant la pureté, le soleil chasse la nuit et ses « noirs ennemis ». La prière du poète confirme l'interprétation, « Nous t'implorons Seigneur : tes bontés sont nos armes / De tout péché rends-nous purs à tes yeux » (« Le lundi, à matines », pp. 982-983). Le poète nous appelle à l'imitation du soleil, de « la lumière pure / De l'astre étincelant » (« Le jeudi, à laudes », pp. 987-988). L'appel à la pureté englobe les sens, « Que tout soit chaste en nous, et qu'un frein légitime / Aux lois de la raison asservisse les sens » (p. 988). Mais la raison naturelle ne suffit pas en elle-même, « ma faible raison » devrait être éclairée par Dieu, le vrai Soleil, dont le char « s'élance / À travers les feux et les vents » (Ode tirée du Psaume XVII)[12]. Un examen du psaume, le dix-huitième dans la Bible moderne, ne révèle ni le char ni la raison. L'Éternel plane « sur les ailes du vent » (verset 11) ; il « éclaire mes ténèbres » (verset 29). L'effet reste néanmoins semblable, c'est le Dieu tout puissant qui purifie.

La Bible avait autorisé l'imagerie solaire à maintes reprises. Parmi les textes classiques, l'on pourrait citer le psaume 84.12 : « L'Éternel Dieu est un soleil... l'Éternel donne la grâce et la gloire », et Malachie 4.2 : « Pour vous qui craignez mon nom se lèvera / le Soleil de justice ».

Pour Racine les sens de l'ouïe et de la vue sont essentiels à sa représentation de l'appel et de la direction de Dieu, Le chant matinal de l'oiseau réveille l'homme, « Jésus se fait entendre à l'âme qui sommeille, / Et l'appelle à la vie, où son jour nous conduit », « Hymne... / Ô Christ, ô soleil de justice ! » (« Hymne » Le mardi, à laudes », p. 985). Suivant de près *Romains* 1, 20 sans le citer (« Les perfections invisibles de Dieu... se voient fort bien depuis la création du monde, quand on les considère dans ses ouvrages »), Racine insiste sur la fonction de la nature, ainsi que sa perception à travers les sens, dans la révélation de Dieu. Le poète n'hésite pas à modifier le latin du bréviaire dans sa traduction des hymnes. Lorsqu'il ajoute « l'âme » dans les vers suivants, l'effet qui en résulte est le suivant : le soleil ne se limite plus à la toile de fond ou à la figure du Christ. Celui qui chante ou écoute l'hymne est amené à considérer le rôle actif de la nature, notamment du soleil, dans la révélation :

---

12. Racine, *Œuvres complètes*, éd. Pierre Clarac. (Paris, Seuil, 1962), 459. L'Ode ne figure pas dans l'édition de la Pléiade. Dans la Bible moderne, il s'agit du Psaume XVIII.

> Le soleil perce l'ombre obscure ;
> Et les traits éclatants qu'il lance dans les airs,
> ....
> Redonnent la couleur et l'âme à l'univers.
>   Ô Christ, notre unique lumière,
> ....
> Hâte-toi d'éclairer, ô lumière éternelle,
> Des malheureux assis dans l'ombre de la mort !
>   (« Le mercredi, à laudes », p. 986)

Les exemples suivants vont illustrer l'indépendance de Racine à l'égard de sa source attestée comme ils démontreront, avec les exemples précités, l'ampleur et les fonctions diverses de l'image du soleil. Dans le cantique III « Plaintes d'un chrétien sur les contrariétés qu'il éprouve au-dedans de lui-même », basé sur *Romains* 7, Racine élabore les louanges de Saint-Paul : « Qui me délivrera de ce corps de mort ? Grâces soient rendues à Dieu par Jésus-Christ, notre Seigneur ! » (*Rom.* 7.24-25). Les « grâces » ou remerciements de l'apôtre se transforment en une apostrophe : « Ô grâce, ô rayon salutaire ! » (Cantique III, p. 1000). Bien que l'expression de Racine ne se trouve pas dans les *Écritures*, des textes comme celui du Psaume 84.12 cité ci-dessus autorisent et auraient pu inspirer le vers poétique. Le soleil, métaphore pour Dieu, « donne » la grâce ; pour Racine, la grâce est une émanation brillante de Dieu.

Les élus sont revêtus de brillance dans « Sur le bonheur des justes, et sur le malheur des réprouvés, » un cantique basé sur le livre de la Sagesse, chapitre V. Le chapitre traite le Jugement Dernier ; les méchants et les justes s'y croisent. Bien que la « couronne royale magnifique » et le « diadème de beauté » des justes (5.16-17) eussent pu suggérer au poète le verbe « briller », ainsi qu'inversement la réaction des impies, « la lumière de la justice n'a pas brillé pour nous, le soleil ne s'est pas levé pour nous » (5.6), d'autres textes bibliques comme celui de Mathieu 13.43, « les justes resplendiront comme le soleil dans le royaume de leur Père » auraient pu contribuer à la scène que peint Racine des insensés :

> Leurs yeux, du fond de l'abîme,
> Près de ton trône sublime
> Verront briller les élus !
>
>   (Cantique II, p. 998)

Si les élus sont brillants, leur qualité lumineuse est à la fois l'effet de l'œuvre divine, dont la métaphore par excellence est le soleil, et une réponse de louange dont la pérennité s'exprime en termes solaires. Le mouvement circulaire est particulièrement frappant dans les vers suivants ; la périphrase finale imagée remplace la formule latine, « *Et nunc et in perpetuum* ».

> L'aurore luit sur l'hémisphère :
> Que Jésus dans nos cœurs daigne luire aujourd'hui,
> ....
> Père, Fils, Esprit saint : qu'on t'adore toujours,
> Tant que l'astre des temps éclairera le monde,
> Et quand les siècles même auront fini leur cours.
> (« Hymne, Le lundi, à laudes », p. 984)

Racine associe l'image solaire à l'image marine pour peindre le pouvoir de Louis ainsi que le souhait du poète pour sa longévité. Les images ainsi que les rimes « aurore / more », « gelés / brûlés », « toujours / cours », « victoire / Loire », se rejoignent pour mesurer le pouvoir du roi selon sa nature et spatiale et temporelle :

> Son bras est craint du couchant à l'aurore :
> La foudre, quand il veut, tombe aux climats gelés,
> Et sur les bords par le soleil brûlés :
> De son courroux vengeur, sur le rivage more,
> La terre fume encore.
> ....
> Qu'il règne ce héros, qu'il triomphe toujours ;
> Qu'avec lui soit toujours la paix ou la victoire ;
> Que le cours de ses ans dure autant que le cours
> De la Seine et de la Loire.
> (« Idylle sur la paix », pp. 976-977)

Qu'il me soit pardonné d'interpréter « mer » au sens large du mot ; je pourrais dire, suivant l'exemple de Jean-Pierre Chauveau dans son article où il éclaire avec finesse le rôle de la mer dans l'imagination des poètes au XVIIe siècle, que les eaux imaginées par Racine me semblent « avoir toutes les qualités requises d'un océan »[13].

C'est Racine lui-même qui autorise notre interprétation ; une tempête violente trouble « l'onde dormante » de l'étang, produisant des « vagues bruyantes » (« L'Étang », pp. 1011-1013). Le

---

13. « La mer et l'imagination des poètes au XVIIe siècle » DSS 86-87 (1970) : 126. La référence spécifique de Chauveau ici est aux eaux du Nil dans le *Moyse Sauvé* de Saint-Amant.

reflet du ciel et des arbres transformé en joyaux (« l'or... l'azur... l'émeraude ») amène le poète à établir une comparaison entre l'étang et l'océan :

> Enfin, ce beau tapis liquide
> Semble enfermer entre ses bords
> Tout ce que vomit de trésors
> L'Océan sur un sable aride. (strophe 7)

Au moyen d'une apostrophe, le poète invite ses yeux à contempler de plus près le « miroir humide » qu'est l'étang (strophe 1). Il semble lancer un défi à ses yeux de découvrir les charmes enchanteurs des sens : « Voyons bien les charmes puissants / Dont sa glace liquide / Enchante et trompe tous les sens » (strophe 1). Grâce à ses reflets, l'image que produit l'étang est confuse ; l'on ne peut déterminer si l'onde ou le vent « fait trembler » la verdure (strophe 3). La vue du poète qui regarde les arbres est dédoublée par celle des arbres eux-même qui, personnifiés, mirent dans l'étang « leurs têtes hautaines » (strophe 3). La vue, le toucher (encore sous forme de baiser), et l'ouïe se rejoignent dans l'exécution du tableau des oiseaux. L'hirondelle « avec cent petits cris », vient « Baiser son image naissante » dans l'étang. Des oiseaux qui volent, d'autres qui nagent, leurs ombres et leurs corps confondus, présentent un tableau peu distinct et que « l'œil ne peut juger » (strophe 4). Le poète reprend l'imagerie du joyau si répandue dans les odes précédentes lorsqu'il se sert de la métaphore si chère aux poètes baroques pour les eaux, « le cristal » et de celle moins commune pour les arbres, « l'émeraude des rameaux » (strophes 2, 6, et 7).

L'imagerie du joyau et du minéral si agréable à la vue s'étend aux Odes V, VI, et VII et mérite une étude en elle-même. Le poète exalte le « vif émail de la verdure » des prairies, le « tribut argenté », la « ceinture de cristal » des ruisseaux, et « l'éclat argenté » des feuillages des saules (Ode V, pp. 1014-1015). Presque tous les sens se réunissent pour glorifier la profusion d'attributs des prairies : l'odorat, la vue, l'oreille, et le goût. La brillance des fleurs, louées au même titre pour ses « vives odeurs », parle aux yeux du poète (strophe 1). Ses « yeux » rimant avec « lieux », sont des récepteurs, et les fleurs les annonciatrices de l'arrivée d'une déesse. Le poète traduit habilement la présence de Flore : l'éclat des fleurs et le « murmure » des ruisseaux parlent d'elle, son lieu de résidence royale se révèle dans les prairies et, quatre strophes plus loin, son travail d'artiste produit « cent petits bassins d'ambre et d'or » (strophe 1, 2, 5). L'appel au goût vient exceptionnellement à l'appui de celui aux autres sens : les bassins de joyaux reçoivent une riche pluie « de perles et de miel » (strophe 5). Si le miel complète l'évocation des sens, il symbolise en même temps une nourriture céleste. Le céleste retrouve donc le royal ; le trésor du ciel tombe dans les trésors préparés par la déesse. Les mots rimés martellent les images somptueuses, tout en sollicitant les sens du poète et du lecteur : « ciel » et « miel », « trésor » et « or », « gazouillements » et « charmants », « allées », « émaillées », et « argenté ».

Les bassins de joyaux sont remplacés, dans l'Ode VI, par des « coupes d'argent » ; les « trésors des prairies » sont menacés par un combat de taureaux. À une exception près, les fontaines « d'argent », l'imagerie du joyau est judicieusement suspendue pour être reprise à l'ode suivante, celle des jardins. Le violent combat de taureaux qui trouble « la paix de ces lieux / Sacrés aux charmes du silence » est perçu et transmis au lecteur par les sens de l'ouïe et de la vue (strophe 4). La cinquième strophe, la plus violente, offre une présentation visuelle du triste spectacle ; les images diverses et terrifiantes culminent dans les vers qui décrivent les conséquences du combat :

> Je vois déjà leur poil qui fume,
> Leurs yeux semblent étincelants ;
> Leurs gosiers secs et pantelants
> Jettent plus de feu que d'écume ;
> La rage excite leur vigueur ;
> Le vaincu redevient vainqueur ;
>   Tout coup fait sa blessure :
> Leur front entr'ouvert et fendu
>   Fait rougir la verdure
> D'un sang pêle-mêle épandu. (p. 1017)

Le sang des taureaux blessés tache la verdure de la campagne fleurie tout comme, dans les autres strophes, les sons du combat avaient troublé sa paix : « leur mugissante voix / Comme un bruyant tonnerre, / Fait trembler les monts et les bois » (strophe 4). C'est en fait, les sons qui prédominent, bien que le poète ne cesse de parler de « tristes spectacles » (strophe 8). Les sons moins rudes, les « hennissements » des jeunes poulains, les « cris cent fois répétés » de grasses génisses transmettant leur fierté et de « chastes délices », préparent la « rude tempête » qui suivra (strophe 2, 3, et 7). Les sons et la vue de « ce combat affreux » ont aussi troublé la Muse du poète, qu'il invite à l'accompagner aux jardins « d'inestimables douceurs » (strophe 8).

L'eau est souvent investie de signification métaphorique. Les figures s'entassent fréquemment l'une sur l'autre, ainsi que dans les poèmes latins contre l'avarice. L'hydropique se gorge d'eau en vain : « *nullo flumine pulsa sitis* » (« In Avaritiam », p. 1032) et l'avare ne peut trouver le repos malgré les joyaux qui ruissellent à flots dans sa maison (« *Thesauros, tectis plurima gemma micat* »), les mille vaisseaux qui vont sous son pavillon (« *Nequicquam tibi mille rates super aequora currunt* »), et les navires d'airain (« *Aeratas nec cura timet conscendere naves* ») (« In Avarum », p. 1033).

Cinq fleuves confluent pour célébrer la gloire de Louis, la paix et les amours du roi et de Marie-Thérèse (« La Nymphe de la Seine à la Reine » et « La Renommée aux muses », pp. 963-967, 971-974). Le rôle des sens est multiple. Racine, par le truchement de « la nymphe qui vole », encourage les filles de Mémoire à abandonner « le céleste séjour » pour écouter et voir ce « nouvel Auguste aux rives de la Seine / [qui] Vous appelle en ce jour » (« La Renommée aux Muses », p. 971). Louis inspirera des « chants harmonieux » qui feront admirer les muses « de toute la terre » (p. 973). Le Strymon, tributaire de la mer Égée, et la Seine, personnifiés, viennent dans leur qualité de témoin oculaire, à l'appui de la comparaison entre Orphée et Louis :

> Qu'on ne vous parle plus de l'amant d'Eurydice :
> Quoi qu'on dise de lui,
> Le Strymon n'a rien vu que la Seine ne puisse
> Voir encore aujourd'hui.
>
> (p. 973)

Le Jourdain, fleuve évocateur de puissance et de magnificence, (tout Israël le traversa à sec avant de conquérir le pays de Canaan ; l'Esprit Saint y descendit sur Jésus), se joint au Tage, à la mer des Indes, et à la Seine pour faire hommage aux amours de Louis et de Marie-Thérèse. D'une manière inverse, la gloire de Louis étendra la renommée des fleuves / mers. Le poète suggère la qualité mythique de cette gloire par la synecdoque dans les vers suivants (Thétis, la mère d'Achille et une des Néréides = la mer Égée) :

> La gloire de ton nom remplira l'univers ;
> Et la Seine, sur tous les fleuves,
> Sera ce que Thétis est sur toutes les mers.
> (« La Nymphe de la Seine à la Reine », p. 966)

C'est par la vue que l'on apprécie « l'éclat non pareil » des beautés de Thérèse. Au moyen d'une prosopopée, le poète prête le sens de la vue aux fleuves. La Seine possède à présent « tout l'or dont se vante le Tage, / Tout ce que l'Inde sur ses bords / Vit jamais briller de trésors » (strophe 17, p. 967).

Les sens, dans leurs rapports avec l'eau spirituelle, sont l'entremise par laquelle cette eau est reçue. Le poète signale, par le choix de mots de la rime, « gloire / boire », la haute valeur des sens :

> Quand pourrai-je t'offrir, ô Charité suprême,
> Au sein de la lumière même,
> Le cantique de mes soupirs ;
> Et toujours brûlant pour ta gloire,
> Toujours puiser et toujours boire
> Dans la source des vrais plaisirs ?
> (« Cantique I, À la louange de la Charité », p. 997)

Le Journal de Dangeau rapporte, samedi 2 octobre 1694, à Fontainebleau, que « le Roi, après dîner, entendit dans sa chambre... des paraphrases qu'a faites Racine sur quelques chapitres de saint Paul. Moreau a fait la musique »[14]. La paraphrase de la première *Épître aux Corinthiens*, 13 se termine en fait avant les vers précités qui présentent la réponse du poète à la Charité, une réponse dont l'imagerie se trouve non dans le chapitre paraphrasé mais dans d'autres textes classiques, tel l'*Évangile* de Jean, chapitre 4 (la rencontre de Jésus et de la Samaritaine).

Si les sens agissent comme intermédiaires à ces eaux de grâce, ils en sont par là même rachetés. L'hymne « Le lundi, à vêpres » célèbre la création du monde par la voix de Dieu qui sépare « les eaux » (p. 991). L'action des eaux crée sur la terre, les « plaines liquides » de la voûte céleste, les « ruisseaux » qui « portent aux champs arides / Le secours de leurs eaux » préfigure celle des eaux de la grâce sur les sens. L'ajout de « nos sens » dans les vers suivants souligne le rôle crucial de ces facultés et dans notre vie et dans cette poésie. Racine transforme ainsi le latin du bréviaire : « *Donum perennis gratiae ; / Fraudis novae ne casibus / Nos error atterat vetus* » :

> Seigneur, qu'ainsi les eaux de ta grâce féconde
> Réparent nos langueurs ;
> Que nos sens désormais vers les appas du monde
> N'entraînent plus nos cœurs.
> (p. 991)

---

14. Cité dans *Œuvres de J. Racine*, éd. Paul Mesnard, tome 4 (Paris, Hachette, 1865), 146.

Pour conclure, répondons à la question du poète adressée aux jardins :

> Mais quelle assez vive peinture
> Suffit pour tracer dignement
> Tout le pompeux ameublement
> Dont vous a parés la nature ?
>
> (Ode VII, p. 1019)

La présente étude démontre, j'espère, que la « vive peinture » qui suffit sera celle qui repose largement sur les sens. Le beau, le vrai, et l'utile, prônés par les théoriciens de l'Antiquité comme par ceux de la Renaissance, se trouvent pleinement traduits par les sens dans cette poésie[15].

Bien qu'il traite la « pomme éclatante » en tant que « petit soleil » ou « les eaux de la grâce » qui transforment les sens, Racine démontre que les sens agissent en récepteurs privilégiés et qu'ils sont souvent enchantés et trompés :

> Mes yeux, contemplons de plus près
> Les inimitables portraits
>   De ce miroir humide ;
> Voyons bien les charmes puissants
>   Dont sa glace liquide
> Enchante et trompe tous les sens.
>
> (Ode IV, p. 1012)

L'on pourrait dire que cette poésie est un témoignage lyrique qui confirme le raisonnement de Montaigne, dans « l'Apologie de Raimond Sebond » : « l'homme... ne peut fuir que les sens ne soient les souverains maistres de sa cognoissance ; mais ils sont incertains et falsibliables à toutes circonstances. »[16].

Racine a dû aussi partager les vues de son ami Jean de La Fontaine sur les sens, exprimées dans « Un animal dans la lune » : « Pendant qu'un philosophe assure / Que toujours par leurs sens les hommes sont dupés, / Un autre philosophe jure / Qu'ils ne nous ont jamais trompés »[17].

---

15. Des critiques tels que Peter France et Jean Dubu, entre autres, fournissent des indications précises sur la formation rhétorique de Racine aux Petites Écoles de Port-Royal et au Collège de Beauvais. Peter France, *Racine's Rhetoric* (Oxford, Clarendon Press, 1965) 1-57, et Jean Dubu, *Racine aux miroirs* (Paris, SEDES, 1992) 15-27.
16. *Œuvres complètes. Essais.* Livre II, chapitre 12, Paris, Gallimard,1962, p. 576.
17. *Fables*, Livre VII, xviii, Paris, Gallimard, 1963, p. 178.

Philippe Sellier avait affirmé il y a trente ans : « Le XVIIe siècle est le siècle de saint Augustin. La pensée du plus grand des Pères nourrit alors presque tout ce qui compte dans l'ordre de l'esprit et dans l'ordre du cœur »[18]. Comme Sellier l'indique, Racine se trouve parmi « les plus grands [qui] puisent une partie au moins de leur inspiration dans cette œuvre immense dont les Théologiens de Louvain ont donné en 1576-1577 une édition déjà remarquable »[19]. La pensée de saint Augustin autorisa l'appel aux sens, quoique d'une façon limitée. C'est la mémoire qui est célébrée dans le dixième livre des *Confessions*, cependant le rôle des sens est crucial pour transporter les images à la mémoire[20]. Tout en s'émerveillant du pouvoir prodigieux de la mémoire : « *Magna ista vis est memoriae, magna nimis, deus meus* », il souligne l'importance des organes des sens comme autant de portes de la chair, « *ianuas omnes carnis meae* »[21]. Finalement, la contemplation du paysage qui conduit le poète de la deuxième Ode à celle du Créateur, éveille des résonances augustiniennes, cette fois de *De Doctrina christiana* : « *Utendum est hoc mundo, non fruendum : ut invisibilia Dei, per ea quae facta sunt, intellecta conspiciantur (Rom. 1.20), hoc est, ut de corporalibus temporalibusque rebus aeterna et spiritualia capiamus* »[22].

---

18. « La Rochefoucauld, Pascal, Saint Augustin », *RHLF* 69 (1969) : 551.
19. Sellier, 551.
20. J.-P. Migne, éd. *Patrologiae Latinae*, Ser. 1. vol. 32 (Petit-Montrouge, 1841-1849) 10,8.
21. Migne, vol. 32, 10, 8 et 10, 10.
22. Migne, vol. 34, col. 20.

Ronald Tobin
(Université de Californie - Santa Barbara)

LA POÉTIQUE DU LIEU DANS *PHÈDRE*

Une pièce de théâtre, qui peut se définir comme une parole entre deux moments de silence, est souvent un discours dans et sur un lieu. En fait, le silence de la tragédie *Phèdre* est rompu par un discours largement géographique déjà présent dès le tout premier vers où Hippolyte explique son intention de partir, de voyager, de se lancer à la recherche de son père. Depuis le début des années 90, la critique insiste sur le génie proprement théâtral de Racine et sur l'attention qu'il a apportée à des questions de couleur locale et de mise en scène. Je voudrais poursuivre la voie indiquée par Jean Emelina pour m'attacher à ce que Théramène appelle « la présence de ces paisibles lieux »[1]. Ces lieux, on le sait, seront les derniers que verront Hippolyte, Œnone et Phèdre, et c'était inéluctable puisque cette pièce, comme la plupart des tragédies de Racine, représente le dernier jour d'une vie et le terme d'un voyage.

Je me propose donc d'étudier les implications cruelles non pas tellement de l'espace, qui constitue un simple cadre de l'action, mais du lieu qui est lourd de sens et qui fait partie intégrante du tragique. Parmi les systèmes binaires que les anthropologues établissent pour analyser le paysage, par exemple, le lieu s'oppose à l'espace, comme l'intérieur à l'extérieur, le premier plan à l'arrière-plan, et l'image à la représentation[2]. Le lieu, nous rappelle Bourdieu,

---

1. Pour ne citer qu'un exemple : Jean Emelina, « La Géographie tragique : espace et monde extérieur », *Seventeenth-Century French Studies* 12 (1990), 111-38.
2. Voir l'Introduction d'Eric Hirsh à l'*Anthropology of Landscape : Perspectives on Space and Place*, éd. Hirsh and O'Hanlon, Oxford : The Clarendon Press, 1995, 3

constitue le contexte et la forme de l'expérience quotidienne et inconsciente[3].

On se demande ce que Racine a pu connaître directement des lieux étrangers. Comme la majorité de ses contemporains, ce poète célèbre pour ses évocations de l'eau et qui a sans doute partagé le sens augustinien de l'eau comme le reflet tiède de l'ambiguïté et de la variabilité humaines, n'avait probablement jamais vu la mer. Nous savons que, l'écriture étant un exercice intertextuel au dix-septième siècle, la culture de Racine était profondément littéraire, et on a récemment démontré que les allusions géographiques des récits de vrais voyages se fondent surtout sur un système de références à Homère, Platon et Virgile autant ou même plus solllicités que des historiographes tels que Plutarque et Pausanias[4].

Mais Racine, qu'a-t-il dû apprendre de la manière d'écrire la terre au dix-septième siècle ? Or, en matière de cartographie et de science géométrique notamment, le siècle de Racine constitue précisément une ère de transition. En 1666 Colbert fonde l'Académie Royale des Sciences et y invite les plus brillants esprits d'Europe à coups de subventions sans précédent. Malgré toute la diversité des activités de l'Académie royale, le but précis de sa création, au dire de Sa Majesté, était de corriger et d'améliorer les cartes utilisées par les navigateurs français pour mieux suivre les ambitions expansionnistes du roi.

Si la politique a joué un rôle dans la tentative d'arpenter le monde, elle ne formait qu'une partie de l'effort plus vaste visant à assurer les connaissances. Ce n'est pas un hasard si la méthode cartésienne coïncide historiquement avec de profonds développements de la cartographie et de la diffusion de cartes devenues des produits de consommation dans l'Europe de l'ouest [Carte 1 de Blaue].

La conception de la géographie à l'époque où Racine faisait ses études est parlante. Le P. Philippe Labbe dans *La Géographie royalle* (première édition 1646) offrait les conseils suivants sur l'écriture de la géographie :

> J'advertiray le lecteur qu'il n'est pas nécessaire que tous ces poincts et chefs principaux (...) soient considérés selon l'ordre que nous leur avons donné en ce troisième avertissement, veu que souvent il est plus à propos de les entremesler et de mettre les uns

---

3. *Outilne of a Theory of Practice*, Cambridge : Cambridge University Press, 1977, p. 2.
4. Voir Neil Rennie, *Far-Fetched Facts : The Literature of Travel and the Idea of the South Seas*, Oxford : Clarendon Press, 1996.

> devant et les autres apres, selon la disposition de
> celuy qui entreprend de les escrire et de les raconter.[5]

La géographie est donc un des arts rhétoriques à vocation pédagogique, ou pour mieux dire, morale, puisqu'elle invite l'étudiant à parcourir des chemins imaginaires propres à élargir ses horizons culturels.

Cet art qui s'inspire des trois grandes épopées de l'Antiquité, la Bible, l'Odyssée et l'Énéide, est par conséquent fondamentalement littéraire. Comme les auteurs de genres non-épiques au dix-septième siècle faisaient de leur mieux pour intégrer dans leurs écrits des éléments de l'épopée, le plus élevé des genres, Racine a sans doute tenu à donner une dimension épique à ses tragédies par le biais d'allusions géographiques.

Enfin, la géographie, comme toute rhétorique, possède une fonction didactique car elle apprend à composer une narration conforme aux trois moments du parcours classique : le départ, l'épreuve et le retour. De toute évidence, Racine s'est bien servi de la géographie pour ses fins dramatiques puisqu'on peut lire *Phèdre* comme une parodie tragique des principes épiques : le jeune héros s'efforce d'imiter son père, un des grands vagabonds de l'Antiquité, mais il est immobilisé ; il rate l'occasion de réussir une épreuve ; et il ne peut pas rentrer parce qu'il n'est jamais parti.

La géographie est inhérente à la représentation tragique puisque les lieux inspirent, répriment, symbolisent, etc. Il sont « tracés » pour ainsi dire : leurs fondateurs leur accordent des noms, des définitions et une configuration morale. C'est dire que chez Racine la géographie et l'hérédité[6] constituent des forces interactives[6].

Phèdre se déroule entièrement dans ou juste à l'extérieur de Trézène, une ville réputée pour son ordre et son harmonie. Pausanias attribue à Pitthée, l'aïeul maternel de Thésée, l'acte fondateur de cette ville. C'est là que, revenu d'Athènes, Thésée a cherché le calme et la purification[7], après avoir massacré les fils de

---

5. Paris : Mathurin Hénault, 1662, p. 41. François de Dainville, auteur de *La Géographie des humanistes* (Paris, 1940 ; rpt. Genève : Slatkine Reprints, 1969, p. 206) rend explicite le rôle de la géographie : « Un dernier trait achève de caractériser la géographie qu'enseignaient ou écrivaient les maîtres en belles-lettres d'avant 1660 ; elle est un art ; les mots de *description, tableau, crayon, portrait*, disent assez qu'ils ne prétendaient pas faire œuvre de science, mais ouvrage de littérature ou de peinture... ».

6. Mon principe n'est pas sans ressembler à celui émis par un des fondateurs de la géographie moderne, Gerhard Mercator : « La géographie ne peut être parfaite sans la connaissance exacte des rois qui ont fondé les villes et les royaumes. ». Cité dans François de Dainville, *La géographie des humanistes, op. cit.*, pp. 69-70.

7. Voir Pausanias, *Attica*, 22.2.

Pallas, descendant d'Erechthée, le fondateur d'Athènes. Mais Trézène a changé parce que, comme l'a proposé Marc Fumaroli, l'arrivée de Phèdre a introduit un « parti crétois » politique et moral, et a fini par brouiller la carte culturelle de la ville sacrée[8] [Carte 2 : La Grèce].

Le catalyseur de l'action de *Phèdre*, c'est la disparition de Thésée qui a des conséquences géopolitiques parce que Thésée est roi de Trézène par voie héréditaire, de Crète par mariage et d'Athènes par adoption.

Or, l'hérédité de Thésée est inextricablement liée à l'histoire de Trézène, une ville située dans le Péloponnèse, au sud de la Grèce [Carte 3 : La Grèce]. Pélops, fils de Tantale, fut tué par son père et servi aux dieux au cours d'un repas que Tantale leur offrit. Pélops était aussi le père de Thyeste qui séduisit Aéropa, femme de son frère Atrée. Atrée, à l'instar de Tantale, on s'en souvient, fit tuer les fils de Thyeste et les servit en dîner à leur père. Pâris enleva Hélène, femme de Ménélas, fils d'Atrée, et ce rapt provoqua la Guerre de Troie, sujet de deux autres pièces de Racine, *Andromaque* et *Iphigénie*. C'est dans cette région maudite que Pitthée, grand-père de Thésée, fonda Trézène, sa ville vouée à la paix.

Le mythe sous-jacent à tous ceux que je viens d'énoncer est, bien entendu, celui d'Atrée et Thyeste. On peut en déduire que le déterminisme géographique de la pièce repose sur une conception particulièrement racinienne de la violence fratricide – ou de la violence « au cœur des alliances »[9] – comme source du tragique. C'est le sujet de la première pièce que nous avons de Racine, *La Thébaïde*, et il apparaît à travers son œuvre [Carte 4 : Thèbes].

Trézène, Thèbes, Rome, Jérusalem, les lieux jouent un rôle significatif : ils s'inscrivent parmi les personnages invisibles importants – parmi les « absences présentes » – dont Racine enrichit l'univers de ses pièces.

Pour mettre en relief l'importance du lieu dans un drame, dans *La Pratique du théâtre*[10] l'Abbé d'Aubignac avançait l'idée qu'au moins un des comédiens devrait nommer le site de l'action d'une pièce. Racine suit souvent ce conseil avec un soin extrême et évoque le lieu dans un des trois ou quatre premiers vers. Dans *Phèdre* Hippolyte le mentionne dès le deuxième vers.

---

8. « Entre Athènes et Cnossos : les dieux païens dans *Phèdre* », *Revue d'Histoire Littéraire de la France*, 93.2 (mars-avril 1993), 172-90. Voir en particulier les pages 186-190.
9. Voir l'Introduction de Georges Forestier aux *Œuvres de Racine*, I, (Paris : Gallimard, 1999), xxv.
10.   Paris, 1657, pages 46 et 51.

Mais c'est Théramène, son gouverneur, qui sert de topographe et qui entreprend de tracer la *graphé* des *topoi*, d'écrire – ou dans ce cas, de raconter – les lieux communs. Les topographies littéraires accordent un *logos* à un lieu et c'est ce que font les personnages, surtout Théramène dans *Phèdre*. Leur méthode est donc nominaliste : ils associent des régions à des noms et, ce faisant, ils se transforment en toponymistes amateurs, ceux qui se chargent de la nomenclature d'un endroit.

Théramène est aussi le raconteur. En tant que tuteur d'Hippolyte en géographie et en histoire, il ne cesse de décrire les lieux pour les autres personnages et pour les spectateurs. C'est un instrument d'optique.

Un moyen économique de présenter des personnages et des lieux invisibles consiste à les mentionner tôt dans la pièce pour que leur impact s'étende sur tout ce qui suit [Carte 5]. Telle est la fonction de la leçon de géographie que Théramène donne à Hippolyte dans la première scène :

> Déjà pour satisfaire à votre juste crainte,
> J'ai couru les deux mers que sépare Corinthe :
> J'ai demandé Thésée aux peuples de ces bords
> Où l'on voit l'Achéron se perdre chez les morts :
> J'ai visité l'Élide, et laissant le Ténare,
> Passé jusqu'à la mer qui vit tomber Icare. (vv. 9-15)

Lorsque Théramène signale qu'il a visité les deux mers séparées par l'Isthme de Corinthe, il fait référence à la mer Ionienne et à la mer Égée. Rappelons-nous que la mer Égée prend son nom du père de Thésée qui, croyant son fils dévoré par le Minotaure, s'est noyé. En fait, Thésée n'a pas levé la voile blanche de son bateau, signe de sa survie, parce qu'il était trop occupé avec une des nombreuses conquêtes séduites et abandonnées au cours de sa carrière.

Théramène a dû traverser la mer Ionienne pour gagner l'Achéron dont la source est en Épire à l'extrême nord-ouest de la Grèce. Puisqu'on dit que Thésée s'y est rendu – et Racine revient à deux reprises à ce « voyage fabuleux » dans sa préface – Théramène l'y a suivi. Peut-être au cours du voyage de retour, Théramène a-t-il fait escale à Élide [280 km] et à Ténare [200 km] avant de gagner cette partie de la mer Égée située entre les îles de Samos et d'Icarie [325 km – 1200 km en tout]. Cet endroit s'appelle aussi la mer d'Icare, lieu de la chute d'Icare qui, s'étant trop approché du soleil, a fait fondre ses ailes de cire. Cherchant à s'échapper de la Crète, foyer du monstrueux et de l'érotique, Icare se voit condamné par le soleil. Parmi les descriptions géographiques et mythologiques qui marquent le début de la pièce, Racine met en abyme l'essentiel de l'action de sa tragédie : toute tentative de dépasser les limites humaines est vouée à l'échec.

Dans la première scène de *Phèdre*, ce n'est pas le seul Théramène qui parle de personnes et de lieux. Comme s'il voulait confirmer qu'il avait bien appris les leçons de son maître, Hippolyte répond [Carte 6 : Brigands] :

> Tu me contais alors l'histoire de mon père.
> Tu sais combien mon âme attentive à ta voix
> S'échauffait aux récits de ses nobles exploits,
> Quand tu me dépeignais ce héros intrépide
> Consolant les mortels de l'absence d'Alcide,
> Les monstres étouffés, et les brigands punis,
> Procruste, Ceryon, et Scirron, et Sinnis,
> Et les os dispersés du géant d'Épidaure,
> Et la Crète fumant du sang du Minotaure.
> Mais quand tu me récitais des faits moins glorieux,
> Sa foi partout offerte, et reçue en cent lieux,
> Hélène à ses parents dans Sparte dérobée,
> Salamine témoin des pleurs de Péribée
> ....
> Ariane aux rochers contant ses injustices,
> Phèdre enlevée enfin sous de meilleurs auspices...
>
>   (vv. 74-90)

Or, tous les brigands cités par Théramène sont associés à des lieux spécifiques comme l'Attique (Procruste), Éleusis (Cercyon), Mégare (Scirron), Corinthe (Sinnis) et le géant d'Épidaure[11].

Parler d'Hélène, enlevée à Sparte, fait venir immédiatement à l'esprit le site le plus célèbre de l'Antiquité : Troie. L'île de Salamine est le lieu où Thésée abandonne Péribée, tandis que Naxos est l'île où le même héros délaisse Ariane.

Les Grecs le savaient bien : un lieu change de signification en fonction de la raison pour laquelle on s'y trouve : on peut y être né, invité, ou amené comme esclave ou captif. Dans le premier cas, le lieu de naissance permet d'expliquer les forces qui président à la formation d'une personnalité et d'un destin. Quand il s'agit de personnages qui, comme Phèdre, n'accompagnent leurs époux royaux que pour se sentir prisonniers ou qui, comme Andromaque,

---

11. Il est intéressant de noter que Racine a omis de sa liste la seule aventure de cette série consacrée à un animal – le massacre par Thésée de la truie de Crommyon, une bête féroce responsable de la mort de plusieurs hommes. Cette omission ne s'explique-t-elle pas par le désir de Racine de présenter un groupe composé exclusivement de malfaiteurs pour mieux y intégrer Hippolyte plus tard lorsque Thésée l'appelle « Reste impur des brigands dont j'ai purgé la terre. » (v. 1046) ?

sont conduits dans un pays étranger à leur corps défendant, l'endroit en question est un enfer et inspire un sentiment d'exil. Chez Racine le déplacement géographique se mue donc souvent en déplacement spirituel : des captifs, des étrangers, des pèlerins, des exilés enfin dans un sens ou un autre sont les personnages de son théâtre. Ces quêtes et ces voyages, ce sentiment de perte et de dépaysement reflètent un besoin fondamentalement humain d'exprimer la conscience d'exister. Ceci exige, bien entendu, à la fois une certaine distance, pour que nous gardions notre individualité, et un désir de rapprochement avec l'Autre. Ces mouvements contradictoires mais complémentaires se sont d'abord manifestés chez Adam et Ève, les premiers exilés.

Le premier vers de *Phèdre* annonce l'éloignement physique, puisqu'Hippolyte s'exclame d'emblée : « Le dessein en est pris, je pars, cher Théramène. ». Il tient à quitter ce lieu, Trézène, et il avoue qu'il ignore dans quels « lieux » (c'est son mot) son père peut se trouver. Théramène répond : « Et dans quels lieux l'allez-vous donc chercher ? » (v. 8). Exactement vingt vers plus loin Hippolyte réitère son intention : « Et je fuirai ces lieux que je n'ose plus voir » (v. 28), et Théramène lui répond de nouveau par une question : « Et depuis quand, Seigneur, craignez-vous la présence / De ces paisibles lieux si chers à votre enfance ? » (vv.29-30). On compte cinq occurrences du mot « lieux » dans la seule première scène. Cette scène se termine sur la répétition du souhait initial d'Hippolyte : « Théramène, je pars et vais chercher mon père » (v. 138). Comme la pièce est construite de façon à mettre en lumière des parallélismes et des cycles, la scène correspondante à la première, la troisième qui met en scène Phèdre et Œnone, s'ouvre sur l'entrée d'une reine non pas désireuse de partir, mais au contraire de rester : « Demeurons, chère Œnone » (v. 153). Une fois que Phèdre a parlé de sa passion pour Hippolyte, Œnone, préoccupée du bien-être physique, puis moral de Phèdre, souligne, avec une lucidité prophétique, les liens qui unissent l'hérédité et la géographie, l'amour et les lieux :

> Ô désespoir ! ô crime ! ô déplorable race !
> Voyage infortuné ! rivage malheureux !
> Fallait-il approcher de tes bords dangereux !

Et Phèdre de répondre : « Mon mal vient de plus loin » (vv. 266-269). Mais l'important est de noter la façon dont Racine a fait glisser le sens géographique du littéral au métaphorique, tactique qu'il reprendra dans la tirade du « labyrinthe » de l'acte II, scène 5[12].

Phèdre ne fait que développer ce rapport entre le lieu et les sentiments dans cette personnification révélatrice : « Athènes me montra mon superbe ennemi » (v. 272). Malheureusement, après avoir banni Hippolyte d'Athènes pour éviter toute tentation : « Par mon époux lui-même à Trézène amenée / J'ai revu l'ennemi que j'avais éloigné » (vv. 302-303), Phèdre a agi pour bannir l'objet de sa passion, mais c'est elle qui se sent étrangère.

Dans l'acte II Racine poursuit la comparaison de Trézène et d'Athènes en orientant la discussion autour de questions de succession, puisque Thésée est supposé mort. Ismène dit à Aricie : « Et bientôt [Aricie] à ses pieds verra toute la Grèce » (v. 374). Mais Hippolyte lui assure que Trézène est « aujourd'hui mon partage » (v. 477). Lorsqu'il indique qu'Athènes était « par mon père accrue, et protégée » (v. 498), il rappelle les brigands tués par Thésée cheminant du Péloponnèse en Attique, par ce « successeur d'Alcide » en tant que protecteur de la civilisation.

Pour passer du Péloponnèse en Attique, il faut normalement traverser l'Isthme de Corinthe. Un des travaux les plus célèbres d'Hercule avait consisté à tuer le taureau crétois, amant de Pasiphaé, et responsable de beaucoup de violence en Attique. Dans sa *Description de la Grèce*[13], Pausanias raconte l'histoire de ce taureau de telle sorte que l'Attique se présente comme le lieu de la civilisation, souvent menacé par des influences extérieures et irrationnelles, dont la Crète et la Scythie [Carte 7 : Crète et Scythie]. Cette conception du monde divisé entre les élus et les autres repose sur une ethnocentricité dans son acception moderne : elle comprend le sang, la terre et le terroir, la mentalité et cet élément qui distinguait traditionnelement une nation d'une autre : la langue. Hippolyte qualifie le langage de la galanterie qu'il pratique depuis peu de temps d' « une langue étrangère » (v. 558), et il est vrai que le discours de la passion est l'expression d'une aliénation, comme si l'on se trouvait dans un autre pays.

Phèdre arrive à l'acte II, scène 5 pour demander à Hippolyte de lui pardonner de l'avoir banni. Elle ajoute un détail apparemment mineur mais qui pourrait en dire long sur ses vraies intentions : « Je voulais par des mers en être séparée » (v. 602) [Carte 8 : Saronique]. Étant donné qu'Athènes et Trézène ne sont séparées que par le Golfe de Saronique (une soixantaine de kilomètres), qui est loin d'être une mer, que signifie le pluriel ici ? Phèdre aurait-elle

---

12. Voir Richard Parish, *Racine : The Limits of Tragedy*, Tübingen : PFSCL, 1993, p. 104.
13. Paris : Belles Lettres, 1992, I, 27.10, p. 87.

préféré que son beau-fils soit exilé plus loin que Trézène, ou doit-on se contenter d'une explication plus simple ? Qu'il s'agisse, par exemple, d'hyperbole ou, de façon même plus banale, de mètre poétique, « des mers » plutôt qu' « une mer » ? La Crète aurait été un lieu d'exil plus éloigné – et la Scythie aussi. Dans l'imaginaire de la reine ces deux endroits n'auraient pas manqué d'évoquer des souvenirs de passion illicite et d'innocence corrompue.

Peut-être, enfin, que Phèdre pensait à la Crète qui représente une sorte de zone érogène pour elle. Elle signale, par exemple, qu'elle aimait Thésée « lorsque de notre Crète il traversa les flots » (v. 643). Elle poursuit en confiant à Hippolyte qu'elle lui aurait enseigné tous les détours d'un lieu – le labyrinthe – et que, malgré sa familiarité avec la géographie de ce lieu, elle s'y serait volontiers égarée avec lui. C'est juste après la fin de cette scène, sans doute la plus célèbre de tout le théâtre de Racine, qu'on annonce la rumeur qu'on a vu Thésée en Épire.

Bien que tout bruit soit accepté pour vrai chez Racine, dans ce cas la nouvelle du retour de Thésée est confirmée par Œnone en ces termes : « Thésée est arrivé. Thésée est en ces lieux » (v. 82). En présence de son père, Hippolyte se sent contraint de répéter une formule qui condense de manière très révélatrice le géographique et le génétique : « Je suis encore loin des traces de ma mère » (vv. 940-946).

Thésée répond en s'exclamant : « Quelle horreur dans ces lieux répandue / Fait fuir devant mes yeux ma famille éperdue ? » (vv. 953-954). Il continue en décrivant sa prison infernale comme des « Lieux profonds et voisins de l'empire des ombres » (v. 966). Il est évident que Thésée s'attendait à une différence radicale entre l'enfer et le foyer, mais il est enfin obligé de commenter l'accueil qu'il reçoit : « Je voudrais être encor dans les prisons d'Épire » (v. 978).

C'est dans le quatrième acte – celui qui marque toujours le moment de la plus grande intensité dans une pièce de Racine – qu'Œnone calomnie Hippolyte. La réaction de Thésée est logique : il est bouleversé d'apprendre que son fils a commis un acte de sacrilège à Trézène, la ville des rites de purification. Dès qu'il revoit son fils, il s'écrie : « Tu parais dans ces lieux pleins de ton infamie » (v. 1050), et « Prends garde que jamais l'astre qui nous éclaire / Ne te vois en ces lieux mettre un pied téméraire » (vv. 1061-1062).

Au moment où Thésée conclut : « Fusses-tu par delà les colonnes d'Alcide / Je me croirais trop voisin d'un perfide » (vv. 1141-1142), il fait allusion à ce qui définissait, jusqu'au seizième siècle, les bornes occidentales du monde civilisé [Carte 9 :

Piliers]. Les piliers d'Hercule se situent de part et d'autre du Détroit de Gibraltar, qui est aussi appelé « *etreum herculeum* ». C'est la dernière fois que l'on se réfère au demi-dieu qui paraît en filigrane derrière tout le débat de la pièce sur l'héroïque et le monstrueux.

La confrontation du père et du fils de l'acte IV, scène 2 se termine sur ces vers de Thésée :

> Sors, traître. N'attends pas qu'un père furieux
> Te fasse avec opprobre arracher de ces lieux.
>
> (vv. 1155-1156).

Comme le savent les exégètes, ce sont les mots apparemment anodins qui ont le plus grand impact chez Racine. Le terme à première vue neutre de « lieux » révèle l'orientation spatiale de la tragédie. Par exemple, dans la quatrième scène Phèdre reprend un thème qui reparaît à plusieurs reprises celui de « l'égarement », dans le vers « Où ma raison se va-t-elle égarer ? », comme si son esprit était capable de se séparer de son corps. Cette auto-analyse psycho-somatique se poursuit dans le reste de cette tirade justement renommée (vv. 1252-1295) avec des allusions à « Chaque mot sur mon front fait dresser mes cheveux » (v. 1268), et à « Mes homicides mains promptes à me venger / Dans le sang innocent brûlent de se plonger » (vv. 1270-1271). On est tenté de conclure que Racine voit dans la fragmentation psychologique la conséquence principale du déplacement géographique. La fracture physique d'Hippolyte à la fin est la dernière touche au portrait d'aliénation complète que dépeint cette pièce. Qu'on se rappelle que le mot « aliénation » vient d' « *alienus* », « étranger », quelqu'un qui n'est précisément pas de ces lieux.

Phèdre se rend bientôt compte qu'elle risque d'être l'étrangère perpétuelle parce qu'elle ne peut s'enfuir ni horizontalement sur la terre ni même verticalement dans les Enfers où son père l'attend. Tous les lieux lui sont défendus.

Racine rapproche explicitement des considérations morales et spatiales lorsque, au début de l'acte V, Hippolyte exhorte Aricie à s'enfuir avec lui : « Arrachez-vous d'un lieu funeste et profane / Où la vertu respire un air empoisonné » (vv. 1360-61). Où pourraient-ils aller ? « Argos nous tend les bras, et Sparte nous appelle » [Carte 10 : Argos-Sparte]. Pourquoi le choix de ces deux villes ? [60 km à Argos, 90 km à Sparte]. Argos se trouve dans le nord de la Grèce, dans une région que l'on identifie souvent à l'Hellas pour la distinguer du Péloponnèse, au sud de l'Isthme de Corinthe. Argos avait vaincu Sparte lors de la bataille d'Hysiae en 669 av. J.-C. Hippolyte saisit l'occasion pour assurer à Aricie qu'ils pourraient se sauver soit dans le nord soit dans le sud, et que même des contrées ennemies seraient susceptibles de les accueillir. C'est-à-dire qu'il est convaincu, en toute naïveté, que, puisqu'ils ont des options géographiques, ils contrôlent leur propre destin.

Thèramène revient dans l'acte V pour reprendre encore une fois le rôle de peintre des scènes de déplacement spatial dans le « Récit de Théramène », qui réunit, comme l'a montré Richard Parish, les trois perspectives spatiales de la pièce : surnaturelle, personnelle et politique[14]. Les récits tragiques importants sont toujours transformés et transfigurés en tableaux, d'où le portrait d'Hippolyte, « cette image cruelle » (v. 1545), sa suite, ses chevaux, Aricie et Théramène lui-même. Et le portrait finit par être largement la vision d'une vision : Théramène fait voir à Thésée une scène au cours de laquelle le tuteur surveillait Aricie qui regardait Hippolyte. Le « Récit de Théramène » traduit une vision de déplacement corporel et moral et de fragmentation géographique. En fait, le démembrement d'Hippolyte est transcrit dans le texte par un jeu de fragments, tels les échos dispersés partout dans la narration. Il est aussi important de noter que, comme le remarque Théramène, Hippolyte n'achève pas le message destiné à son père : son discours est lui aussi fragmentaire.

Théramène entreprend le récit dans une attitude défensive parce que, en l'avisant, Thésée crie de toutes ses forces : « Qu'as-tu fait de mon fils ? / Je te l'ai confié dès l'âge le plus tendre » (vv. 1388-1399). Dans un effort pour démontrer que rien ne pouvait sauver Hippolyte, le triste Théramène retrace tous les détails de la scène de sa mort. Il commence, comme il le faut, par des précisions sur le lieu. Il note d'abord l'endroit où ils se trouvaient – « À peine nous sortions des portes de Trézène » (v. 1498) –, et ensuite celui où ils se rendaient : « Il [Hippolyte] suivait tout pensif le chemin de Mycènes » (v. 1501). Ceci indique que le prince avait décidé de se diriger vers Argos. Une question se pose immédiatement. Pour aller vers le nord ou le nord-est, pourquoi Hippolyte s'est-il dirigé vers la côte où, comme nous le savons, sa vie s'achèvera ? La réponse est que Racine a adapté la géographie à des fins dramatiques. Puisque les routes intérieures en Grèce étaient incertaines, rocheuses et même dangereuses, les voyageurs préféraient la traversée par mer. Pour prendre le chemin de Mycènes il était concevable de quitter Trézène pour la côte. Quelles que soient ces considérations topographiques, l'important pour Racine consistait à faire partir Hippolyte pour Argos par la route qui longeait la partie de la côte proche de l'île de Poséidon, aujourd'hui appelée Poros. C'est de chez lui, pour ainsi

---

14. *Racine : The Limits of Tragedy*, 104.

dire, que Neptune fera surgir le monstre qui n'est pas sans évoquer le Minotaure.

Une des dernières allusions géographiques de la pièce est le moment où Phèdre précise que « J'ai pris, j'ai fait couler dans mes brûlantes veines / Un poison que Médée apporta dans Athènes » (vv. 1637-1638). Quand on y pense, il n'est pas surprenant que Phèdre possède le poison de Médée puisqu'elles sont cousines : Pasiphaé et le le père de Médée (Aétès, roi de Colchis) étaient sœur et frère. Si c'est Médée qui a apporté un poison à Athènes, c'est Phèdre qui est enfin responsable d'avoir introduit une potion encore plus destructrice : la passion. D'Athènes à Trézène se dessine le trajet de la ville où le genre tragique est né à celle qui a donné naissance à la tragédie personnelle de Phèdre [Carte 11 : Athènes-Trézène].

Ces deux villes s'opposent formellement dans la pièce. Au début Athènes est qualifiée de « tumultueuse » et Trézène de paisible. Pourtant à la fin, Hippolyte aimerait échanger les troubles passionnels de Trézène contre la stabilité même mouvementée d'Athènes. Si Racine a tenu à garder ces cités distinctes, sans même céder à la tentation de la rime facile « Athènes-Trézène »[15], les deux villes constituent, très logiquement, les deux dernières références géographiques de la pièce.

Une fois que Phèdre prononce « Athènes », elle expire et laisse à Thésée le soin de parler d'un lieu pour la dernière fois. Il proclame le besoin d'aller « loin de ce rivage / De mon fils déchiré fuir la sanglante image » (vv. 1605-1606). Si la pièce s'ouvre sur le désir d'Hippolyte de partir, elle se clôt sur la reprise de cette intention par le père. Dans *Phèdre* le monde est une structure contraignante, pleine de « bords », de « rivages », de « voûtes » et de « murs » ; d'où la perception des lieux comme prisons. Les multiples références spatiales dans la tragédie sont destinées enfin à traduire le *topos* de la tragédie racinienne, à savoir, que le monde est un terrain vague plutôt qu'une terre promise, qu'il est utopie plutôt qu'eutopie[16].

---

15. Les rimes de *Phèdre* méritent une étude approfondie et surtout celles où la géographie véhicule l'expression d'une émotion (« Argos / repos », « Troie / proie », « Mycènes / haine », etc.).
16. Pour reprendre la belle formule de Jean Emelina : « Chez Corneille, l'espace exalte. Chez Racine, on s'y consume. » (128).

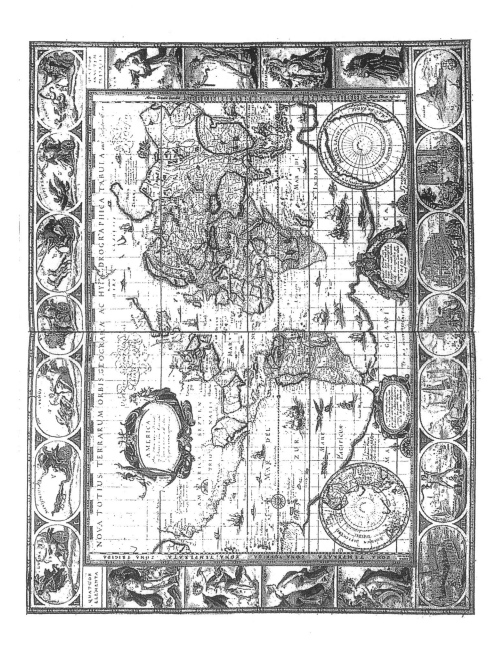

Carte 1

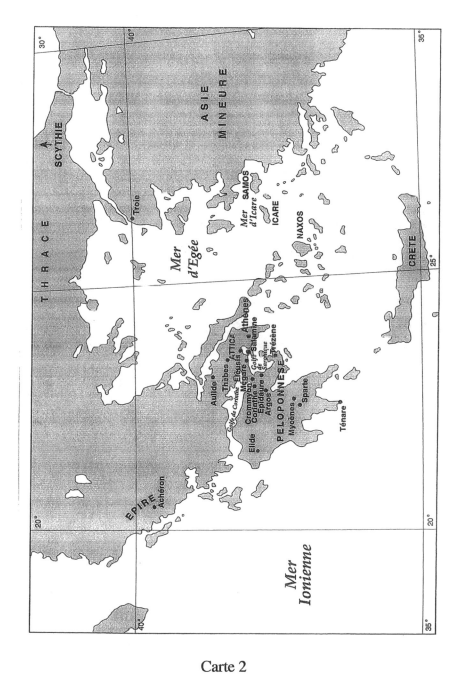

Carte 2

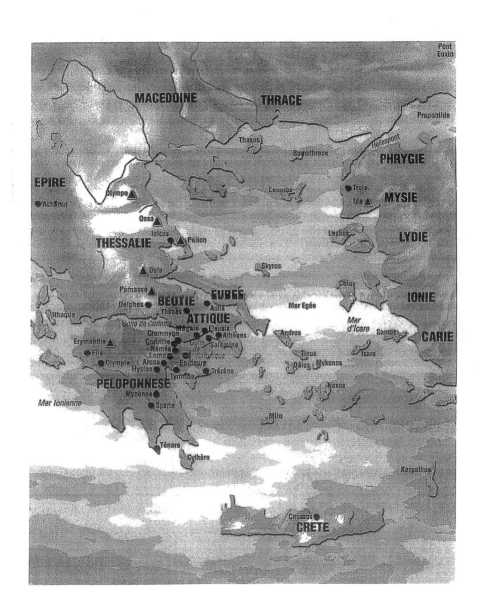

Carte 3

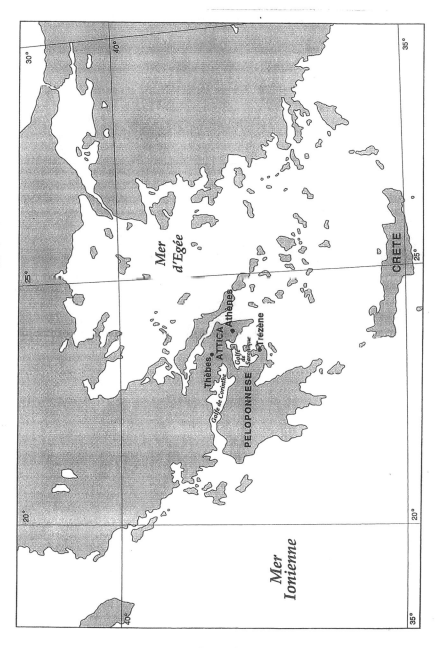

Carte 4

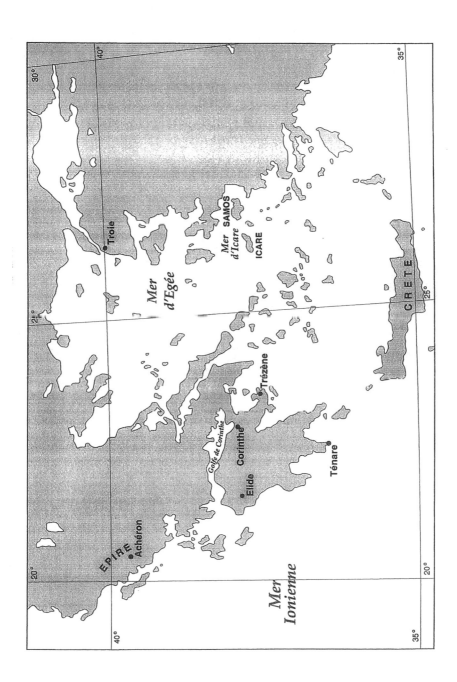

Carte 5

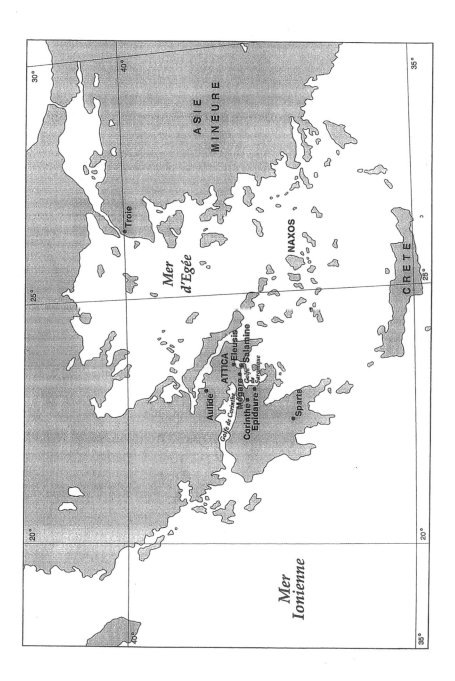

Carte 6

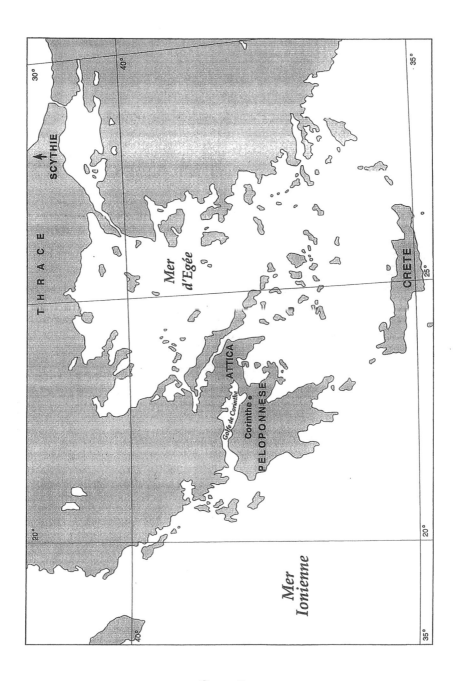

Carte 7

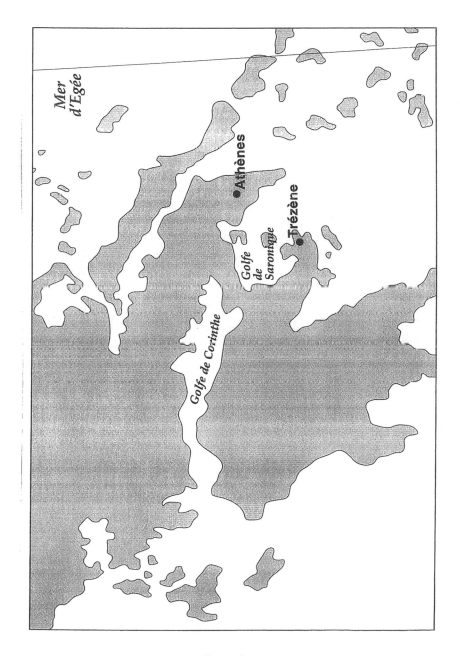

Carte 8

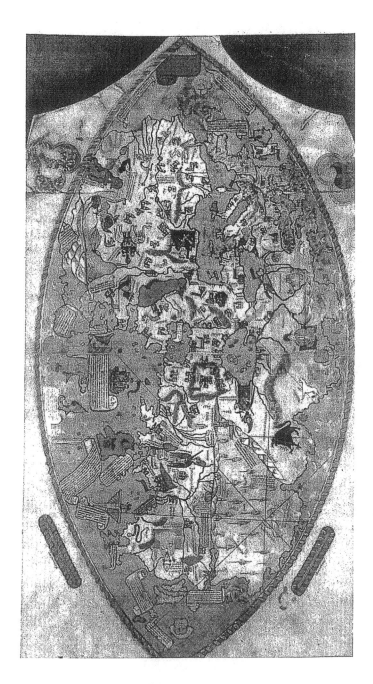

Carte 9

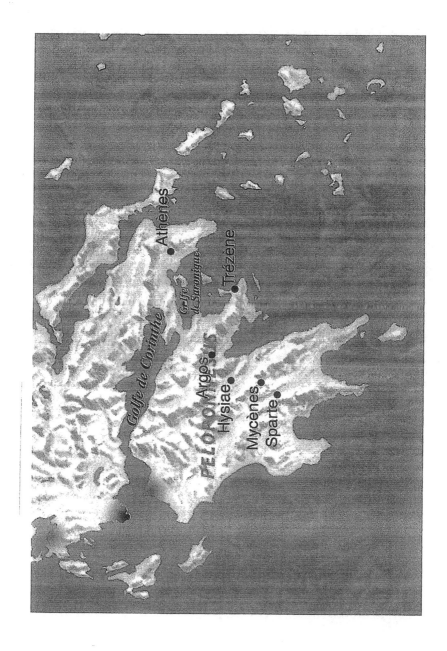

Carte 10

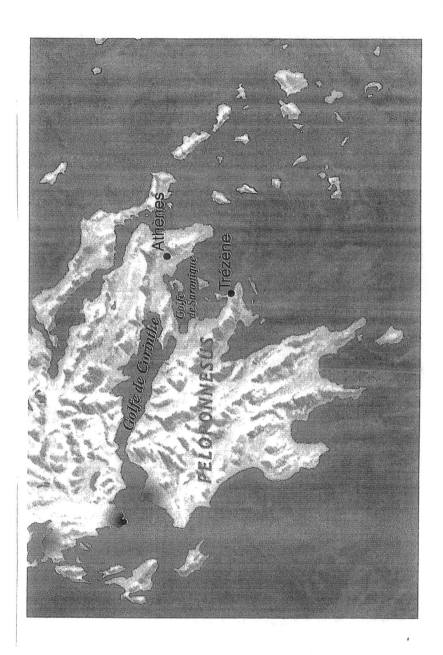

Carte 11

TABLE RONDE PÉDAGOGIQUE

Geneviève Winter
Inspecteur d'Académie
Inspecteur pédagogique régional de Lettres
Nice

DE LA SUPRÉMATIE AU DOUTE : RACINE, CLASSIQUE SCOLAIRE

C'est avec plaisir, énergie et modestie que les professeurs de lettres de l'académie ont accueilli l'invitation qui leur a été adressée par les organisateurs du colloque : derrière le pédagogue efficace et réaliste se cache en chacun de nos collègues un étudiant nostalgique de la recherche littéraire qui se réjouit de réfléchir avec vous à la transmission aux élèves d'aujourd'hui d'une œuvre chargée de représentations symboliques. Avant de vous présenter l'organisation de cette matinée et les invités de cette table ronde dont les noms ne figurent pas tous dans le programme, il revient à l'Inspection pédagogique régionale, en allant du général au particulier, c'est-à-dire des données nationales à la réalité régionale, de situer la place particulière occupée par l'œuvre de Racine dans les classes, où l'ombre le dispute à la lumière. Classique scolaire longtemps incontesté, l'œuvre de Racine se trouve aujourd'hui mise en question par la diversité des missions du système scolaire et la difficulté qu'elle représente pour certains élèves.

Racine, classique scolaire

On notera une évolution en trois temps de l'étude dans les classes des tragédies raciniennes.

D'abord une installation précoce, stable et exclusive de Racine dans le canon scolaire, à côté des auteurs français du XVIIe siècle les plus connus, jusqu'en 1980.

Puis une présence des plus problématiques entre 1980 et 1996.

Enfin, à l'occasion d'une réforme du baccalauréat, une réapparition impressionnante en 1996, accompagnée de questions difficiles et passionnantes et d'un avenir qu'il nous appartient d'assurer.

Comme le note Daniel Milo, citant à pusieurs reprises Alain Viala dans un article pénétrant des *Lieux de mémoire*, Racine et le classicisme français apparaissent dans les prescriptions de lecture des Oratoriens dès 1729, au moment où des textes français entrent timidement dans l'enseignement en liant étude de la langue et littérature. La fortune scolaire de son œuvre dans un système d'enseignement scellé par un État centralisateur, est portée par « la conscience de la grandeur de la langue et de la littérature françaises, et de l'excellence des écrivains du siècle de Louis XIV » qui pendant plus de deux siècles impose comme modèle absolu la littérature du Grand Siècle. La deuxième thèse universitaire consacrée à un auteur français porte sur l'héritage de Sénèque et Euripide dans l'œuvre de Racine.

Cette présence dans un *continuum* comparatif avec les auteurs tragiques grecs et romains s'affirme dès 1802, dans une première liste connue d'œuvres obligatoires. Avec Corneille et quelques autres de ses contemporains, Racine occupe dans le panthéon littéraire soutenu par la tradition scolaire une place naturelle longtemps sacralisée, même si, dès la fin du XIXe siècle, par le besoin de distinction qui les caractérise, les intellectuels prennent leurs distances et déclarent des affinités plus proches et plus contemporaines. Plus le niveau d'études est élevé, moins on cite les classiques comme auteurs de référence. La tragédie racinienne figure parmi les classiques du baccalauréat à partir de 1840 et, longtemps, les petits Français étudieront au minimum *Les Plaideurs* en cinquième et *Phèdre* en première. Nul doute que Pierre Bourdieu ne pense à Racine quand il décrit la liturgie de célébration des auteurs qui, selon lui, préside à l'enseignement des lettres en France dans les années soixante et dix. En 1968, quelques mois avant un printemps agité, notre collègue Jean Balcou, confirmant la prééminence de Racine en général et d'une tragédie en particulier, souligne l'importance du problème religieux, du destin et de la condition humaine, l'influence de Port-Royal sur son créateur, et conclut ainsi la présentation du livret pédagogique consacré à *Phèdre* par les Éditions Hachette à l'usage des classes de première :

> Alors, quelques problèmes soulevés, le terrain quelque peu débroussaillé, ouvrons le rideau. Mais nous avons affaire à la plus belle tragédie de notre théâtre. Belle, mais difficile. **Étudions-la tout un trimestre**.

C'est ce statut scolaire de Racine qu'ont connu nombre d'entre nous.

Comme l'attestent des données statistiques de plus en plus nombreuses et fiables, la situation change brutalement dans les années quatre-vingts : dans un enseignement surdéterminé par l'épreuve d'examen, la modification de l'écrit du baccalauréat, marquée par l'apparition de textes et d'exercices non littéraires, provoque un profond bouleversement : le **canon scolaire** représenté par les sélections des anthologies en vigueur, type Lagarde et Michard, **éclate**. Liberté quasi totale, à partir de 1982, est donnée aux professeurs pour inscrire dans des principes d'organisation essentiellement thématiques les auteurs de leur choix à condition qu'ils représentent une diversité suffisante sur le plan générique et historique. Parallèlement, l'étude, dite d'œuvres intégrales, déjà généralisée pour les textes de théâtre classique, devient prédominante dans les pratiques scolaires au lycée puis au collège. Dès lors, la place de Racine et de la tragédie dans les classes de français est mise en question, d'abord au collège, ensuite au lycée.

Au collège, au moment où se généralise la notion de collège unique, les programmes et instructions en vigueur recommandent, de 1985 à 1999 inclus, la lecture d'*Iphigénie* ou d'*Andromaque* en classe de troisième dans un projet adapté à la diversité des classes et sans en faire une obligation.

Au lycée, après une période de dissémination totale des auteurs, genres et périodes étudiés, dans les années 1982 à 1987, les dernières **instructions en vigueur, celles de 1987 pour la seconde et de 1988 pour la première**, tout en laissant une grande liberté aux enseignants préconisent à travers une liste suggestive et non obligatoire, l'étude du XVIIe siècle en seconde et notamment de *Britannicus*, *Bérénice* ou *Bajazet*. Parallèlement on met en garde les enseignants contre des groupements thématiques trop étirés dans le temps et on les incite à organiser leurs choix dans des problématiques littéraires clairement identifiées. Mais alors que la possibilité demeure d'inscrire en fin de première une œuvre de Racine sur les listes présentées à l'épreuve anticipée de français, une enquête du quotidien *Le Monde*, le 19 mai 1989, auprès de cinq cents enseignants de lycée, commentée par Alain Boissinot, met en évidence **un rejet**. Après Corneille, c'est Racine qui est considéré par les professeurs interrogés comme « l'auteur que vos élèves n'aiment pas du tout, dont vous avez le sentiment qu'il les ennuie le plus ». À partir de 1992, les données précieuses de l'*Observatoire National des listes d'oral*, mis en place à l'I.N.R.P. par l'équipe de Bernard Veck[1], confirment ce recul, ainsi que la préférence des professeurs pour l'étude scolaire d'œuvres et de textes narratifs essentiellement des XIXe et XXe siècles. Le déclin de Racine coïncide avec l'entrée dans la vulgate scolaire d'auteurs naguère méprisés ou simplement dépréciés comme Maupassant.

Curieusement en cette période de refus des classiques, les données de l'*Observatoire National des listes d'oral* révèlent la constitution d'un autre canon, implicite et singulièrement restrictif, dans l'enseignement des lettres au niveau du baccalauréat : trois œuvres semblent constituer le viatique littéraire remis aux lycéens pour l'aventure de la vie, *Candide*, *Les Fleurs du Mal* et *Dom Juan* de Molière, dont la « facilité », si l'on peut se référer à des critères éminemment subjectifs, pèse sans doute moins dans le choix des enseignants que leur goût pour une œuvre et un mythe qui fascinent le XXe siècle. Pourtant on étudie Racine, strictement envisagé comme auteur d'examen, de façon encore massive : *Britannicus*, *Andromaque* ou *Bérénice* en classe de seconde, *Phèdre* en classe de première, selon des modalités contrastées et par rapport à des convictions personnelles et pédagogiques. Les œuvres théâtrales du Grand Siècle sont quasiment toujours étudiées **dans leur intégralité** comme toutes les œuvres théâtrales du XVIIe siècle, qui, avant 1996, représentent la moitié des œuvres intégrales étudiées.

À partir de 1996, les objectifs réaffirmés au collège et au lycée de maîtrise de la langue, des discours et des textes et de **formation d'une culture** s'ancrent dans le souci de reconstituer des **références littéraires communes** et de les replacer dans leur historicité.

- Les programmes de **collège** inscrivent dans un axe chronologique de la sixième à la troisième des lectures qui vont des textes fondateurs bibliques et homériques aux œuvres contemporaines. La lecture de Racine n'est ni recommandée, ni déconseillée.
- **Au lycée**, on introduit quelques obligations, sous forme de programme renouvelable, en vue de la dissertation et des

---

1. Que je remercie vivement ainsi que Catherine et Marc Robert pour les documents riches et essentiels qu'ils nous ont fournis.

listes d'oral, inauguré pour les élèves de la série littéraire exclusivement, en 1996 par « **une tragédie de Racine** », l'ensemble des candidats étudiant, eux, un conte philosophique et un roman d'apprentissage.
L'apparition, à l'écrit, de l'étude d'un texte argumentatif amène par ailleurs certains candidats à examiner, par exemple, l'organisation logique et rhétorique du monologue de Titus (IV, 4) dans *Bérénice*.

Les informations très fines que nous donne alors l'*Observatoire National des listes d'oral* révèlent deux tendances qui contredisent le ressenti de Racine comme difficile pour les élèves dans les propos des professeurs :
- Première tendance : osera-t-on dire que la mémoire secrète du panthéon scolaire qu'ils ont connu pousse cette année-là la majorité de nos collègues des lycées à choisir *Phèdre* : cette œuvre arrive même à distancer *Dom Juan*. *Britannicus* et *Bérénice*, qui, à l'horizon du programme, connaissent une fortune moindre, sont suivies, dans l'ordre, de *Bajazet*, *Andromaque*, *Iphigénie*, *Athalie* et du délaissé *Mithridate*. Pourtant *Phèdre* est et reste considérée comme une œuvre difficile.
- Deuxième tendance : alors que les professeurs amoureux de Racine souhaitent amener leurs classes au plaisir esthétique de la cérémonie théâtrale et du vers racinien, les choix didactiques et les projet pédagogiques adoptés en cette année 1996 privilégient des entrées analytiques centrées :
  - sur des personnages
  - sur des « thèmes » très larges :
    - amour (36)
    - innocence et culpabilité (49)
    - destin et fatalité (61)
    - passion
  - sur des motifs particuliers :
    - le monstre
    - le regard
    - la parole
  - sur des questions d'histoire littéraire et culturelle liées aux conditions de production et de réception de l'œuvre : le jansénisme.
  - sur des aspects formels, génériques, de poétique théâtrale, de dramaturgie **à la périphérie du texte** : le genre tragique, la dramaturgie classique et ses origines, les notions d'exposition, de nœud, de dénouement,
tandis que **de nombreuses lectures critiques assez**

anciennes sont explicitement convoquées, de Scherer à Barthes en passant par Lucien Goldmann. Tout se passe comme si nos collègues, ils vont dire pourquoi, tout en convenant que chez Racine **le son précède le sens**, jugeaient indispensable, avant l'entrée dans le texte, le recours à un **discours commentatif** massif et à la description d'outils de lecture contemporains envisagés, rarement il est vrai, pour eux-mêmes, comme le schéma actantiel. On est très frappé, par ailleurs, par **la place modeste occupée** dans les entrées par l'arrière-plan mythique et la poésie purement racinienne des éléments, si présente dans les communications de ce colloque, et on se souvient de cette exclamation parmi d'autres de Péguy :

> Attribuer, limiter Racine au seul dix-septième siècle, enfermer Racine dans le siècle de Louis XIV, quand aujourd'hui, ayant pris toute la reculée nécessaire, nous savons qu'il est une des colonnes de l'intelligence éternelle, quelle inintelligence et quelle hérésie, quelle grossièreté, quelle présomption, au fond quelle ignorance (*Zangwill*, in *Œuvres en prose complètes*, Pléiade, p. 1417).

L'introduction dans le programme obligatoire de 1997 et 1998 d'une autre œuvre du XVIIe siècle, les *Fables* de **La Fontaine**, provoque en retour un recul attendu de l'étude de Racine en classe de première.

L'observation régionale

Les travaux de l'*Observatoire National des listes d'oral*, centrés en 1998 sur les académies d'Amiens, Besançon et fort à propos, Nice, confirment le recul de Racine et du XVIIe siècle, pas seulement en série littéraire : le XVIIe siècle n'apparaît que dans 10% des extraits et 12% des œuvres intégrales analysées dans le corpus de référence. Huit études d'œuvres intégrales confirment la prééminence de *Phèdre* devant *Iphigénie*, *Britannicus* et *Andromaque*. Logiquement, la part de Racine dans les extraits est un peu plus importante.

Si l'on quitte les statistiques pour envisager la réalité de l'académie de Nice observée au cours des deux années écoulées par l'unique et modeste représentant de son inspection pédagogique régionale, et la visite de quelque 170 classes (sur 2500 possibles), **le caractère paradoxal de cet enseignement se confirme**. Force est de constater que si les cahiers de textes des lycées reflètent assez régulièrement l'étude intégrale d'œuvres de Racine, dans les séries d'enseignement général, ainsi que leur inscription dans quelques groupements de textes, aucun professeur au cours de ces deux dernières années scolaires, par hasard peut-être, n'a souhaité travailler avec ses élèves sur un texte de Racine lors d'une visite d'inspection. L'enquête suscitée par ce colloque a permis par ailleurs de recueillir des projets en nombre limité, mais riches, trop riches sans doute, en cohérence et en conviction. La moisson pourrait donc apparaître comme modeste s'il n'avait été donné à une chargée de mission d'inspection d'assister, dans un petit collège de ce qu'on appelle le haut pays, c'est-à-dire la vallée de moins en moins peuplée de la Tinée, à une séance consacrée à la lecture, ô combien expressive, et à l'étude de l'extrait fameux « Songe, songe, Céphise, à cette nuit cruelle... », d'autant plus efficace, semble-t-il, que le texte n'a pas été surchargé d'outils d'analyse et qu'on n'a pas souhaité en percer tous les mystères. Quant aux professeurs de collège, de lycée, de classes préparatoires et d'université qui vont intervenir, c'est d'une œuvre bien vivante dans les classes qu'ils vont vous parler.

Dans un enseignement des lettres régi par une double exigence fonctionnelle et culturelle, traversé parfois passionnellement par des interrogations sur les objectifs et les moyens, passé en trente ans d'une lecture impressionniste des textes fondée sur la connivence culturelle entre maîtres et élèves, à une technicité utilitaire souvent redoutable et diversement efficace, il est logique que les professeurs qui vont prendre la parole et débattre avec vous évoquent **d'abord les difficultés avant de rêver d'un avenir au plus près du texte et de l'œuvre de celui qui, une fois encore, saura pour nos élèves adopter « la stratégie du caméléon ».**

Carol Conedera-Vesperini
Professeur agrégé de Lettres Classiques
Collège de Tourrette-Levens

RACINE AU COLLÈGE : DU DÉCALAGE CULTUREL À LA LECTURE EN PROJET

Difficultés lexicales et références culturelles dans l'œuvre de Racine

De nos jours, enseigner Racine en collège est une entreprise qui effraie le professeur de Lettres. Ce ne sont pourtant pas les thèmes de ses tragédies qui doivent l'inquiéter : ils n'ont jamais été aussi présents sur nos écrans de télévision. Amours compliquées ou impossibles, conflits de pouvoir, trahisons et meurtres nourrissent les séries télévisées et le jeune public en raffole. Quels sont donc les problèmes que la réception de ses œuvres pose dans nos classes ? Il est clair que nos élèves rencontrent des difficultés lexicales auxquelles se joignent celles des références culturelles à l'antiquité. Nous montrerons donc comment ce problème de référent peut rendre difficile pour les collégiens l'accès à la poésie de l'univers racinien.

Léo Spitzer rappelle dans son œuvre le propos d'un critique littéraire des années 1930 qui affirmait que : « le public de la Comédie-Française qui écoute une tragédie de Racine aujourd'hui ne saisit plus un tiers du texte ». Même si ce constat peut paraître excessif, il est vrai que le lexique du XVIIe en général et l'emploi tout en nuances qu'en fait Racine constituent un sérieux obstacle pour les générations actuelles.

Tout d'abord, notre auteur utilise des termes qui n'ont plus le même contenu que de nos jours. En effet, ils peuvent avoir un sens plus fort, plus large ou plus restreint. Prenons un exemple caractéristique : quand dans *Britannicus*, aux vers 389-390, Néron fait part à Narcisse du trouble qu'il a ressenti à la vue de Junie, il lui dit qu'elle lui est apparue « Belle, sans ornements dans le simple appareil / D'une beauté qu'on vient d'arracher au sommeil ». Le substantif « appareil » pose problème aux élèves qui ignorent son sens de « préparatifs, apprêt, tenue ». C'est le cas aussi du substantif « flatteur » dont les élèves ne comprennent pas le contenu négatif, comme au vers 357 de *Bérénice*. « Et sans prêter l'oreille à la voix des flatteurs » c'est-à-dire à celle de ceux qui cherchent à tromper par un faux espoir, qui caressent par des mensonges.

J'ai pu aussi constater que nos jeunes générations ont du mal à ressentir le sens fort que Racine confère aux mots lorsqu'il les utilise dans leur sens étymologique. C'est le cas, par exemple, du substantif « ennui » qui vient du latin « odium » d'où fut dérivé le verbe « inodiare » qui signifie littéralement « avoir en haine, prendre en haine », d'où les acceptions « causer de la peine, du chagrin, nuire à quelqu'un, puis tourmenter ». C'est ainsi que lorsque nos élèves lisent ces propos d'Oreste à Pylade dans la scène d'exposition d'*Andromaque* : « Tu vis mon désespoir et tu m'as vu depuis / Traîner de mers en mers ma chaîne et mes ennuis », ils pensent que notre héros a connu un voyage terriblement ennuyeux et ne ressentent pas les tourments dont il a été la proie.

Enfin Racine peut employer un mot à la fois dans son sens propre puis dans son sens figuré parfois dans le même vers. Pyrrhus, après avoir rappelé qu'il a incendié Troie, décrit ses souffrances d'amoureux en ces termes : « Brûlé de plus de feux que je n'en allumai ». « Feux » est ici employé à la fois au sens propre (les feux qu'il a allumés à Troie) et au sens métaphorique (les feux qui lui consument le cœur). La même difficulté se montre bien grâce à l'emploi du mot « sang » qui peut désigner la réalité biologique, comme quand Phèdre dit à Œnone en voyant Hippolyte : « Le voici. Vers mon cœur tout mon sang se retire ». Mais ce terme peut aussi désigner la race et l'hérédité. C'est ainsi que par son aïeul Jupiter, Phèdre appartient « au plus beau sang de la Grèce et des Dieux ». Or les élèves s'en tiennent bien souvent au sens premier.

Nous voyons donc que le lexique de Racine peut poser certaines difficultés aux enfants parce que les mots renvoient à un référent autre que de nos jours.

Mais il n'y a pas que le mot en lui-même qui chez Racine pose un problème de référent. Il y a aussi les nombreuses références culturelles qu'il fait à l'antiquité. D'ailleurs comment pourrait-il en être autrement ? Il ne faut pas oublier qu'au XVIIᵉ siècle le public de notre « caméléon » baignait dans les humanités et possédait une solide culture antique. Or, de nos jours, la réception ne peut être que différente puisque les élèves sont de moins en moins habitués à fréquenter l'antiquité, même si avec les nouveaux programmes de collège elle retrouve une certaine place dans l'enseignement des lettres.

Ce problème des références culturelles se manifeste dans un premier temps par le peu de familiarité des élèves avec les personnages que Racine met en scène. En effet, au XVIIᵉ siècle, ceux-ci ne se présentaient pas sur la scène inconnus et abstraits. Ils portaient en eux une terrible histoire connue de tous. Or la majorité des collégiens d'aujourd'hui ignorent l'identité de ces personnages, ce qui rend ardu leur premier contact avec le texte, notamment la lecture de la scène d'exposition. C'est ainsi que dans *Britannicus*, par exemple, Agrippine non seulement présente les protagonistes mais évoque aussi leurs liens avec des personnages peu connus comme Livie, Germanicus ou Silanus. Aussi, dès le départ, ont-ils à affronter différents noms propres tous chargés d'un lourd passé historique ou mythique dont la méconnaissance nuit à la lecture. Il est donc nécessaire que les élèves maîtrisent non seulement les liens des personnages entre eux, mais aussi leur généalogie. D'ailleurs cela leur facilite la lecture de périphrases comme « la fille de Minos et de Pasiphae », « la fille de Germanicus », ou « le fils d'Aenobarbus ».

L'autre problème que les collégiens peuvent rencontrer, c'est que Racine fait référence à des épisodes mythiques ou historiques connus par un tout petit nombre d'entre eux. C'est ainsi que même si tous connaissent globalement la dernière nuit de Troie que chaque personnage dans *Andromaque* fait revivre aux yeux du spectateur, ils ignorent, par exemple, le sort des captives. Dans *Britannicus*, il y a de nombreuses allusions à l'histoire de la dynastie Julio-Claudienne et aux règnes des prédécesseurs de Néron. C'est ainsi que lorsqu'Albine dit à Agrippine « Néron naissant a toutes les vertus d'Auguste vieillissant » et que celle-ci lui rétorque « Mais craint que l'avenir détruisant le passé, / il ne finisse ainsi qu'Auguste a commencé » nous imaginons aisément à quel point ces propos peuvent être obscurs pour des adolescents qui ne connaissent pas dans le détail le principat d'Auguste.

Enfin, Racine a intégré dans ses œuvres, comme le dit A. France, des « des détails qui nous font sentir où nous sommes, dans quelle civilisation et dans quel milieu ». En effet dans ses tragédies romaines notamment, il fait revivre la grande Rome. Nous trouvons des références précises à la religion, à l'organisation de

l'armée mais aussi à la vie politique avec ses différentes institutions
« le sénat », « l'empereur », « les consuls », « les tribuns ». De
même il y a de nombreux termes comme « divorce »,
« répudier », « exil » qui se référent au droit romain. Or même si
tous les élèves ont pu étudier en histoire les organes du
gouvernement à Rome, ils ont bien du mal à saisir la portée de ces
vers extraits de *Britannicus* : « Rome depuis deux ans par ses soins
gouvernée / Au temps de ses consuls croit être retournée » ou
encore la portée de cette simple expression : « il gouverne en
père ».

Par conséquent nous voyons que les collégiens d'aujourd'hui
sont culturellement éloignés du monde que Racine peint. Il y a donc
dans la réception de son œuvre un double problème de référent :
lexical et culturel.

Mais à ces difficultés s'ajoutent celles qu'engendre l'usage
poétique que Racine fait des références antiques ou de la langue.

En effet, les références mythologiques ou historiques ne sont
pas chez notre auteur un simple arrière-plan. Elles contribuent à
créer un climat poétique fait de mystère, de grandeur et de majesté.
Tout d'abord, l'éloignement spatial et temporel transporte le lecteur
vers un ailleurs éminemment poétique. Les seuls toponymes
« Ilion », « Phrygie », « Epire » suffisent à le dépayser et
l'invitent à un grand voyage vers des civilisations enchanteresses.
De même une simple périphrase comme « la fille de Minos et de
Pasiphae » pour désigner Phèdre ouvre sur un univers primitif,
habité par des forces obscures et inquiétantes. On peut même parler
de la musicalité de ces noms propres qui montrent que Phèdre est
enchaînée à une triste famille. Or, même si les élèves de collège sont
friands de récits mythiques et merveilleux, ils ne ressentent pas
pleinement la poésie de ces évocations parce qu'ils sont quelque peu
prisonniers de certaines allusions qu'ils ne comprennent pas.

De même, le lexique de Racine est empreint d'une violence
poétique dont les jeunes gens ont parfois du mal à ressentir la force.
Cela se montre aisément si l'on s'intéresse au vocabulaire de la
passion. Les termes que la langue de la fade galanterie avait usés en
s'en servant à tout propos : « perfide », « cruel », « feux »,
« flamme », reprennent sous la plume de Racine toute leur
véhémence parce qu'ils expriment l'intensité d'une passion
débordante ou le cri de cœurs déchirés. Or, même si les collégiens
comprennent ce que peuvent être « les fers » ou « les chaînes » de
la passion, ils ne voient pas l'intensité de ces métaphores.
D'ailleurs, à mon avis, cela n'est pas surprenant. Au XVIIᵉ siècle la
bienséance faisait que tout ce qui était violent ne se montrait pas mais

se disait : la mort de Britannicus, l'assassinat de Pyrrhus, tout ce qui se prête au spectacle était banni de la scène. Or, il faut reconnaître que c'est totalement l'inverse qui se produit de nos jours. Nos élèves vivent dans la civilisation de l'image où la violence se montre plus qu'elle ne se dit. Ils ont donc beaucoup de mal à être touchés par la force d'un mot.

Enfin, il est impossible d'évoquer la violence et la poésie du lexique racinien sans parler de la façon dont notre « caméléon » a su faire jaillir la poésie de la confrontation des mots. Comment ne pas apprécier des oxymores aussi violents qu'un « funeste plaisir » ou « une flamme si noire » extraits de *Phèdre* ? Or, pour des élèves de collège, c'est une figure dans un premier temps difficile à repérer puis complexe à analyser. Les chiasmes sont aussi chez Racine porteurs d'une grande poésie. Ainsi dans la constatation d'Agrippine « Je vois mes honneurs croître et tomber mon crédit » la structure symétrique contribue à souligner la contradiction entre l'apparence « mes honneurs croître » et la réalité « tomber mon crédit ». Quand Hermione s'exclame : « Je t'aimais inconstant, qu'aurais-je fait fidèle ? » l'antithèse trahit toute la passion dont cette femme est capable. Or, nos petits n'ont pas tous les outils pour analyser ces effets de style.

Nous voyons donc que lorsque nos élèves lisent une tragédie de Racine, ils sont confrontés à toutes les difficultés de la poésie : dépaysement, force des mots, plaisir des images et des symboles, tout les ramène à un univers poétique.

L'enseignement de Racine en collège, de nos jours, se heurte à deux difficultés. Tout d'abord les élèves sont confrontés à un double écart, lexical et culturel : le lexique du XVIIᵉ en général et celui de Racine en particulier leur semblent compliqués et les références culturelles des œuvres les ramènent à un univers antique qui leur est peu familier. Enfin ils doivent faire face à un texte très riche puisqu'il s'agit d'un texte théâtral et éminemment poétique. Mais ces constatations ne doivent pas décourager l'enseignant : il existe bien des stratégies de lecture qui placent ces problèmes au cœur du dispositif didactique pour mieux les surmonter.

Comment intégrer Racine à un projet pédagogique ?

C'est avec ma modeste expérience que je me suis interrogée sur la façon dont il est possible d'enseigner Racine en collège. Difficile

avant la dernière année du cycle central, l'étude de la tragédie
racinienne sera facilitée par la lecture de textes sous forme d'extraits.
Le groupement de textes permet en effet une observation directe et
minutieuse sur les formes d'expression, que ce soit sur les faits de
langue lexicaux ou grammaticaux, sur la construction des phrases,
sur le rythme des vers et leurs sonorités. Avant de vous proposer un
exemple de ce que j'ai réalisé avec ma classe de troisième, j'ai jugé
utile d'examiner la place que les nouveaux programmes de quatrième
et de troisième font à l'étude de Racine.

Les objectifs généraux de la lecture en quatrième sont les
suivants :
- Approfondissement des textes narratifs, initiation au discours
  argumentatif, on étudie le discours explicatif éventuellement à
  partir de dialogues.
- A propos du choix de textes et d'œuvres, les livrets
  d'accompagnement préconisent pour le théâtre : « une pièce de
  Molière et éventuellement une autre du XVIIe. On peut aborder la
  tragédie afin de faire ressortir par confrontation les traits de la
  comédie. ».
Nous voyons donc que même si l'étude de la tragédie racinienne
n'est pas préconisée pour elle-même mais pour mettre en valeur les
traits de la comédie, les programmes de quatrième permettent de
l'aborder. C'est la raison pour laquelle un groupement de textes en
prolongement à l'étude de la pièce de Molière est tout à fait
envisageable.

Examinons maintenant les objectifs de lecture pour la
troisième :
- Les objectifs principaux de connaissance sont l'étude de
  l'expression de soi et la prise en compte de l'expression d'autrui.
- En ce qui concerne le genre théâtral, les programmes préconisent
  l'étude d'une pièce du XIXe ou XXe siècle, française ou
  étrangère, pour laquelle on soulignera la relation entre le verbal et
  le visuel.
L'étude de la tragédie racinienne s'intègre donc moins facilement au
programme de la troisième, ce qui est regrettable, car les élèves ont
des compétences plus grandes et manifestent un vif intérêt pour tout
ce qui touche à l'expression de la passion. Le groupement de textes
apparaît donc comme la seule issue. L'étude de l'univers racinien
peut s'envisager en prolongement à celle de l'œuvre théâtrale du
XIXe ou XXe siècle. Elle s'avérera fructueuse surtout s'il s'agit :
- d'un drame romantique dont on fera ressortir les traits par
  confrontation.
- d'une pièce du XXe réactualisant un mythe antique. En effet les
  similitudes permettent une réflexion approfondie sur la notion de

mythe, de tragique et de tragédie.

Nous voyons donc qu'il existe diverses possibilités pour intégrer Racine à un projet pédagogique de quatrième ou de troisième. Mais dans tous les cas de figure, la dimension à la fois théâtrale et poétique de son œuvre ne peut pas être correctement abordée avant la fin de la quatrième ou le milieu de la troisième, c'est-à-dire avant que les élèves aient acquis des compétences sur le genre théâtral et sur les principaux procédés de la poésie.

Je vais maintenant vous présenter ce que j'ai fait avec ma classe de troisième. J'insiste véritablement sur le fait qu'il ne s'agit que d'une possibilité et qu'il en existe bien d'autres.

Mon groupement de textes s'intitule « Vers une première définition de la tragédie classique : l'exemple d'*Andromaque* de Racine. ». Il se déroule en cinquième séquence, en prolongement à l'étude d'*Antigone* d'Anouilh et dure sept séances. Ma classe est une classe de troisième avec dix-sept latinistes dont le niveau général est plutôt bon. A la suite de l'étude de cette œuvre, j'ai dégagé trois axes de réflexion :
- le mythe,
- le tragique,
- la tragédie.

C'est dans la continuité de ce travail que j'ai inscrit mon groupement de textes. J'ai voulu étudier un autre siècle français qui a fait revivre les mythes antiques et la façon dont ceux-ci ont nourri un genre particulier : la tragédie. J'ai donc choisi de réfléchir sur ce qu'était une tragédie au XVIIe à partir de l'exemple d'*Andromaque*. Travailler sur une œuvre était à mon sens une façon de prendre en compte le problème des références culturelles. Il valait mieux approfondir un mythe plutôt qu'en énumérer plusieurs approximativement. Pourquoi *Andromaque* ?
- L'épisode de la guerre de Troie est connu même si c'est de façon imparfaite par un grand nombre d'élèves.
- C'est une tragédie qui constitue une bonne introduction à l'univers racinien dans la mesure où elle traite d'un mythe grec et où l'on trouve le thème de l'amour qui s'entremêle à celui de la politique.
- Enfin c'est une pièce assez facile à lire une fois qu'on a levé le problème des références culturelles et les difficultés de la langue.

Séances 1 et 2 :
Les deux premières séances ont pour but de faire réfléchir les élèves sur les protagonistes et sur l'intrigue. La première est consacrée à l'analyse des premières didascalies. On fait observer la noblesse des héros, on met en évidence les liens qui les unissent, on élabore un arbre généalogique avec les Troyens d'un côté et les

Grecs de l'autre, ce qui donne l'occasion de rappeler les principaux épisodes de la guerre de Troie. Cette première séance fait donc travailler les élèves sur le référent culturel.

Cette réflexion se poursuit en deuxième heure : il s'agit d'étudier la fonction référentielle de la scène d'exposition et particulièrement le récit d'Oreste à Pylade. On fait pénétrer les élèves au cœur de l'intrigue en insistant sur le rôle de l'ambassade. On dégage les liens amoureux entre les personnages en montrant qu'ils contiennent des germes de conflit. Enfin on réfléchit sur la volonté de Racine de créer une illusion théâtrale parfaite en insistant sur le rôle du confident.

Séances 3 et 4 :

Les séances 3 et 4 ont pour but d'affiner l'étude du personnage tragique. On montre tout d'abord que le héros doit affronter un conflit. Pour cela on fait lire les vers 1014-1039 d'*Andromaque* dans lesquels elle déplore la cruelle alternative à laquelle elle est confrontée. Cette séance permet donc d'attirer l'attention des élèves sur le caractère nécessairement insoluble du conflit tragique. On met en évidence les figures de l'égarement à travers l'étude du vocabulaire, des marques de l'énonciation, des types et des formes de phrase.

En quatrième séance on comparera les personnages féminins de la pièce : Andromaque, l'épouse et la mère ; Hermione, l'amante. Il s'agit d'une comparaison entre la réponse d'Andromaque à Pyrrhus aux vers 925-946 et le monologue d'Hermione en V, 1. On attire l'attention des élèves sur le « dolor » du héros tragique en mettant l'accent sur le champ lexical de la douleur et sur son expression : nombreuses interjections, phrases interrogatives ou exclamatives.

Mais on souligne aussi les différences entre les deux femmes. On montre qu'Andromaque reste très attachée à Hector et on insiste sur le poids de ce passé. On fait ressortir son visage d'épouse fidèle et de mère. On montre qu'Hermione est une femme déchirée et égarée par sa passion, que chez elle « dolor » et « furor » s'entremêlent. Au terme de ces deux séances les élèves connaîtront donc deux types de personnage féminin chers à Racine : la mère et l'amante.

Séance 5 :

En cinquième séance on pourra étudier la spécificité du dénouement tragique grâce à la lecture du récit d'Oreste à Hermione aux vers 1495-1524. On insistera sur la violence du récit et du lexique. On rappellera par opposition l'heureuse fin de la comédie et on évoquera la règle de la bienséance.

Séance 6 :

Enfin, en sixième séance, on essaiera de faire goûter aux élèves la poésie racinienne à travers l'étude d'une métaphore : celle qui conduit le lecteur des feux de Troie aux feux de la passion. Pour cela on compare deux extraits : les vers 281-372 dans lesquels Pyrrhus établit un lien entre sa douleur et les feux qu'il a allumés à Troie, et les vers 992-1011 dans lesquels Andromaque fait revivre devant les yeux de Céphise cette « nuit éternelle ». On peut montrer comment Racine joue sur la double isotopie de la guerre et de l'amour pour exprimer les ravages de la passion. On observe la façon dont se met en place la métaphore galante traditionnelle en insistant sur la violence que Racine lui confère.

Séance 7 :

La dernière séance sera réservée à la synthèse des connaissances acquises. On fera réfléchir les élèves dans trois directions :
- le personnage tragique : on rappellera sa noblesse, son origine mythique, le conflit insoluble auquel il est confronté, le « dolor » et le « furor » qui l'envahissent.
- la tragédie : on insistera sur l'importance que Racine accorde à l'amour et sur la spécificité du dénouement tragique.
- la poésie : on soulignera la poésie de la langue racinienne et on fera réfléchir les élèves sur « l'effet mythologique ».

Nous voyons donc que les élèves auront au terme de cette étude une première définition de la tragédie racinienne, certes incomplète, mais qui pourra être affinée au lycée.

C'est sur un message d'espoir que je voudrais terminer : en effet, il est non seulement possible mais aussi bénéfique d'enseigner Racine en collège. Il suffit d'être conscient des difficultés que l'étude de son œuvre engendre pour les élèves, d'avancer très progressivement avec eux, et surtout de se fixer des objectifs de lecture à leur portée : tant pis si l'on ne peut prétendre à l'exhaustivité. Ils auront encore de belles années devant eux pour affiner leurs connaissances. Ce qui est important, c'est de crier haut et fort que l'univers de Racine leur plaît : nos petits adorent les histoires, les héros hors du commun et sont sensibles à tout ce qui touche à l'expression de sentiments forts. Je crois sincèrement que notre « caméléon » a encore de nos jours un large public à conquérir. Et à l'heure où le professeur de Lettres s'interroge énormément sur sa mission, cela est très rassurant.

Christiane Samuel
Professeur agrégé de Lettres Modernes au Lycée Bristol, Cannes[*]

ENSEIGNER RACINE AUX ÉLÈVES EN SPÉCIALITÉ « THÉÂTRE » AU LYCÉE DU JEU THÉÂTRAL À LA DÉCOUVERTE DU TEXTE

A. Deux difficultés

L'enseignement actuel de l'œuvre de Racine au lycée conduit à cerner des difficultés d'approche connues pour certaines depuis la mise en question au théâtre des conventions classiques, mais dont l'importance relative a évolué jusqu'à en faire souvent un obstacle définitif.

I. L'obstacle du vers classique

Parmi toutes les difficultés qui peuvent entraver l'accès des élèves de lycée à la compréhension du texte racinien et par là même au plaisir de sa lecture, l'enseignant rencontre d'abord celles qui relèvent de la nature versifiée du texte dramatique.

Pour les élèves le vers n'est pas un discours naturel : les plus jeunes diront, à propos des classiques : « Ils parlent drôle ! », ou, plus tard : « Tu te vois dire ça ? », « ça » c'est, bien sûr, la manière et non le sentiment.

Artifice et monotonie de la forme sonore

La présence même d'un tel texte – sous cette forme versifiée – au théâtre, paraît artificielle à quelqu'un qui ignore qu'à travers

---

* Avec la collaboration de Gilbert Comte, professeur certifié de Lettres Modernes en spécialité « théâtre » au lycée Bristol, Cannes.

l'installation des règles importées d'Italie, c'est toute la tradition humaniste qui reprend la parole, avec sa dévotion au texte, texte qui est en soi valeur dans sa forme même, qu'on respecte, qu'on interroge, qu'on imite. Au XVII⁰ siècle, le public cultivé se régalait, avant tout, non pas du spectacle dramatique, mais de l'écoute d'un texte qui donc se devait de tout porter en lui, d'être la forme concrète de l'action. Les élèves ignorent aussi que l'alexandrin classique est la réponse que la langue française, avec sa spécificité, donne à la mélopée originelle du théâtre, mélopée que les grecs et les latins avaient fait entendre par leurs moyens propres, combinaisons de syllabes longues ou brèves, accentuées ou non.

Le manque de naturel de ce texte apparaît également sous sa forme la plus concrète au niveau même de la diction du vers, qui pose les problèmes maintes fois répertoriés du « e muet » à la rime, de son élision ou de sa nécessaire prononciation.

Une autre raison de cette impression d'artifice réside dans cette régularité que certaines règles imposent au vers et donc à la parole, jusqu'à en obscurcir le sens ; ainsi en est-il de la règle qui impose l'unité grammaticale ou de sens à l'hémistiche, au vers, voire au distique, créant selon Larthomas[1] « cette régularité trop apparente qui impose [...] au spectateur une forme d'attention particulière », et aux élèves une terrible impression de monotonie, au point que l'on peut parler d'un « bruit du vers », sorte de mélopée hypnotique qui gomme le sens et dont Dubillard[2], reprenant les jeux de potaches, parodie dans ses Diablogues le ronronnement dévastateur, jusqu'à remplacer la substance signifiante des mots par le rythme vide des : « Nanana nanana nanana nanana », aux dérisoires variations. Certes, Racine a presque toujours su, grâce à ce que Howarth[3] appelle « la loi de compensation », éviter le fâcheux effet de la forte articulation à l'hémistiche, mais les élèves ne rentrent que trop facilement à la lecture dans cette mécanique, cette fausse structure de vers successifs de six syllabes qui occulte peu à peu le sens.

Par ailleurs, la règle de l'obligation du mot fort à la rime, voire à la césure, est davantage perçue par l'élève comme une contrainte que comme un support expressif : cela apparaît comme une entrave à l'expression du sentiment qui – à son avis – ne peut arriver ainsi à point nommé.

---

1. Larthomas, *Le langage dramatique*, A. Colin, 1972.
2. Dubillard, « Tragédie classique » in *Diablogues,* L'Arbalète, 1976.
3. Howarth, « L'alexandrin classique instrument du dialogue théâtral », in *Dramaturgies, langages dramatiques,* Paris, 1986.

Les contraintes de la syntaxe

Outre ces éléments de nature sonore, ce sont les manipulations syntaxiques qu'engendre la versification classique qui participent à créer l'impression de manque de naturel.

L'unité syntaxique de ces « micro-stuctures qui ne doivent pas chevaucher la césure », que ce soit le groupe nominal (sujet ou complément) ou l'unité « sujet-verbe-attribut » semble une contrainte de plus imposée au sens, à l'expression vraie du sentiment

Ainsi dans *Phèdre* (vv. 1252-1253) :

> Œnone :   Quel fruit recevront-ils de leurs vaines amours ?
> Ils ne se verront plus.
>
> Phèdre :   Ils s'aimeront toujours.

Ou (v. 1203) :

> Phèdre :   Hippolyte est sensible, et ne sent rien pour moi !

Cette règle de l'unité syntaxique causant l'inversion du sujet ou du complément, exige une manipulation intellectuelle supplémentaire pour la compréhension.

(v. 723) :

> Titus : Cependant de mon cœur je ne puis disposer.

ou (v. 717) :

> Titus : D'un espoir si charmant je me flattais en vain :

Quant aux difficultés liées aux rejets, contre-rejets et à toutes formes d'enjambements, elles relèvent de l'absence de lecture anticipative qui installe à chaque fin de ligne une pause, destructrice de toute continuité du sens.

Alors qu'on s'accorde à reconnaître que la grandeur de Racine vient de cette impression forte de naturel qu'a installé un travail permanent de ces codes de la versification, il n'en demeure pas moins que beaucoup de ces règles sont perçues comme obstacle au naturel, et ce ne sont pas les exercices qui font compter les syllabes ou répertorier les « transgressions » à la norme grammaticale qui y remédieront.

II. Les codes de la tragédie classique : un effet de distance

L'importance du vers dans la tragédie racinienne peut occulter les difficultés d'accès aux autres codes de la tragédie classique que Racine accepte pour en faire le ferment même de sa poésie dramatique.

La règle des Unités est une contrainte à effet paradoxal
En effet, l'unité de lieu est un repère plus qu'une contrainte : mise à part la nécessité de quelques didascalies internes à repérer pour pouvoir situer le personnage dans ses déplacements au cœur de ce lieu « défini-indéfini » de l'action, elle évite à l'élève le terrible pensum de la lecture de ces descriptions qu'impose l'accès, par exemple, aux grandes œuvres romanesques.

L'unité de temps ne perturbe pas plus les adolescents, prêts par leurs expériences cinématographiques, voire romanesques, à suivre le détail d'une heure ou de la vie entière d'un héros. Seule, la nécessité imposée au dramaturge classique de faire apparaître le découpage temporel de l'action en scènes, définies par des entrées et des sorties en usant de phrases-relais (didascalies internes), leur semble d'une naïveté propre à enlever du crédit aux plus subtils enchaînements.

Ainsi dans *Phèdre* (v. 1449)

> Aricie : J'imite sa pudeur, et fuis votre présence.
> (= Aricie sort)

Dans *Britannicus* (v. 1303)

> Néron : Allez donc, et portez cette joie à mon frère.
> (= Agrippine sort)

Dans *Bérénice* (v. 1303)

> Arsace : Ah ! la voici Seigneur.
> (= Bérénice rentre)

Même si cette notation indicative est intégrée subtilement à l'expression d'un état psychologique, l'effet, s'il est perçu, est jugé cocasse. C'est d'ailleurs notre souci professoral de leur faire reconnaître ces notations comme le résultat de codes qui perturbe plus les élèves que leur application même.

L'unité de ton et l'unité d'action, quant à elles, apparaissent plus contraignantes : elles ôtent aux adolescents les échappées que proposeraient d'autres centres d'intérêts, même momentanés, d'autres formes pour approcher la réalité ; quand tout est dit sur le même ton, à propos d'un seul et même problème, cette réalité leur apparaît vite comme obsessionnelle. Certes Racine donne une valeur décisive à cette « concentration », à laquelle on ne peut ni ne doit échapper, mais à leurs yeux, le héros s'en trouve déshumanisé.

En revanche, les règles de la bienséance constituent un obstacle croissant pour faire accéder aux classiques même de « bons élèves »

Au plan du lexique, l'emploi de la litote, forme atténuée donnée à l'expression du sentiment – alors que cette rétention du sens en polarise au contraire l'énergie – semble bien souvent empêcher l'expression du sentiment, qu'il faut alors expliciter et donc en partie vider de son sens. *A contrario*, la force de certains mots, dans ce contexte d'économie de l'expression, doit faire l'objet d'une mise en valeur explicite ; ce n'est pas spontanément que des jeunes gens perçoivent que lorsque Phèdre dit : « Je rougis, je pâlis à sa vue », elle est à la limite de la transgression par la dimension physique dont le mot est porteur, parce que les codes de la société polie en interdisaient l'évocation, comme pouvait être interdite la vision du désordre physique suggéré par le texte au début de la scène trois de l'acte un.

Au plan plus large de la narration, la primauté du récit sur l'action est perçue comme perturbante.

Inutile d'insister sur la priorité actuelle donnée à l'image qui va toujours plus loin dans le réalisme direct, pour saisir l'étonnement – qui était déjà celui des Romantiques – devant tant de faits non pas montrés mais racontés dans la tragédie, ce qui enlève à l'action tout l'attrait du « direct ». C'est ce « direct » qui, *a contrario*, assure à Shakespeare son succès actuel auprès des jeunes ; aucune censure n'interdit qu'on s'étripe sur scène ; le public est en prise immédiate avec cette action dont les éléments, les acteurs et la tonalité peuvent en outre être si divers qu'ils maintiennent l'intérêt, au delà même de la complexité des intrigues historiques.

Il en est de même du recours au confident

La systématisation de cette convention fait apparaître un faux rapport à l'autre en même temps qu'un faux rapport à soi-même. Il est clair que chez Racine, le confident est un véritable acteur – que ce soit Narcisse ou Œnone – ce qui lui permet d'échapper quelque peu à cette étrangeté du faux dialogue.

En revanche, le recours au monologue apparaît artificiel par le fait qu'il est énonciation à haute voix d'un débat intérieur et surtout forme étonnamment structurée pour une quête réflexive immédiate, par nature errante.

B. Deux réponses : texte et jeu, jeu et texte

Quelles réponses apporter pour faire accéder les élèves de lycée à la vivante clarté du texte racinien au delà de l'entrave des codes de la versification et des genres de la tragédie ? Pour dépasser ces obstacles techniques et culturels, quelle alternative proposer au discours explicatif ou référentiel, voire psychologisant, quand il s'agit de faire accéder à l'émotion d'une aventure humaine, non pas au delà du texte mais par le plaisir du texte même ?

I. La pratique littéraire

Dans le cadre du cours de français ou en modules (en classe de seconde et en première de la série littéraire), ont été proposés, selon les années, des travaux préliminaires ou concomitants à l'étude d'une œuvre (*Phèdre, Britannicus, Bérénice, Andromaque* ou *Iphigénie*, œuvres statistiquement les plus étudiées au lycée) ; l'axe conducteur de ces exercices était l'appropriation du vers par le « faire », la familiarisation au texte par la pratique.

Ainsi en est-il des formes diverses de lecture.
Une sensibilisation au rythme et à la musique du vers en tant qu'instrument poétique en soi peut se faire par la lecture, la diction de comptines et de chansons, dont les rythmes et les associations sonores sont ensuite repris dans des exercices d'écriture imitative.

Le texte de la tragédie classique, lui, fera l'objet de « lectures en tous sens » : simple lecture à haute voix, puis confiée à plusieurs voix différentes pour que des sens nouveaux se fassent ainsi entendre à travers les rythmes que chacun donne au texte et la sonorité que chaque voix donne aux mots. Pas de correction des erreurs techniques à ce niveau : il s'agit seulement d'entendre la ligne sonore et l'écoute seule joue d'ailleurs un rôle régulateur chez l'auditeur devenu lecteur.

La mémorisation du texte, cette « mise en soi » des composantes musicales donne à chacun l'espace d'une rêverie intérieure qui dépasse et nourrit la simple appropriation du rythme. Dire le texte aux autres devient la révélation d'un son et d'un sens personnel.

Le passage par l'écriture est également un procédé efficace.
On peut transposer le texte racinien en prose. Quand on sait que Racine lui-même rédigeait d'abord ses pièces en prose avant de les mettre « en musique » ; on n'hésitera pas à autoriser l'aller-retour de l'un à l'autre, d'autant que revenir finalement au texte versifié permet d'en vérifier l'efficacité signifiante.

On peut encore – pour une appropriation lexicale – écrire en prose avec les mots de l'alexandrin, pour recréer ce monde où les colères regrettables deviennent de « funestes courroux » ou l'on « consulte » quand on hésite, où la moindre liberté est « licence ». Nous voyons là, bien sûr, les prémices de l'exercice auquel se sont adonnés des générations de comédiens, du théâtre de foire aux Italiens du Roi, et que l'on retrouve dans les fantaisies contemporaines d'un Pierre Dac ou d'un Dubillard ; j'entends, la parodie. Par cette façon de démystifier le sacro-saint alexandrin, de s'amuser avec la contrainte, le fonctionnement du vers devient plus lisible, en particulier les tensions internes qui régissent les hémistiches : oppositions, parallélismes, résolutions.

La pratique théâtrale

Tous ces travaux qui peuvent être conduits dans l'espace de la classe trouvent bien sûr prolongement et dépassement dans le cadre un peu particulier de certaines classes dites « de théâtre » de la filière Littéraire Option Arts.

Notre profonde conviction est que, parce que le vers est musique, sa forme même porte le sens, sa forme est état, action, cri, prière et sa diction libère, crée ce sens.

C'est ainsi que semble le concevoir Michel Vinaver dans son analyse « pas moins dramaturgique que textuelle » des écritures dramatiques. C'est cette action qu'il met au jour quand il montre que dans *Phèdre* la parole est négociation entre la loi et la passion, et que cette « parole chauffe, s'enflamme au long de cette impossible négociation qui va vers l'explosion (l'aveu) » ; c'est cette action qu'il décrit quand il identifie la relation entre des répliques par des « figures » comme le duo ou le duel, la riposte ou l'esquive[4].

C'est un autre homme de théâtre qui nous confie son rêve : « Chaque année on donnerait une tragédie de Racine. Jouer, rejouer, reprendre, varier infiniment le vers alexandrin l'entendre

---

4. Vinaver, « Analyse de fragments : *Phèdre*, II, 2 à 5 », in *Écritures dramatiques,* Actes Sud, 1993.

sans cesse. Comme font les musiciens, tout à fait. On ne se lasse pas de jouer Mozart. On recommence toujours ». Cet homme épris de la musique du vers, c'est Antoine Vitez quand il monte en 1981 *Britannicus*[5].

C'est cet esprit qui a inspiré les exercices d'approche du texte racinien présentés par les élèves lors du colloque de Nice.

Les travaux ici décrits ont été faits en partenariat avec l'École Régionale d'Acteurs de Cannes, en la personne de Thierry Surace, comédien intervenant, ; ils ont été l'objet d'une séquence de travail de la classe de Première Littéraire-Théâtre – Expression Dramatique, conçue et menée conjointement par les deux professeurs en charge de la section : Gilbert Combe et moi-même.

Nous avons abordé Racine dans le cadre d'une thématique d'étude du tragique et de ses avatars, depuis la forme sacrée de la tragédie grecque, jusqu'au tragique du quotidien en passant par les contraintes de la forme à l'époque classique. Il s'agissait, dans un rapport direct avec le texte, sans discours analytique préalable, de rechercher le sens au moyen d'une appropriation corporelle et sensible, et d'un détour par le texte contemporain,

Ainsi, à propos de la versification, la *notion technique de pause et d'accent* a été appréhendée, par exemple à travers un jeu de marelle qui accompagne la diction de vers où l'appui sur les deux pieds matérialise chaque pause : « Je le vis / je rougis / je pâlis à sa vue »(*Phèdre*, v. 273). Chaque élève expérimente dans sa sensation physique même le rythme d'un vers ainsi matérialisé.

Les qualités harmoniques du vers ont été soulignées et exaltées par un jeu sur le *timbre de la voix* ; la passion trouble de Néron évoquant l'image de Junie :

> Belle sans ornements, dans le simple appareil
> D'une beauté qu'on vient d'arracher au sommeil
>   (*Britannicus*, II, 2)

prend l'appui des inflexions de la voix, explorant la gamme des possibles dans une tessiture donnée, celle de l'acteur en charge du rôle. Le sens est dans le son.

Pour faire prendre conscience de ce que le texte dit en plus ou en moins des mots, du sens qui naît dans l'interligne, l'exercice suivant a tenté de mettre en place des instants de suspension du débit, de la matière sonore ; ces blancs du texte ont été

---

5. Vitez, *Théâtre des Idées*, Gallimard.

volontairement élargis par une pratique accentuée de la respiration. Ainsi, dans *Andromaque* III,8, le souffle de la comédienne, installant des espaces, des suspensions du flux sonore, laisse s'y concrétiser, s'y actualiser les images visuelles du texte ; la respiration ouvre à l'espace intérieur.

L'efficacité de la parodie, pour mieux entendre sonner et fonctionner le vers, a été mise ici en jeu grâce au personnage de Miriam, jeune femme aux « appas non négligeables » à qui, dans *Du Vent dans les branches de Sassafras*, Obaldia fait faire le récit de l'attaque des Indiens, scène tragique dont elle vient d'être témoin :

> Ô terreur inconnue, Ô remuantes Alpes !
> Horloges dans la nuit dont le tic-tac vous scalpe (…)
> Je rampe sous le lit, me cachant bel et bien.
> Déjà la porte s'ouvre, et le pauvre chrétien
> Voit surgir devant lui Comanches et Caciques
> Avec des oiseaux peints sur cages thoraciques. (I, 5)

C'est le rythme propre à l'alexandrin et sa syntaxe même qui élève le prosaïsme des propos à une dimension poétique, qui contamine le lexique et fait naître des images à la nouveauté surréaliste.

Voilà, en outre, le rébarbatif récit de l'action qui reprend toute sa vigueur, et par la nouveauté des images du western et par le comique de décalage entre la personnalité de l'émettrice et la tonalité de son propos.

Toujours à propos de ce récit, une recherche sonore a tenté de faire apparaître ici, dans la tirade de Théramène (*Phèdre*, V,6), *la rythmique même de la narration* en utilisant la médiation d'une forme narrative contemporaine, familière à l'élève : le rap. Le rapeur, en effet, dévide, dans une sorte d'urgence, des faits, des images qui l'obsèdent, ce que font souvent les récits de la tragédie, pour annoncer, révéler, faire prendre conscience ou dénoncer. Dans l'exercice, les premiers vers présentant les circonstances de la mort d'Hippolyte ont été énoncés avec un statut de « paroles » sur une musique écrite par l'élève lui-même ; puis la musique s'efface pour laisser entendre seul le texte de Racine dans une nouvelle dynamique et une intensité du propos narratif, plus contemporain et, de ce fait, plus immédiatement et fortement perceptible.

La dernière phase de travail s'est voulue révélatrice du fait *que c'est la présence physique de l'acteur qui donne son espace au sens.*

Comme à la lecture, des voix différentes peuvent faire naître un sens nouveau, la présence en jeu de deux comédiennes, incarnant la même situation pour Bérénice (I,5) a mis au jour deux « couleurs psychologiques », deux lectures du personnage : l'une, petite, au rythme corporel vif, a fait apparaître une Bérénice confiante, pleine de spontanéité dans cette évocation de l'amant et de la nuit enflammée qui chante sa grandeur, alors que l'autre, au dessin corporel plus nonchalant et installée par son costume dans un contexte de mondaine début de siècle, traduisait l'admiration, certes, et même l'amour, mais avec une sorte de détachement proche de la coquetterie.

Mais dans ce dialogue entre la corporalité de l'acteur et la matière du texte à la fois porteur de sens dans sa forme et structure disponible, il faut aussi pouvoir charger la situation du texte classique d'un vécu, je dirais plus sensoriel que psychologique d'ailleurs, s'approprier le perçu physique de la rencontre amoureuse ou la transe de la simple rêverie de cette rencontre. C'est pour permettre ce détour d' « incarnation » que nous avons eu recours au texte contemporain, plus facile à rêver par un adolescent de 1999, afin de le mettre en écho, en résonance avec le texte racinien, pour le charger de sens ou mieux encore pour révéler ses potentialités de sens, au delà des obstacles techniques et culturels qui entravent l'accès au texte classique.

Ainsi le texte de Minyana, *Volcan* (II), dont la phrase sans ponctuation ni syntaxe définie est une sorte de flux continu, a induit une Phèdre qui s'autorise la profération de son rêve comme sous la poussée d'une nécessité interne, impérieuse, alors que sa trajectoire semble totalement aléatoire, déambulation de « paumée » en total décalage avec le réel.

Ainsi l'aller-retour entre ce même texte contemporain *Volcan* (III), et *Phèdre* (I,3) de Racine , a permis à l'actrice de faire faire au mot le détour par l'être, l'être de chair et de passions. « Mon mal vient de plus loin... », plus loin en moi, l'actrice, dans mes rêves, dans ce port lumineux, sur cette plage chauffée à blanc, sur cette peau dorée.

L'élève vêtu d'un drapé à l'antique évoque une femme dont l'appréhension même du monde a été bouleversé par une rencontre amoureuse :

> Mon mal vient de plus loin. A peine au fils d'Égée
> Sous les lois de l'hymen je m'étais engagée,
> Mon repos, mon bonheur semblait être affermi ;
> Athènes me montra mon superbe ennemi.
> (*Phèdre*, vv. 269-272)

Dans une sorte d'analepse que concrétisent les mots du texte de Minyana, et les lunettes de soleil et la serviette de plage qui apparaît sous la toge, l'actrice évoque ce souvenir heureux, fait des sensations physiques du choc amoureux, du désir.

> Et c'est la première fois que je l'avais devant mes yeux écarquillés en gros plan d'ailleurs d'ailleurs je voyais ses beaux genoux et au dessus ses cuisses normal il était debout et moi j'étais assise et je leur parle à ses beaux genoux je leur dis seulement qu'ils sont beaux et dès que je leur parle ils se figent et il y en a un le plus audacieux le gauche qui s'avance vers moi avec la jambe tout entière et moi je lui dis : vas-y vas-y ! et je me dis aussi : donc Hippolyte marche avec moi et donc je caresse le beau genou ravie mais lui il se recule très vite et je me dis : eh non il ne marche pas avec moi et il a voulu me foutre un coup de genou là dans le sein et s'il ne l'a pas fait c'est qu'il a craint que je crie tout près des plagistes jouaient au ballon alors j'ai dit : j'ai soif et il n'a plus du tout douté il a compris que c'était une passion.
>
> (*Volcan*, III)

Le jeu est investi par l'imagerie personnelle de l'adolescente, par la charge sensuelle et émotive qui est sienne. Et le retour au présent de cette femme – Phèdre dévorée par les suites de cet éblouissement passé – donne la force du vécu (celui de l'actrice) et la distance de la transfiguration du souvenir (celui du personnage) à ce verbe racinien ainsi mis en émotion, incarné.

> Athènes me montra mon superbe ennemi ;
> Je le vis, je rougis, je pâlis à sa vue ;
> Un trouble s'éleva dans mon âme éperdue ;
> Mes yeux ne voyaient plus, je ne pouvais parler ;
> Je sentis tout mon corps et transir et brûler ;
> Je reconnus Vénus et ses feux redoutables
> D'un sang qu'elle poursuit tourments inévitables !
>
> (*Phèdre*, vv. 272-278)

Isabelle Luminet
Professeur agrégé de Lettres Modernes
Lycée Thierry Maulnier, Nice

RACINE AU LYCÉE :
DE L'IDENTIFICATION À L'ANALYSE

Première partie: les difficultés de l'enseignement de Racine au lycée

Dans les classes d'enseignement général, les difficultés sont les mêmes que celles que rencontre Mme Samuel dans ses classes à option théâtre. Trois points méritent cependant une attention particulière.

* Les unités d'action et de ton constituent un obstacle, non pas à la compréhension, mais au plaisir des élèves.

On peut constater que, si on les amène au théâtre, ils préfèrent nettement Shakespeare, par exemple, à Racine. Les raisons de cette préférence sont multiples : on peut penser qu'ils subissent un phénomène de mode entretenu par le cinéma américain (*Roméo et Juliette*, *Looking for Richard* ou autre *Shakespeare in love*), ou qu'ils comprennent mieux les traductions modernes de Shakespeare qui nous sont aujourd'hui proposées que le vers racinien. Cependant, la raison la plus profonde est qu'ils jugent les pièces de Shakespeare plus romanesques, plus riches en rebondissements, plus spectaculaires et plus variées. Il s'agit donc bien de considérations relatives aux unités d'action et de ton. Force est de constater que Racine n'est pas en phase avec les préférences esthétiques de la jeunesse d'aujourd'hui.

Dans ce cas, comment lui faire sentir que la concentration de l'action chez Racine renforce le tragique et donc l'émotion, et que, comme écrivait l'abbé d'Aubignac, « le plus bel artifice est d'ouvrir le théâtre le plus près possible de la catastrophe » ? Et comment lui faire admettre que, si près de la catastrophe, toute détente par le comique nuirait à la vraisemblance ? Comment montrer que les unités de temps, de lieu, d'action et de ton sont intimement liées ? Comment montrer que, si ces règles sont adoptées par les classiques, ce n'est pas pour des questions de commodité scénique, ni même par respect aveugle des Anciens, mais par la conviction de leur efficacité, conviction acquise à travers la lecture de pièces de tous les temps ?

* **La scène d'exposition**, quant à elle, fait obstacle non seulement au plaisir, mais aussi à la compréhension, ce qui est gênant, car dans le cas de l'étude d'une œuvre intégrale, nous sommes tentés de commencer par sa lecture et d'en expliquer d'emblée aux élèves les impératifs techniques et les caractéristiques.

Or, les élèves se trouvent confrontés dans ces scènes à des rappels historiques qu'ils jugent trop longs, difficiles à s'approprier, et ils préféreraient que le professeur leur « raconte l'histoire » plutôt que de la découvrir par eux-mêmes dans le texte. De plus, la scène d'exposition concentre plusieurs des difficultés déjà citées : l'absence d'action, la convention du dialogue avec un confident ou du monologue. Ces scènes paraissent aux néophytes particulièrement artificielles et ennuyeuses dans la tragédie racinienne ; cela nous soumet à une autre tentation, inverse de la première, celle de les passer sous silence.

Comment montrer aux élèves les contraintes et les impératifs de la scène d'exposition, sans leur donner l'impression qu'elle ne peut être qu'ennuyeuse, ce qui confirmerait leur première lecture, alors que ces scènes sont au contraire particulièrement réussies chez Racine ?

* **A propos du problème général des codes** dont nous souhaitons faire passer la connaissance aux élèves, il est exact de dire que la difficulté essentielle vient de nous, et non pas d'eux. Nos explications préalables sont souvent un obstacle préalable.

Par exemple, quand nous faisons un exposé sur les règles du théâtre classique avant d'aborder une œuvre de Racine, nous leur donnons l'impression *a priori* que ce théâtre est très codifié et donc ennuyeux. Ces règles leur paraissent à première vue arbitraires, dépourvues de tout intérêt, et puisque leur cher Shakespeare ne les respectait pas, pourquoi a-t-il fallu qu'on « force » d'autres auteurs à les appliquer ? Nous les poussons ainsi au contresens.

Autre exemple, quand nous faisons faire des exercices sur la prosodie, avant d'aborder le texte de Racine, dans l'espoir qu'ils faciliteront aux élèves la lecture du texte, ces derniers trouvent souvent ces exercices amusants, mais renoncent assez vite devant la difficulté. Ils ne réinvestissent pas ces connaissances dans la lecture à haute voix du texte de Racine, et conservent le plus souvent la conviction que ces contraintes ne peuvent que nuire à la spontanéité et à l'expression du sentiment.

Ce qui est donc difficile, ce n'est pas d'apprendre aux élèves les codes de la versification ou de la tragédie, mais de leur en faire comprendre la nécessité, et, en fait, de leur faire aimer Racine. Et c'est ce qui rend le professeur malheureux de ne pas pouvoir faire aimer aux élèves ce qu'il aime.

Deuxième partie : comment tracer une voie d'accès ?

* Il faut éviter que l'élève de lycée, surtout en seconde, ne soit confronté seul et d'emblée au texte écrit. Il serait rebuté par les difficultés de compréhension.
Ainsi, dans le cadre d'une explication de texte, il vaudra peut-être mieux éviter de donner une préparation : sans doute celle-ci aidera-t-elle l'élève à comprendre le passage, mais elle risque de le dissuader de l'aimer.
Dans le cadre d'une œuvre intégrale, il vaudra peut-être mieux lire quelques passages au préalable en classe avant de demander une lecture individuelle de l'œuvre.

* L'idéal serait de faire voir le spectacle avant d'expliquer le spectacle, faire entendre la musique avant d'expliquer la musique :
Pour cela, utiliser des cassettes, des disques, ou pour ne pas être dans l'illégalité, utiliser la voix du professeur. Les élèves ont beaucoup moins de difficulté de compréhension lorsqu'ils entendent le texte que lorsqu'ils le lisent. Il faut laisser leur oreille s'habituer progressivement à la musique racinienne, dans laquelle nous avons baigné dès l'enfance dans nos sections classiques, mais que découvrent pour la plupart ces conduits auditifs habitués au rap.
Les sorties au théâtre, ou les animations scolaires par des acteurs sont encore plus efficaces lorsqu'elles sont possibles.

* Il convient également d'aborder Racine par le biais des sujets qui intéressent les adolescents, et de réserver l'explication des codes et procédés techniques pour la fin de la séquence. Prenons deux exemples de groupements de textes :

* Si l'objectif (qu'il vaut mieux laisser provisoirement inavoué), est d'initier les élèves à la règle des unités et aux nécessités de la scène d'exposition, il vaut mieux prévoir un groupement thématique du type « La situation tragique dans le théâtre de Racine », ou, mieux, car plus racoleur (pourquoi hésiter à plaire ?), « Les conflits familiaux chez Racine ». On prendra, par exemple, la première scène de *Britannicus*, d'*Iphigénie* et de *Phèdre*, qu'on fera dans un premier temps comparer aux élèves au niveau des relations familiales mises en place, et en particulier de la relation parent-enfant, sujet qui les touche de près. On pourra, à partir de là, faire préciser en quoi la relation est tragique (dilemme, situation de crise).

On demandera, mais dans un second temps seulement, de relever dans chaque scène les indices qui évoquent le lieu. On pourra alors faire découvrir que le lieu clos, ou qui, dans *Phèdre*, n'est ouvert que sur le rêve, est en fait la métaphore du piège dans lequel les personnages sont enfermés (dilemme pour Agamemnon et Hippolyte, situation de crise pour Agrippine), et dont ils rêvent, en vain, de s'évader (Hippolyte). On pourra alors seulement aborder la notion d'unité de lieu, en montrant à quel point elle peut être fondée sur la recherche de l'intensité tragique. On peut faire de même avec les indices de l'urgence, pour montrer l'intérêt de l'unité de temps.

Enfin, dans le cadre d'une synthèse élaborée en commun, on pourra faire remarquer qu'il s'agit de trois scènes d'exposition, dont on peut alors faire préciser quelques « qualités » (et non pas « contraintes ») ; on pourra aborder le rôle du confident, etc.

* Si l'objectif est de faire passer les procédés du lyrisme racinien et les codes de la versification, il vaudra mieux prévoir un groupement de textes sur « La passion racinienne », sans hésiter à revenir sur la banale confrontation avec Corneille ou, pourquoi pas, avec des auteurs romantiques. Le groupement pourra contenir, entre autres textes, une tirade d'Hermione et une tirade de Bérénice, par exemple.

Ainsi, dans un premier temps, on pourra partir du sens étymologique du mot « passion », faire étudier aux élèves la présence et les causes de la douleur dans le discours amoureux. Et on s'appuiera sur l'expression de la douleur et sur l'expression de l'amour.

Si les textes ont été appréciés parce que les élèves reconnaissent des situations qu'ils vivent (amour non partagé, abandon), on pourra faire élaborer une synthèse sur les procédés du lyrisme, faire faire un exercice de lecture expressive (en petit groupe, si possible), et, à cette occasion, rappeler quelques-unes des règles de la versification. On les reprendra plus tard dans un atelier d'écriture pour qu'elles soient mieux intégrées.

Conclusion

Ces remarques n'apportent rien de bien neuf ; elles ne servent qu'à attirer l'attention sur un risque auquel nous conduisent la dérive techniciste et la lourdeur de nos programmes. Surtout pour Racine, essayons d'éviter les cours théoriques préalables, si nous voulons surtout arriver à montrer aux élèves que c'est beau, et qu'ils peuvent y prendre du plaisir. Partons de ce qu'ils aiment, avant d'aborder les difficultés, sans, bien entendu, renoncer à le faire, une fois que le goût a été pris et que l'attention a été accrochée.

Marie-France Jouhaud
Professeur agrégé en Lettres Supérieures
au Lycée Masséna, Nice

LE THÉÂTRE DE RACINE
NE SERAIT-IL QU'UNE VIEILLE BEAUTÉ ?

Enseigne-t-on le plaisir ?
Plus précisément, le faisons-nous ?
Pouvons-nous le faire ?
Devons-nous le faire ?

Ces questions naissent de la pratique de la classe (HKC...) et des conclusions qu'elle impose. L'expérience montre, en effet (et de plus en plus ?), que, pour les élèves qui nous arrivent du secondaire, l'intérêt qu'on peut trouver à la lecture de Racine, s'il existe, relève de l'utilité entendue très largement. Autrement, dit, le théâtre de Racine vaudrait pour son contenu. Ce théâtre apparaît comme une sorte de réceptacle dans lequel il conviendrait de chercher, au pire, des messages, au mieux un/des sens. Sens psychologique (essentiellement une théorie des passions ; certes, Racine dit quelque chose de la passion, mais on peut penser que son théâtre vaut aussi pour autre chose et surtout vaut mieux que le réductionnisme psychologique qu'on lui fait subir) ; sens moral aussi, sens métaphysique et on parlera, tout à l'heure, des étrangetés auxquelles on parvient quelquefois. En revanche, ce théâtre est difficilement vu comme objet de contemplation, objet esthétique et source de plaisir. Sort cruel pour celui pour qui la grande règle, la règle des règles, était de plaire. Cette disposition, cette ignorance ou ce refus apparaissent chez les élèves, d'abord spontanément, mais aussi – du moins dans un premier temps – après qu'on les a sollicités ; c'est-à-dire invités à reconnaître dans une tragédie de Racine un bel objet, créé d'abord, selon l'auteur lui-même, pour donner du plaisir. Ce constat fait à l'occasion des cours consacrés à Racine, est conforté par les résultats d'une enquête à laquelle j'ai procédé cette année dans une classe d'HKC après le cours sur Racine, et dont les résultats ont été vérifiés par la même enquête dans une classe d'HEC censée accueillir les élèves choisis parmi les meilleurs de l'enseignement secondaire. Le dépouillement de l'enquête fait apparaître trois données principales.

1. Les élèves ont eu beaucoup de mal à renoncer à une approche presque exclusivement psychologique du texte, d'autant qu'ils pensaient avoir à dire dans ce domaine des choses sûres et certaines, au fond faciles à manipuler, par exemple, à introduire systématiquement dans toute explication de texte.
2. Ils ont eu du mal à considérer l'œuvre sous un aspect différent. Par exemple, ils écrivent : « je n'entends pas la musique du vers racinien », « Je ne sais pas éprouver ». Parfois ils expliquent en précisant : « Je n'ai pas assez d'expérience littéraire ». On ajoutera que souvent ils n'ont pas du tout d'expérience de spectateurs. Ce mot « expérience » me paraît essentiel : le plaisir doit s'éprouver effectivement. Il ne peut se communiquer seulement par le discours du professeur. Je pense que l'on y reviendra dans la deuxième partie de la matinée.
3. Enfin, ils éprouvent le besoin de justifier leur plaisir. Ils expriment ce qu'un élève appelle « le besoin d'une mise à niveau en métrique ». Plus généralement ils demandent une formation technique (prosodie, versification...), ce qui paraît d'ailleurs légitime. On peut penser, en effet, qu'une oreille s'éduque, qu'une sensibilité s'affine.

Bref, on constate chez nos élèves un fort déficit dans l'ordre du plaisir. On peut le regretter. On peut vouloir changer les choses. Mais il faut, d'abord, essayer de les comprendre. Plusieurs explications ou, du moins plusieurs hypothèses, viennent à l'esprit, qui ne s'excluent pas nécessairement.

a) « C'est la faute à Racine ». On paraphrasera Artaud : « C'est la faute à Œdipe-Roi, ce n'est pas la faute à la foule, si la foule actuelle ne comprend pas Œdipe-Roi ». On sait que c'est à peu près en ces termes qu'Artaud justifie sa volonté d'en finir avec les chefs-d'œuvre du passé.
Certes, ce théâtre écrit il y a trois siècles pour un public qui avait ses attentes, dans un contexte politique, religieux, social, moral, etc., qui n'est plus le nôtre, dans une langue qui n'est plus celle que nous parlons et surtout que nos élèves parlent de nos jours, peut

apparaître comme difficile, inaccessible, voire dépassé. Bref, non désirable... non objet de désir, si l'on veut parler comme Barthes.

b) C'est notre faute.

– Parce que nous demeurons piégés par l'exigence ou l'illusion idéologique, ou le poids des habitudes : un texte ne vaut que par ce qu'il signifie, doit signifier ou signifie nécessairement. Certes le sens existe, mais on peut se demander, avec Flaubert, si, en dehors du sens, un texte ne vaut pas aussi par sa beauté et l'émotion proprement esthétique qu'il suscite ; s'il ne peut pas, pour citer encore Flaubert, procurer la même émotion que celle que le romancier disait avoir éprouvée en montant vers les Propylées d'Athènes. La comparaison s'impose quand on songe à l'architecture superbe d'une pièce comme *Athalie*.

– Parce que nous doutons de nous et de notre légitimité de littéraires. Depuis des lustres, nous nous sentons comme dans une concurrence malheureuse et misérable avec les scientifiques. Nous ne sommes pas productifs, nous sommes inutiles, et quoi de plus inutile que le plaisir ? De là à chercher, consciemment ou non, une utilité à Racine, pour le sauver, somme toute... Que fait-on d'autre quand on fait d'un texte de Racine un texte argumentatif ?

c) C'est la faute au temps.

Pour ancienne qu'elle soit, l'excuse n'est peut-être pas absurde. Au-delà des pratiques pédagogiques, volontaires ou non, délibérées ou non, conscientes ou non, il y a peut-être aussi la force des choses... Dans une époque qui valorise l'utilité, qui révère l'efficacité, qui est largement déterminée à la fois par l'héritage positiviste et les valeurs de M. Homais, comment donner du prix au plaisir, surtout dans le cadre de l'École ?

Surtout d'une école qui a, parfois, l'air de rompre avec l'idée d'une culture générale, par définition désintéressée, gratuite, destinée simplement à accroître la vie de l'âme.

En vérité, on peut regrouper ces éléments d'explication en deux grandes catétgories : la question de l'utilité (morale, philosophique ou pratique, si on considère l'air du temps) et la question de la capacité d'un théâtre vieux de trois siècles à donner du plaisir à des lecteurs-spectateurs d'aujourd'hui.

1. La réponse à la première série d'objections ou de contraintes, plus ou moins consciemment intériorisées, paraît simple, si simple qu'on a presque honte de tomber dans des trivialités. Certes, la

littérature, surtout quand elle est grande, est porteuse de sens. Tout
particulièrement, s'agissant de textes du XVIIᵉ siècle, il est tout à
fait exclu d'en douter. Il y a lieu donc de s'interroger sur le sens des
pièces de Racine. Mais il ne faut pas s'en tenir à cet aspect des
choses. On se souvient que Baudelaire, déjà, dénonçait « l'hérésie
de l'enseignement », et « ses corollaires, la passion, la vérité, la
morale » ; qu'il affirmait que « le principe de la poésie est,
strictement et simplement, l'aspiration humaine vers une beauté
supérieure ». Dénonciation peut-être trop radicale, mais qui nous
rappelle que le théâtre n'a pas seulement pour fonction d'amener
l'homme à s'interroger. Il a aussi comme raison d'être le plaisir du
spectateur, voire du lecteur. Bref, qu'il y a, comme l'écrivait
naguère Barthes, un « plaisir du texte ». L'ignorer, c'est manquer
la moitié du texte. En conséquence, on dira qu'il y a un devoir du
professeur : celui de ne pas céder, comme l'écrivait Camus dans
L'Été, « au temps avare, aux arbres nus, à l'hiver du monde » ;
devoir de révéler à ses élèves, toujours selon le mot de Camus, « la
beauté retrouvée ».

Disant cela, on retrouve la deuxième question, en fait, la seule
vraie question. Mais tout le problème est là.

2. Le théâtre de Racine ne serait-il qu'une vieille beauté ? Une
beauté fanée ? Artaud aurait-il raison ? Écoutons encore les élèves.
Il y eut à l'enquête de cet hiver des réponses radicalement négatives.
Racine n'aurait plus rien à nous offrir. Il serait condamné par « la
forme vieille » dont parlait Rimbaud. Envisageons donc avec Renan
que la véritable admiration soit historique et qu'aujourd'hui l'œuvre
de Racine soit une pièce au Musée de la littérature. Après tout, le
XVIIᵉ faisait du spectateur le dernier juge et on pourrait en appeler à
Racine contre Racine. Au mieux, Racine devient un élément du
patrimoine qui peut susciter une admiration de convention dans
laquelle manque singulièrement « l'aigrette du plaisir » chère à
Breton... Au pire, il faut brûler Racine comme la bibliothèque
d'Alexandrie. Artaud avait raison, et tant pis si la Phénice brûle. Et
tant pis pour Racine.

Cependant, l'enquête donnait aussi d'autres réponses
radicalement différentes et qui recoupaient certains moments de la
classe. Je me souviens d'un élève, arrivant en cours, à huit heures,
exalté et proclamant : « Racine, c'est sublime ! ». Plus
secrètement, en dehors de ses camarades, un autre élève m'avouait,
il y a quelques jours seulement, que Racine était, à ses yeux, le plus
grand des poètes. Cet aveu secret fait naître une interrogation. En
effet, d'une façon moins fervente mais réelle, beaucoup de réponses

suggéraient un certain plaisir pouvant naître de la pratique du théâtre racinien, mais qu'il fallait, pour ainsi dire, l'aider à croître, à s'affirmer aussi. On est ainsi conduit à penser que, peut-être, tous n'ont pas la même capacité esthétique, pas le même désir, ou pas au même moment. Doit-on alors, au nom du dogme qui veut que tout soit pareil pour tous, évacuer ce que tous ne partagent pas ou pas encore ? À celui qui dit : « c'est sublime ! », répond, en effet, celui qui tranche : « c'est nul ! », sans aucun effort d'explication, de compréhension, de sympathie. Comment gérer ces différences ? En les éliminant, en s'en tenant à une vulgate sur laquelle la majorité s'accordera, sans songer que laisser le premier s'affirmer, c'était peut-être respecter son droit à la différence, et, surtout, permettre au deuxième de le rejoindre dans la jouissance esthétique. Et, dans ce cas, tant pis pour Artaud.

En effet, si on ne peut pas imposer le plaisir, on peut le proposer. Il n'est pas nécessairement spontané et immédiat. Il exige parfois une médiation. Il passe peut-être par une éducation esthétique de l'homme, selon le mot de Schiller. En ce qui nous concerne, nous pourrions avoir à apprendre à nos élèves, même rebelles, comment le théâtre, en particulier le théâtre de Racine, transforme, comme l'a si bien montré Nietzsche, la souffrance du héros et la compassion du spectateur en pure jouissance esthétique.

Comment le faire ? C'est la question qui sera posée dans la seconde partie de la matinée.

Yves Stalloni
Professeur agrégé de Première Supérieure
Lycée Dumont d'Urville, Toulon

PLAISIR À RACINE... QUELQUES SUGGESTIONS

L'école n'est pas le lieu du plaisir. Du savoir, de la contrainte, de la nécessité, pas celui du plaisir – qui existe ailleurs dans le temps et l'espace, hors de l'école. Interroger des élèves sur le plaisir pris à l'étude d'un auteur ne peut qu'aboutir à de cruelles déceptions. On ne leur avait pas expliqué qu'on pouvait, à côté des intérêts de l'apprentissage didactique, trouver aussi de l'agrément à la fréquentation des textes.

Reconnaissons toutefois que cette règle est moins absolue en classes préparatoires littéraires. Un certain nombre d'élèves qui ont choisi cette voie d'études attendent d'y trouver, outre les clés d'une formation, d'un savoir-faire, les outils d'un accès personnel au bonheur de lire. Leur jugement sur les études littéraires est d'ailleurs sans appel, puisque plus de la moitié estime, par exemple, que Racine est mal étudié au lycée. La dimension théâtrale de l'œuvre leur paraît négligée, étrangère, à peine 12% d'entre eux ayant vu jouer une pièce de Racine (et parmi eux, plus de la moitié se limitent à *Andromaque*). Ils sont nombreux à réclamer du Racine à la télévision (est-ce le meilleur endroit ?), des représentations plus fréquentes qui permettraient un contact plus simple, moins sacralisé.

Parmi les motifs de consolation, on peut noter que 22% sont sensibles à l'écriture racinienne, à la langue, à la beauté des vers. Et à la question : « Pourquoi s'intéresser à Racine ? », un élève répond : « C'est beau, cela suffit ! ».

Comment redonner le plaisir à Racine, comment aider à cette communion intime avec un texte ? La réponse est délicate et les recettes incertaines. Nous proposons trois axes, pas toujours très conciliables.

1. Le retour au théâtre

Nos élèves, surtout dans de petites villes de province, (et Toulon est une plus petite ville encore que Nice), sont des analphabètes de la scène. Un peu plus d'un sur dix seulement s'est rendu dans un théâtre. Comment dans ces conditions leur rendre sensible la réalité du plaisir dramatique ? Le problème n'est pas neuf et les raisons invoquées bien connues : prix élevé des places, effet désastrueux des représentations scolaires, absence de lieu et de troupe, concurrence d'autres divertissements plus populaires, image poussiéreuse et scolaire du théâtre classique...

Comment réformer tout cela ? Je n'ai pas la réponse, mais je reste convaincu qu'il y a lieu de mener un travail sérieux dans cette direction pour restituer à l'œuvre sa vraie nature. Des professeurs courageux continuent à faire apprendre par cœur des textes, à faire jouer des scènes, à prendre contact avec des comédiens... Tout est possible.

2. Retour au texte

Je veux dire par là aider à s'approprier une langue éloignée des pratiques quotidiennes. Et d'abord en rendant à Racine sa première qualité de *poète*. C'est ainsi que l'on nommait à l'époque classique les auteurs de tragédies. Nos élèves, à condition de les soumettre à un apprentissage rigoureux, sont capables de sentir la force d'une voix poétique quand elle s'appelle Hugo, Baudelaire, Rimbaud ou Eluard. Il n'en faudrait pas beaucoup pour rendre à Racine sa juste place dans le panthéon des maîtres du verbe, des virtuoses de l'alexandrin. M.-F. Jouhaud parlait de la « musique racinienne » que certains cherchaient à capter ; il n'est pas interdit de consacrer du temps à rechercher cette ligne mélodique particulière.

3. Retour au sens

M.-F. Jouhaud laissait entendre que dans certains cas la recherche du sens peut annuler la quête du plaisir. Défions-nous donc des excès dans ce domaine, qui consistent à « mettre à plat » un texte par une glose surabondante, immédiatement exploitable pour l'examen. Tout notre système universitaire littéraire consiste à utiliser les grandes œuvres comme éléments de sélection. On comprend que leur image en soit affectée. Pourtant je suis de ceux qui croient aux vertus du commentaire et de l'explication quand ils sont mis au service du texte. On ne gâte rien au plaisir que l'on prend à Mozart ou à Cézanne quand on a analysé une partition ou une palette. À condition d'éviter les questionnements stériles ou les pratiques trop étroitement pédagogiques, on gagne beaucoup à lire et commenter en commun les pages des œuvres maîtresses de la littérature, à en démêler les subtilités, à en démontrer les richesses, à en décrire les réussites. Le plaisir au texte vient d'une impression de domination, de maîtrise. L'indifférence et le refus naissent de l'incompréhension et de l'éloignement. Dans ce domaine le rôle du professeur est évidemment capital. Et pour le rappeler (et conclure) j'aimerais citer une personnalité bien connue en ces lieux, c'est Jean Onimus, qui écrivait il y a une trentaine d'années :

> Le professeur n'est qu'un interprète : tel l'acteur ou le musicien, il est au service d'une œuvre qu'il rend actuelle (...) Il *rejoue* successivement, et presque d'heure en heure, Pascal, Voltaire ou Flaubert.[1]

Il aurait évidemment pu rajouter le nom de Racine, et souligner l'importance de cette mission face à des jeunes gens motivés et attentifs, eux-mêmes probables futurs collègues.

---

1. *L'enseignement des lettres et la vie*, Desclée de Brouwer, 1965, p. 140.

Jean Emelina
Professeur émérite, Université de Nice - Sophia Antipolis

RACINE À L'UNIVERSITÉ

Je limiterai volontairement mon intervention, après les différents exposés que nous venons d'entendre, à quelques réflexions et quelques anecdotes éloquentes liées à mon expérience pédagogique.

Pour revenir à l'enseignement de Racine au lycée, il ne fait pas de doute que l'obstacle majeur est celui de la *langue* et du *style*. Difficile de faire entrer les élèves dans les métaphores nobles et galantes, (« feux », « fers », « flammes ») ; de leur faire comprendre que « De son fatal hymen je cultivais les fruits » (*Phèdre*), signifie tout simplement : « J'élevais ses enfants », ou bien que : « Et ce feu dans Trézène a donc recommencé ? » ne concerne pas un incendie de forêt. A la différence de la comédie, (si Molière demeure proche de nous, c'est grâce à son écriture), la tragédie classique est toujours, la première fois qu'on l'aborde, un choc. « Mais Papa, traduis ! », s'est écriée une élève de troisième en entrant dans le bureau de son père avec *Andromaque* à la main.

Au niveau universitaire, on observe deux obstacles majeurs antithétiques : trop d'ignorance ou trop de savoir, le premier étant de loin le plus répandu.

Très souvent, les étudiants de DEUG abordent Racine dans leur programme (s'ils choisissent de l'aborder, compte tenu de la grande diversité de choix des U.V. de littérature), dans une ignorance quasi totale de son œuvre et de la culture classique. Tout le monde ou presque – savoir bien lointain ! – est passé par *Le Cid* au lycée, en quatrième, voire par *Andromaque* en troisième ou *Phèdre* en première ; mais beaucoup d'étudiants n'ont jamais ni lu ni vu une pièce de Racine en entrant dans l'enseignement supérieur.

Exemple vécu : il y a quelques années, voulant illustrer les traces du baroque dans le classicisme, je mentionne dans deux

groupes de 2e année de DEUG « le récit de Théramène ».
Flottement général. J'interroge les groupes. Dans l'un, personne ne
savait à quoi je faisais allusion ; dans l'autre, deux étudiants sur
vingt-cinq.

Souvent, faute de connaissances culturelles supposées acquises,
on doit donc repartir à zéro à l'université, « y faire du secondaire »
malgré des horaires limités, redonner des définitions, « recycler »
les étudiants en matière de mythologie, d'esthétique ou d'histoire
religieuse : baroque, jansénisme, règles du théâtre classique, règles
de la versification, etc.

Le défaut inverse, c'est, pourrait-on dire, l'excès de savoir
d'étudiants venus de classes préparatoires ou qui ont été victimes, si
j'ose dire, des ravages de la linguistique et de la stylistique. Alors,
dans une explication de texte ou un commentaire composé, on
assiste, vers après vers, à un recensement savant des figures de
rhétorique : ici un oxymore, là une allitération, une aposiopèse, une
hyperbole, une litote, une hypallage, etc. Les vers se mettent à
ressembler à des insectes dont on prendrait plaisir à arracher
soigneusement les pattes une à une. Que reste-t-il alors de l'élan du
texte, de sa vie, de sa musique, de sa charge humaine ? L'excès de
technique tue l'effet essentiel qui a toujours été pour Racine, il le
proclame haut et clair, d' « exciter » chez les spectateur « la
violence des passions ».

Nous vivons aujourd'hui dans une société elle aussi violente,
dans une esthétique qui n'est plus celle de la litote, mais
expressionniste. Il suffit de voir tout ce que nous offre dans ce
domaine le cinéma. C'est pourquoi Shakespeare, lui, continue à
avoir du succès. Succès aussi, très moderne, de son humour, de
cette distance soudaine et brève au cœur de l'émotion, étrangère au
discours des personnages des tragédies classique, qui « collent »
en permanence à ce qu'ils vivent, à la différence de tant de héros de
westerns, de « dramatiques » ou de « policiers ».

Faire connaître, comprendre et aimer Racine ne dispense
nullement, bien entendu, d'un effort d'intelligence « technique » de
l'œuvre et du savoir-faire d'un dramaturge, indispensables pour
cette esthétique étrangère à notre temps ; mais je crois aux vertus
pédagogiques premières et dernières de *l'émotion* et du *plaisir*, c'est-
à-dire d'une *expérience humaine*, d'une relation privilégiée entre
l'œuvre et la vie. Sinon, on bâillera au fond des classes ou l'on
désertera les cours.

Conclusion
Geneviève Winter

« OÙ FUYEZ-VOUS, RACINE ? »
QUEL AVENIR POUR LA TRAGÉDIE À L'ÉCOLE ?

Contrasté, pessimiste souvent, le bilan de nos échanges comme celui de l'enquête réalisée dans l'académie et ailleurs, ne dessine pas la figure d'un Racine, qui, tel son héroïne Hermione, tournerait le dos à la recherche d'un rêve perdu de bonheur... littéraire. Les professeurs de lettres ont évoqué avec franchise des obstacles : il n'est plus donné aux adolescents d'aujourd'hui d'accéder directement au texte de Racine et à la cérémonie théâtrale constellée de signaux historiques et mythiques que faisait surgir pour le « suffisant lecteur » d'hier l'écho d'un seul vers racinien.

Tout indique cependant que nos élèves, « indiligents lecteurs » de Racine, ne sont pas ses plus mauvais spectateurs. Certains l'ont rappelé : les moyens d'accéder à la représentation tragique, sous sa forme directe ou différée par l'enregistrement, existent sans être vraiment exploités pédagogiquement. L'appréhension de l'univers racinien par les ressources du jeu comme préalable à l'expérience du texte, même si elle ne s'adresse actuellement qu'à une minorité d'élèves identifiés comme ceux que vous avez observés, ouvre la voie à une autre forme de rencontre avec le théâtre classique. Par la conscience et l'analyse du spectacle qu'on leur aura donné à voir, les collégiens et les lycéens ressentiront plus naturellement la nécessité d'aller vers le texte, sa langue, ses codes, sa nécessité.

Il ne s'agit donc ni de faire son deuil de l'œuvre, ni de la réduire ou de l'oublier, mais d'inventer patiemment et modestement les moyens pédagogiques qui permettront aux lycéens de regarder la scène racinienne avant d'en explorer les coulisses textuelles, et d'entendre le vers racinien avant de l'analyser. Certains se contenteront d'une découverte, d'autres iront jusqu'à ce plaisir que le dramaturge assignait avant tout à la représentation : une fois donnée cette clé, laissons libres ces jeunes gens et parions sur leur curiosité. Bien moins nombreux que nos élèves, sans doute inégaux dans leur qualité de jugement, les spectateurs contemporains de Racine ne rendaient pas de comptes sur la qualité de leur plaisir esthétique qui s'ajoutait à d'autres privilèges. L'expérience intériorisée de la représentation peut, à l'opposé, permettre aux élèves formés par le service public d'accéder à la cérémonie racinienne et d'en recevoir une formation. Entre Racine et nous, Nietzsche a écrit : « Donnez-moi un théâtre, et je vous ferai des citoyens ».

UNIVERSITÉ DE NICE - SOPHIA ANTIPOLIS

CENTRE DE RECHERCHE LITTÉRAIRES PLURIDISCIPLINAIRES (C.R.L.P.)

DERNIÈRES PUBLICATIONS

N° 17. *Don Juan* : Actes du Colloque de Nice - 12 mars 1994 - Éd. Anna Jaubert - 1994 - 112 p.   100 Frs

N° 18. *Rires et sourires littéraires* - Éd. Alain Faure - 1994 - 249 p.
                                                                 130 Frs

N° 20. Voltaire et le *Dictionnaire Philosophique : Leçons et questions*. Actes du Colloque « Voltaire » - Nice, 3-4 février 1995 - Éd. Marie-Hélène Cotoni - 1995 - 138 p.   110 Frs

N° 21. 3e Journées d'étude du XVIe siècle de l'Université de Nice - Sophia Antipolis. *Du Bellay : Antiquité et nouveaux Mondes*, Actes du Colloque de Nice, 17-18 février 1995 - Éd. Josiane Rieu - 1995 - 175 p.   120 Frs

N° 22. *Imaginaires francophones* - Éd. Roger Chemain et Arlette Chemain-Degrande, préf. de Gilbert Durand - 1996 - 465 p.
                                                                 250 Frs

N° 28. *André Malraux,* Colloque organisé et actes réunis par Béatrice Bonhomme, Nice, le 15 mars 1996 - 1996 - 90 p.
                                                                  95 Frs

N° 33. *Un divertissement royal*, d'après Jean Giono, mars 1996, Colloque organisé et actes réunis par Béatrice Bonhomme - 1996 - 126 p.   95 Frs

N° 35. *Antiquité et nouveaux Mondes*, tome I, textes des conférences organisées par le C.R.L.P. - Éd. Josiane Rieu - 1996 - 316 p.
                                                                 190 Frs

N° 37. *Autobiographie et fiction romanesque. Autour des Confessions de Jean-Jacques Rousseau*. Colloque de Nice, 11-13 janvier 1996 - Éd. Jacques Domenech - 1997 - 480 p.
                                                                 220 Frs

N° 40. *L'Histoire littéraire en question*, Colloque organisé par l'I.U.F.M. de Nice et le C.R.L.P., mars 1995 - Éd. Claude-Pierre Perez - 1997 - 127 p.   95 Frs

Comédie et Tragédie, Mélanges en l'honneur du Professeur Jean Emelina, Collection « Traverses », n° 1, Éd. Eveline Caduc et Hélène Baby - 1998 - 561 p.   180 Frs

N° 42. *Aspects du Lyrisme, du XVIe au XIXe siècle (Ronsard, Rousseau, Nerval)*, Colloque des 5-6 décembre 1997 organisé par le C.R.L.P. - Éd. M.-H. Cotoni, J. Rieu, J.-M. Seillan - C.I.D. - 1998 - 266 p.   130 Frs

N° 43. *Mélanges italiens autour de l'écriture du moi*, 1998 - 182 p.
                    120 Frs

N° 47. *Imaginaire et littérature*, tome II, *Recherches Francophones* - Éd. Arlette Chemain-Degrange et Roger Chemain - 1998 - 352 p.   180 Frs

N° 52. *Antiquité et nouveaux Mondes*, tome II - Éd. Josiane Rieu - 1998 - 190 p.   120 Frs

N° 57. *Nourritures et Ecriture,* tome I - Éd. Marie-Hélène Cotoni - 1999 - 302 p.   175 Frs

Diffusion de ces ouvrages auprès des libraires :
C.I.D. diffusion (responsable : Jean-Michel Henny)
131, Bld Saint-Michel - 75005 PARIS
Tél. : (33) 01 43 54 47 15   Fax : 01 43 54 80 73

Cet ouvrage a été achevé sur les presses
U.F.R. Lettres, Arts et Sciences Humaines de
l'Université de Nice - Sophia Antipolis

4ème trimestre 1999